广西大学国家一流本科建设专业研究论丛

译坛清音
——翻译与传播新动态研究

总主编 罗选民
主 编 邓联健

中国人民大学出版社
·北京·

图书在版编目（CIP）数据

译坛清音：翻译与传播新动态研究 / 罗选民总主编；邓联健主编 . -- 北京：中国人民大学出版社，2022.10
（题上项：广西大学国家一流本科建设专业研究论丛）
ISBN 978-7-300-31059-6

Ⅰ. ①译… Ⅱ. ①罗… ②邓… Ⅲ. ①翻译–文集 Ⅳ. ①H059-53

中国版本图书馆 CIP 数据核字（2022）第 178515 号

广西大学国家一流本科建设专业研究论丛
译坛清音——翻译与传播新动态研究
总主编　罗选民
主　编　邓联健
Yitan Qingyin—Fanyi yu Chuanbo Xindongtai Yanjiu

出版发行	中国人民大学出版社			
社　址	北京中关村大街 31 号	邮政编码	100080	
电　话	010-62511242（总编室）	010-62511770（质管部）		
	010-82501766（邮购部）	010-62514148（门市部）		
	010-62515195（发行公司）	010-62515275（盗版举报）		
网　址	http://www.crup.com.cn			
经　销	新华书店			
印　刷	唐山玺诚印务有限公司			
规　格	170 mm × 228 mm 16 开本	版　次	2022 年 10 月第 1 版	
印　张	16.25	印　次	2022 年 10 月第 1 次印刷	
字　数	326 000	定　价	68.00 元	

版权所有　　侵权必究　　印装差错　　负责调换

PREFACE 总序

问学入门正　研修立意高

2021年4月，习近平总书记在视察清华大学时指出："我国高等教育要立足中华民族伟大复兴战略全局和世界百年未有之大变局，心怀'国之大者'，把握大势，敢于担当，善于作为，为服务国家富强、民族复兴、人民幸福贡献力量。广大青年要肩负历史使命，坚定前进信心，立大志、明大德、成大才、担大任，努力成为堪当民族复兴重任的时代新人，让青春在为祖国、为民族、为人民、为人类的不懈奋斗中绽放绚丽之花。"习总书记的话给新时代的人才培养指明了方向。

广西大学是广西壮族自治区唯一一所"211工程"大学、省部共建大学与"双一流"建设高校，其外文系创立于1947年，国务院参事、悉尼大学博士骆介子先生为首任系主任，1996年外语系组建为外国语学院。四分之三个世纪过去了，广西大学外国语学院为国家、为广西培养了许多优秀的外语人才。而今世界面临百年未有之大变局，在新文科建设的方针指引下，我们如何加强外国语言文学一流专业的建设，培养出思想过硬、作风过硬、业务过硬的外语专业人才，这是一个摆在我们面前十分艰巨的任务。

广西大学外国语学院一共有5个本科专业，其中英语（2019年）、越南语（2020年）、翻译（2021年）、泰语（2021年）分别获批为国家一流建设专业，日语（2019年）获批为自治区一流建设专业。我们的人才培养基本思路是：立足广西、面向东盟、放眼全球，走内涵式发展的道路，采用跨专业、跨领域的互动教学模式，突出人文学科与交叉学科之间的深度融合，夯实中外政治历史与社会文化等通识知识，为国家培养更多具有家国情怀和国际视野、具有融合创新的专业能力，同时能够理解和通晓中外文化与政治的外语人才。我们在教学过程中，注重基础理论的传授，注意培养学生的批判性思维，强调综合能力的提升。正是基于这个办学理念，我们编辑出版了这套"广西大学国家一流本科建设专业研究论丛"。丛书包含四个分册，分别探讨翻译与跨文化传播、外国文学与比较文学、外国语言学、国别和区域研究四个方向。虽然是四个方向，但彼此之间有相通和跨界之处，如外国文学分册中涉及民族文学和地域文学作品的挖掘，探讨文学伦理、形象建构、文本细读和精神分析等；翻译与跨文化传播分册有多角度的探索，如基于自建语料库的中国特色话语日译研究，《黄帝内经》的"筋""风"的阐释学翻译，近代英文农业文献汉译反思，中国－东盟专题口译教材研究，等等；外国语言学分册涉及多种外语，立足语料，从话语的社会功能解读、语篇修辞手法、跨文化语言考察、外语教学问题等，小处入手，发现和分析问题；国别和区域研究分册则包括东盟国家的社会与文化探讨、东盟媒体涉华报道的分析、基于汉越双语平行语料的海洋法领域词汇翻译研究，等等。

丛书的四本书名《语苑璞玉》《译坛清音》《文园雅荷》《国别新声》，由广西大学君武特聘教授、解放军外国语学院原英语首席教授严辰松先生设计，表达了对外国语学院本科学生的期待，他们虽然年轻，但如同璞玉、雅荷，假以时日，必然成器，必然应景。

本论丛荟萃了广西大学部分本科生在读期间的习作，是我国外语学科融通教育、赋权增能的一次积极有益的探索。也正因为是筚路蓝缕之举，四本文集一定会存在一些不足，我们诚恳地希望国内同人批评指正。

丛书总主编　罗选民

2022年8月25日于广西大学镜湖斋

目录 CONTENTS

一、名实之辨与翻译批评

从胡适等的批评意见看马君武翻译的特质　夏筱月 ………………………… 3
钱锺书人名翻译刍议　陈翊嘉 ………………………………………………… 11
英文学术概念词汉译中的名与实：从"形式对等"说起　于悦 …………… 19
论名著复译之乱象：以 Self-Help 为例　覃恋 ……………………………… 28
马礼逊《字典》中的误译及成因　李唐萍　黄家丽 ………………………… 37
散文英译汉中标点符号翻译策略适用性研究　陈小玉 ……………………… 46

二、译史纵横与个案探微

早期涉华英文史料汉译中的理解与表达：以《1897年梧州贸易报告》为例
　　黄家丽 …………………………………………………………………… 57
马礼逊《字典》中的"逐字译"现象　翟宁 ………………………………… 67
卫三畏《中国总论》引录中国文献之译文变化　陈许珂 ………………… 77
作为政治工具的"林译小说"　周永倩 ……………………………………… 85
马礼逊《字典》中汉语口语素材英译析论　练瀚尹 ……………………… 93
近代英文农业文献汉译反思：以《中国及非洲甘蔗论文集》为例　聂晨啸 … 102
《中国评论》与中国历史著作英译　于思林 ……………………………… 111

三、符号修辞与外宣翻译

论日本漫画中拟声拟态词的汉译：《鬼灭之刃》个案研究　周子依　卜朝晖 … 123
南宁旅游产业网络外宣文本英译研究　汤欣妍　覃柳环 ………………… 131
科技英语的修辞美及翻译技巧　梁冕　李晨曦 …………………………… 137
中国－东盟专题口译教材研究：以《广西口译实务》为例　陈欣焕　王文捷 … 144
多模态视角下电影字幕翻译研究：以《流浪地球》为例　陈颖怡 ……… 152

纽马克翻译理论视角下纪录片《南太平洋》字幕翻译研究　廖小严…………159
CAT 模式下汽车养护产品宣传册翻译研究　唐慧群…………………………168
高校公众号新闻编译策略：广西大学 TAG 资讯编译社个案考察　常上晖…………178

四、典籍外译与文化传播

《黄帝内经》"风"字英译探析　周紫怡　韦东芳………………………………189
《三体》和《北京折叠》海外译介传播对比研究　骆美辰　宋菁………………196
国漫字幕道教词语翻译策略：基于《哪吒之魔童降世》的考察　李昭昭………204
从《中国关键词》看中国特色话语越译　莫慧玲……………………………213
基于自建语料库的中国特色话语日译研究　严牧含　黄成湘…………………223
论《黄帝内经》中"筋"的意涵及其英译　李倩杏　许维银………………………232
从功能对等理论看中央文献重要术语日译：以《中国关键词：治国理政篇》为例
　　李茵　蔡艳艳……………………………………………………………241

一、名实之辨与翻译批评

从胡适等的批评意见看马君武翻译的特质

夏筱月 [1]

摘 要：马君武是近代重要的翻译家，和他同时期的革命派翻译家胡适、苏曼殊以及国外的一位传教士都针对他"豪杰译"的方式发表过批评。尽管不同学者就其译作的"不忠"看似发出了一致的声音，却是出于完全不同的动机。胡适因历经思想变革而在革命后与马君武逐渐背道而驰；苏曼殊的批评与他对原作者特殊的个人情感无法分割；而传教士的批评则以宗教目的为导向。对比译者和批评者的系列矛盾，能更加全面客观地认识马君武等人思想的现代性。

关键词：马君武；翻译；批评

1. 引言

晚清时期的中国处于一个较为特殊的历史大环境，文人学者和译者纷纷以引入西方先进的现代性思想为己任，往往采取译出大意而不完全"听从"原作的译法，这种方法也被称作"豪杰译"。在对"豪杰译"较为宽容的历史语境中，鲁迅、梁启超、马君武等仁人志士也接纳并应用此译法。（罗选民，2006：49；陆国飞，2007：172；方红，2020：96）"意译"和"豪杰译"的译法逐渐成为时代风尚，许多学者把"译笔"与"文笔"相提并论的译评方式影响了当时的众多翻译家。（刘云虹，2010：101–104）作为清末民初重要的政治家和翻译家，马君武在中国近代史上留下了浓重的一笔，其文学翻译作品流传久远。然而，马君武身为"豪杰译"中的重要一员，其译作却受到同时代学者的指摘。苏曼殊（1985：122–123）认为，"友人君武译摆伦《哀希腊》诗，亦宛转不离原意，惟稍逊《新小说》所载二章，盖稍失粗豪耳"。后又有胡适（1984：92）不满现有译诗，在重译该诗时批评马君武的译诗"失之讹……讹则失真……均非善译也"。稍晚年代的柳无忌（1985：18）也做出评论，同样认为马君武的该译诗"失信"。甚至同期的一位外国传教士也就马君武的《自由原理》译本进行批评，认为其有"背离原作""擅自添加或者篡改作者原意"之嫌。

翻译批评背后反映的不仅仅是批评者与被批评者之间关于翻译标准的冲突，更能体现的是其思维认知上的差异，进而折射出这其中暗含的不同个体乃至不同群体之间的政治、文化立场上或者带有主体性的人格追求和价值取向的异同。上述所提的批评现象及其背后的批评动机亦能反映评论者与译者之间不同的价值观念。尽管

---

[1] 2019 级翻译专业学生；邮箱：1361930892@qq.com；指导教师：宋菁副教授。

已有多位学者对马君武的诗歌评论及其文学翻译领域的译作有较为详细的分析，但鲜有对"近代批评"背后的批评动机进行考察的。因此，本研究着重分析与马君武同时代批评者对马氏做出类似"不忠实"批评背后的深层动因，考察马君武与上述具有类似立场的批评者的思想差异，借以重新客观地认知和评价马君武与同期思想家的思想现代性。

2. 胡适的批评：历经思想变迁于革命后时代说"讹"

从表面上看，胡适对马君武《哀希腊歌》译文寥寥数句的评论只是表达了他对其语言层面上处理方法的不满。然而，翻译家操作的不仅仅是语言层面的翻译，更是操作着能够影响自身所处社会环境的译笔，这为其翻译实践活动打上了深深的社会烙印。因此，尽管胡适只明确表明了自己对于马君武语言层面"失真"的批判，但这背后所烙印的却是他与马君武稍有不同的政治动机。

晚清时期中国革命之需要，一是中国继续推翻清朝腐败封建王朝之统治，二是呼吁国民抵抗外国入侵之敌人，以实现民族和国家危急存亡时期的救亡，胡适和马君武实际上都是坚定的革命派立场，都主张以暴力革命推翻旧政府、建立民主的新政权。因此，若是单纯地从政治立场上来分析两人的翻译策略、方法及其体现出的翻译思想，就会发现胡适对马君武的批评似乎都不能突破语言层面"信"这个单一标准。然而，事实上胡适并非不能理解马君武选用如此翻译方法的良苦用心——无非是在翻译的实用价值和语言价值之中选择了前者。比起关注翻译的忠实性，马君武更多的是利用拜伦的爱国诗人身份和经由自己操控的诗歌文本，急迫地向世人呼吁救亡图存的爱国之切心。同样主张革命的胡适如何不能理解这份考量？笔者以为这与胡适的思想变迁和翻译思想转型息息相关、密不可分。廖七一已经对胡适的翻译思想变化做了系统的论述，他将胡适的翻译分为三个时期，其中从第一时期到第二时期，胡适的翻译思想发生了明显的转变。第一时期他是与马君武、梁启超等如出一辙的激进的暴力革命派，这充分体现在这一时期的译诗风格——鲜明的革命倾向性和注重文本功能性，这被概括为明显的"济用"的价值取向。（廖七一，2003：55–60）第二时期他的文学功利性逐渐变弱，从满怀革命战斗激情的斗士变成了更加温和包容的"牧师型译者"（涂兵兰，2018：112–116）。而正是在第二时期，他发表了对马君武等译作的批评，同时开始重译《哀希腊歌》。在谈到救国之道的时候，他逐渐放弃试图通过暴力革命迅速挽救国运的理念，认为："根本之计奈何？兴吾教育，开吾地藏，进吾文明，治吾内政"（廖七一，2003：55–60）。此时期他的观点和马君武仍然坚持的暴力革命派思想发生分裂，逐渐偏向他首要所求的"端在教育的树人之道"（廖七一，2003：55–60）。这成为胡适说出"失之讹"的潜藏原因。所谓"讹"，便是马君武追求文学功利性的价值观念的直接结果，胡适所反省的或许是他在马君武译诗中所看到的前一阶段急功近利的自己。马君武这一译诗被胡适所批评，其实也离不开当时社会环境的急剧变化。《哀希腊歌》由马君武于辛亥革命前的 1903 年译出，而胡适做出批评是在辛亥革命之后的 1915 年。柳无忌（1985：8–36）也认为因为民主革命已经完成，胡适等批评家在译诗上所关注的，更多地从社会价值转向了文学价值，这从社会大环境推断恰是符合逻辑的。

3. 苏曼殊的批评：执着文学性的浪漫主义派说"粗豪"

"友人君武译摆伦《哀希腊》诗，亦宛转不离原意，惟稍逊《新小说》所载二章，盖稍失粗豪耳"，苏曼殊对马君武的《哀希腊歌》做出如此评论。学界常将此番评论与胡适所说"失之讹"相提并论，看作是同一性质批评，认为苏曼殊也意在指摘马君武的翻译有粗糙错漏、"差之毫厘，谬以千里"的不忠实之嫌疑。然而对比原诗与马君武和苏曼殊的两个译本，且若是足够了解苏曼殊的个人经历和文学主张便会发现，"粗豪"并不能片面地解读成不信或者不忠实。

苏曼殊所翻译的版本同样存在多处与原文差异较大的改动。在第三节中，原诗中第三行"And musing there an hour alone"（马君武，1991：398），一句在译诗中被略去未译出。第四节末尾处，苏曼殊在翻译时不禁加入自己奔涌而出的悲切的亡国之忧，"一为亡国哀，泪下何纷纷"，前半句属于译者的主观增译。类似与原诗出入较大的情况不止上述所列。"苏曼殊之翻译过程为顺应近代主流诗学往往对原文'形''神'进行改写、重塑，为此常招致当代学者诟病。"（黄元军，2019：50–58）若是说苏曼殊和胡适一样，本意是从"信"的翻译标准来批评马君武的"背离"，那他自己的多处"背离"就无法得到解释。他所说的"粗豪"究竟意味着什么？若要揭示其隐藏着的文学观念、价值取向抑或是独特的个人因素，势必离不开对他个人经历的剖析。

苏曼殊是一位具有鲜明个人特色的浪漫主义文学家，更是一位天赋颇高的诗人。在他的诗歌中，译诗所产生的影响尤其广且深。郁达夫也说苏曼殊的译诗比自己作的诗歌要好。他的文学成就大概可以被柳无忌的这番评价所概括："不仅是一般人心目中的浪漫诗僧；他在现代中国文坛的贡献，在于他是一位有革命情绪的爱国主义者，以爱情为主题，形塑了特出女性的小说家，禀赋灵性、多愁善感的诗人。也是一位中西文化交流翻译界的先知先觉。"（柳无忌，1984：330–339）单看他的译诗成果，其中最著名、影响最大的要数他对拜伦作品的译介。早年的苏曼殊也是一位主张推翻清政府的革命派，与革命者交流颇为密切。这无疑告诉我们他和马君武以及早期的胡适政见相同，立场相同，骨子里都是革命派。按理来说，激进的革命者文学家或多或少会受到利用文本实现政治理想这一思想的影响，以文本所产生的社会效益为主导，译者并不会甘心充当"仆从"的角色。而事实上，苏曼殊却发展出一套和马君武截然相反的翻译观来。这是因为苏曼殊个人特殊的成长背景和奇特的个人际遇使他对拜伦产生了特殊的个人情感。苏曼殊与拜伦在身份、人格等方面具有颇多相似之处。苏曼殊也因为这段"跨国文学因缘"与拜伦惺惺相惜。（李静，

2013：157–160）"苏曼殊对拜伦、雪莱多有一种'同病相怜''同是天涯沦落人'之感，他将自己的情感、心事寄托于两位英年早逝的英国浪漫主义诗人身上，其中情绪上的孤独、无奈、自卑感是比较明显的。换而言之，他是通过拜伦、雪莱的身世、命运来表达自身的情绪及心声。"（王振滔，2020：177–185）

称苏曼殊为"革命诗僧"是较为准确的。在 22 岁时，或因为经济压力，或因为世俗家庭的婚姻压迫，他选择再一次遁入佛门。而从此他的个人观念和精神面貌发生了巨大的改变。从一开始崇尚暴力、激情澎湃的革命派文学家转变成研究佛学的出世僧人。文学观念也随之脱离了马君武一派明显的功利性导向，从关注作品的政治、社会功效转型为更多注重作品的文学、审美和艺术价值，即注重个人情感的抒发和寄托。这具体体现在他的三个翻译理念。"一是对'必关正教'的批评，二是译本选择有文学价值的原作，三是译笔对译文语言文学性近乎偏执。"（黄轶，2006：154–156）

再看他说出马君武"稍失粗豪"的真实内涵，恐怕重点不在于"粗"，而在于"豪"。"粗"并非指的是讹误、背离、不忠，而苏曼殊将"粗""豪"并用，则是认为马君武的译诗过于"豪迈"地改写了拜伦的原意，并没有传达出苏曼殊所期待的共鸣感。因此便有了自己重译时"独立向谁语"（任宋莎，2017：86–87）中涌流的"对自己不成功的革命事业的一种无助感和沮丧感"。诸如此类拜伦原诗原本有机会与苏曼殊产生个人情感的呼应之处，经过马君武一系列粗豪地省略、删除和改译，便有了苏曼殊的不满。

4. 窦乐安的批评：基于宗教目的说"背离"

批评马君武"豪杰译"翻译策略的，不仅有国内文人志士，还有在华西方人。窦乐安（Darroch，1904：559–566）在上海发文，文中列举了数个他认为马君武译文与原文出入较大之处，批评马氏《自由原理》的翻译失去了准确性，歪曲了原作者穆勒（John Stuart Mill）的原意和情感。经核查比对，可以发现四处例证不但确实说明马君武翻译得"不准确"，而且和宗教内容密切相关。那么马君武是如何处理这几处宗教内容的呢？这背后反映的不仅是身为近代激进革命派的马君武的宗教观，而且是原作与译作、译者与批评者的冲突中透露出的不同角度、不同立场的现代性。

穆勒原著第二章的大意是，就像政府违反公众意见施加强迫、限制自由一样，政府以符合公众意见为前提，对持有非公众意见的人施加强迫、限制自由同样有害；论证了群体之中禁止一种意见的表达的罪恶性。接着再论述第一个分论点：人们永远不能确定所竭力要禁绝的意见是错误的。如果要确保言论的正确性，必然要长期延请所有人来求证其诬枉。耶稣正是被所谓正确的"公众意见"所处死，而圣保罗这个当时虔诚可敬、位高权重的神父恰是"公众意见"的第一代表，如今人们会为圣保罗的迫害感到胆寒。但看马君武的译文："琐歌拉底死未久，而加滑累 Calvary

地方有一不公平之定罪继之而起……因其时人之宗教思想、道德思想、爱国思想，皆与之反对而不相容，遂误断善人以死罪。其人为谁？即最虔诚而又宗教道德感情之犹太国人，为传耶稣教最热心，以致杀身之圣保罗其人也。"（马君武，1991：42）马君武不仅省略了原文中一句无法忽略的假设意义句："...if they had lived in his time, and been born Jews, would have acted precisely as he did."（Mill，2003：94）（若是世人出生在他的那个年代，而且是个犹太教徒，那他们会做出和圣保罗这批人一样的事情来），更加因为变更句式，缩减原文语义，增加了责备圣保罗的语气。穆勒此处写圣保罗这号人物的意图并非讽刺性地批判这类人忠诚地信教却蔑视自由和生命，而是警示世人若是没有言论自由的权利，无论身处何时代的人或许都会成为这类自认为"虔诚仁慈"而"正确"的迫害者。

再看第二处，同样是在第二章。在用第三个历史惨案论述了第一个分论点后，穆勒转而谈到当时残酷的法律迫害的现状。穆勒指出，人们认为现世已不存在法律、宗教等迫害。此处部分原文为：

What is boasted of at the present time as the revival of religion, is always, in narrow and uncultivated minds, at least as much the revival of bigotry; and where there is the strong permanent leaven of intolerance in the feelings of a people, which at all times abides in the middle classes of this country, it needs but little to provoke them into actively persecuting those whom they have never ceased to think proper objects of persecution.（Mill，2003：99）

穆勒意在驳斥上述"现世不存在迫害或是迫害程度已经微乎其微"的说法，他说如今仍然有心胸狭隘、没有教养的人还存在着蠢蠢欲动的偏执信仰，自吹自擂地鼓吹宗教复兴。国内的中级阶层残酷迫害行为的复活往往只需要一点点煽动。马君武的对应译文如此："虐待异教之事，大盛于古昔，英国亦然。其遗俗流传，至今不可猝脱，故英国人之脑中，莫不留有虐待异教之暗影，诚可异也。夫生今日之世，而以宗教复兴为夸荣者，此诚不学之士，下愚迷信之徒也。英国中等之社会，尤不能脱虐待异教之习，是以在印度激成西标 Sepoy 之大乱（马君武，1991：45）。将原文和译文对比，会发现马君武的前两句话在文中未有对应，是根据自己对原文的理解做出的主观补充。虽然传教士在做出评论的时候批评这句话毫无根据，然而笔者认为这番话符合原作者的论证意图和思路，即旨在说明当代人仍然留有迫害异己的思想。但是，之后的译文明显存在漏译、错译的情况：原文"……至少是偏执信仰的复生，只需要一点点煽动，存在于人们情感中强烈且持久的不包容，便会迅速发酵，驱使人们去迫害他们从来都觉得是合理迫害对象的人（笔者译）"。直接被忽略不译，取而代之的是一句对脚注的不太准确的概括——脚注中详细说明了基督教统治者对于属地异教徒的公开歧视。此处忽略的是很重要的假设条件，即穆勒抨击的是怀有"偏执信仰"而希望再现旧时宗教迫害的国人，而不是所有希望复兴宗教的教徒。而且穆勒并未明说这就是印度暴乱的起因。可见，马君武在处理这段内容的时候完全没有以顺从的态度忠实地表达作者原意，只以极简化的口吻不甚准确地传达了大意。因此，我们可以看出此处马君武隐隐表达出自己对"宗教"的敌意。不仅如此，马君武对宗教的抵制和厌恶之情可以从他处寻得踪影。《艺林散页》中记载："马军武子，初名保罗，后以保罗二字，有基督教徒色彩，乃易名保之。"（郑逸梅 1982：115）马君武在翻译《足本卢骚民约论》时也吐露出对卢梭"主张国教"的批评态度，认为他宣传特定宗教的做法不妥，所以引起后人争议。（王瑶，2012：61–68）

实际上，马君武《自由原理》的译本中，除了宗教内容，其他对原意做出较大变动的地方还有许多。李宏图（2020：3–10）分析了马君武为了达到政治目的所做出的一系列文本操控，例如大段添加自己的理解和解读，巧妙地转换概念等。而传教士窦乐安显然对马君武的宗教内容的处理手法格外敏感。在其所举的第三个例证中，只是浅显地对比了第二章一处的内容，而忽略了他所对比之处下文大幅增加的段落：

> 中国自儒术一统后，国人之思想极不自由，人才日下，凡词章考据等科之杰才，皆因为思想界之所限，遂旁发为此曲艺小技也，可悲矣！夫思想之大家，必出于思想自由之国。思想自由之国，人类各尽其天然固有之心才，而发达之，故国人之智识，遂蒸蒸而日上。思想自由者天职也，发达个人之思想，以献之于普世界，不可避也。自有异端之说兴，而人民之心才，遂为奴隶。思想之境狭，辩论之事息，人类之问题消灭不兴，个人之天才，遂无由以见矣。

窦乐安反而截取两处译文说明马君武对于基督教的敌意的强烈程度，尽管他所列举的两处和宗教内容并不相关。窦氏的批评动机显然是和马君武的译本对于宗教传播的效果有关，因为译本越是忠实于原本，就越能够还原穆勒对基督教的态度。正因为此，马氏背离原本宗教内容的翻译操作方受到窦乐安的大肆抨击。

5. 结语

本文在清末民初时期"译意""豪杰译"认可度较高、态度包容的历史语境下，分析了与马君武政治立场相似的胡适、苏曼殊以及国外传教士窦乐安对马君武译本的批评，剖析了不同批评个体背后的动机。胡适和苏曼殊批评马君武译作背后的深层动机显露了三人不同立场的现代性思想。无疑，马君武的译作是具有鲜明的启蒙现代性思想的。无论是《哀希腊歌》还是《自由原理》或是他的其他译作和著作，都反映出马君武对中国人民为了民族、民权、民生、自由而奋起斗争，推翻清王朝的激昂感召力，他的著作具有典型的现代爱国主义思想。胡适和苏曼殊虽然与马君武同属革命一派，高举现代性思想的大旗，但是比之马君武，胡适从与马君武类似的激扬、带有鲜明目的性的"武斗派"革命态度转变为坚持长期作战、关注群众教育、从源头上感化中国人民这一更为迂回温和的革命观念，这是革命后他脱离功利观念，将限于政治视野的眼光放大到群众文化、群众教育等领域的一个具有现代性意义的突破。苏曼殊则较为特殊，尽管身为爱国革命分子，但自他"变脸"之始，就无心政治了，转而注重"内省"和文学的纯文艺性与超功利性。而国外传教士对马君武的批评集中于马君武对宗教内容的"不忠"，无疑，他是站在马君武如此做法阻碍其在中国传播宗教的立场上而思考的，是二者在意识形态上产生激烈冲突的结果，同时也揭示出了马君武较为明显的宗教厌恶观。

参考文献

[1] Darroch, J. The New Literature in China [J]. *The Chinese Recorder and Missionary Journal*, 1904（35）: 559–566.

[2] Mill, J. S. *On Liberty* [M]. New Haven: Yale University Press, 2003.

[3] 方红. 20世纪早期马克思主义在中国的译介传播 [J]. 外语教学, 2020, 41（5）: 94–98.

[4] 胡适. 尝试集 [C]. 北京: 人民文学出版社, 1984.

[5] 黄轶. 对"意译"末流的抵制: 苏曼殊译学思想论 [J]. 郑州大学学报（哲学社会科学版）, 2006（6）: 154–156.

[6] 黄元军. 诗学的钳制: 苏曼殊文学翻译变脸考辨 [J]. 中国翻译, 2019, 40（4）: 50–58.

[7] 李宏图. 作者的意图与文本的生成: 以马君武对密尔《论自由》的翻译为个案的讨论 [J]. 历史教学问题, 2020（2）: 3–10.

[8] 李静, 屠国元. 人格像似与镜像自我: 苏曼殊译介拜伦的文学姻缘论 [J]. 湖南科技大学学报（社会科学版）, 2013, 16（6）: 157–160.

[9] 廖七一. 论胡适诗歌翻译的转型 [J]. 中国翻译, 2003（5）: 55–60.

[10] 柳无忌. 苏曼殊研究的三个阶段 [J]. 华南师范大学学报（社会科学版）, 1984（3）: 112–121.

[11] 柳无忌. 苏曼殊与拜伦"哀希腊"诗: 兼论各家中文译本 [J]. 佛山师专学报, 1985（1）: 8–36.

[12] 柳亚子. 苏曼殊全集 [M]. 哈尔滨: 哈尔滨出版社, 2016.

[13] 刘云虹. 从林纾、鲁迅的翻译看翻译批评的多重视野 [J]. 外语教学, 2010, 31（6）: 101–104.

[14] 陆国飞. 试论中国晚清翻译小说中的"译意"现象 [J]. 浙江社会科学, 2007（2）: 172–177.

[15] 罗选民. 意识形态与文学翻译: 论梁启超的翻译实践 [J]. 清华大学学报（哲学社会科学版）, 2006（1）: 46–52.

[16] 马君武. 马君武集: 1900~1919 [M]. 武汉: 华中师范大学出版社, 1991.

[17] 任宋莎. 试析拜伦《哀希腊》在晚清民初的两个译本 [J]. 文学教育（上）, 2017（7）: 86–87.

[18] 苏曼殊. 文学因缘·自序 [C] // 柳亚子. 苏曼殊全集（一）. 影印版. 北京: 中国书店, 1985.

[19] 涂兵兰. 牧师型译者: 胡适翻译思想和策略 [J]. 外语学刊, 2018（6）: 112–116.

[20] 王瑶. 马君武对卢梭思想的阐释：以《足本卢骚民约论》为中心的探讨 [J]. 华东师范大学学报（哲学社会科学版），2012，44（1）：61–68.

[21] 王振滔. 论苏曼殊创作中的"浪漫主义"表现 [J]. 江苏社会科学，2020（3）：177–185.

[22] 郑逸梅. 艺林散文 [M]. 北京：中华书局，1982.

基金项目： 本文系广西省级大学生创新项目"马君武翻译实践与现代性思想研究"（编号 202110593292）的阶段性成果。

钱锺书人名翻译刍议

陈翊嘉 [1]

摘　要：钱锺书一生翻译研究成果颇丰，除"化境"等译论外，他对人名翻译也有深刻、独到的见解，体现在其诸多相关论述之中。钱锺书在翻译人名时多采用音译与谐音意译两种方法，尤其偏好后者。同时，他也对音译、意译和谐音意译三种翻译方法持不同见解。他在翻译人名时也存在个人偏好，如喜用"德"字、不屑译名统一等。

关键词：钱锺书；人名翻译；谐音意译

1. 引言

谈及人名翻译，不免要提到 1834 年英国第一任驻华商务监督 John Napier 名字的汉译问题。当时清朝方面把他的名字译为"律劳卑"，Napier 对此表示强烈不满，认为此名"expressing and signifying the sense of 'Laboriously Vile'[2]"，甚至向英国政府报告，几乎惹起一场外交风波。（王宏志，2013：23）由此可见，外国人名汉译，用字还需讲究。正所谓"人如其名"，古今中外对名字的认识，定是所见略同。除"化境"等译论外，钱锺书对人名翻译也有深刻、独到的见解，然而鲜有人提及于此。本文将对钱氏人名翻译的相关论述进行解读，旨在探讨其人名翻译之见解，补充学界对钱氏译论、译艺的认识，引发对其翻译实践的研究与探索。

2. 人名之考量

杨全红（2019：189）表示："平日阅读钱锺书著述，发现其字里行间每每有跟名称（研究）相关的表达……涉笔较多的是人名和地名，又多见于其探讨中外诗歌之文字。"

钱锺书曾在《诗中用人地名》一文中旁征博引，指出诗中善用人名地名者中外皆有。他在开篇便提到狄奥尼修斯首次言及诗中用人名地名之效，认为儒贝尔"亦以善用人名地名为本领"。接着又引述了李特（H. Read）评论柯尔律治及白朗宁夫人等人诗句的论说："此数语无深意而有妙趣，以其善用前代人名、外国地名，使读者

---

[1] 2017 级英语专业学生；邮箱：1049566614@qq.com。
[2] 笔者译：意指"辛劳卑微之人"。

悠然生怀古之幽情，思远之逸致也。"（钱锺书，2001b：824-825）此外，钱氏还列举了几例听人名地名让人感到心旷神怡的外国逸事。

钱锺书认为，我国古人作诗早就窥探到这一要旨，因此唐诗中"用地理者多气象"。此处的"地理"应理解为山川河流等地理要素，"气象"则是诗歌中营造出的气韵和风格。地名运用得当，诗中自然气象万千。唐人深谙此理，而明人则从唐人处深得此法。他也曾尝试验证"明前七子"的五言、七言律诗，发现"几篇篇有人名地名，少则二三，多则五六"（钱锺书，2001b：826-827）。

实际上，钱氏对人名地名的关注并不局限于诗歌这一文学体裁，也见诸小说之中，但仅有些许笔墨提及。如提到普罗斯特（Marcel Proust），钱锺书（2001b：834-835）以为，其"小说中于专名之引人遐思，尤具玄解"。此处的专名，根据上下文所谈论的主题，可判断为包括人名地名在内的专有名称。

从钱锺书对中外诗歌及小说中人名地名运用情况的考察，不难看出其对人名地名的关注。他对人名的细致考量也必定会影响其在人名翻译时做出的选择。

3. 人名翻译方法之见解

杨全红（2019：189）指出，关于人名翻译，钱锺书谈论较多的是翻译方法，主要包括音译、意译、谐音意译等。笔者读钱氏著作，同样发现其翻译人名主要以音译和谐音意译为主，单纯采用意译法则尚未见过。钱氏对此三种人名翻译方法，更是持不同见解，亦有不同偏好，体现在其诸多论述之中。

3.1 音译

音译，即根据发音而译。钱锺书（2001a：412）早有"吾国古来音译异族语"的认识，但他认为音译易使读者"以音为意，望字生义"。如，习凿齿言及匈奴的妻子"阏氏"，认为其"可爱如烟支也"（钱锺书，2001a：412）。因"阏氏"二字与"烟支"（胭脂）同音，却忽视了此为匈奴民族的语言，有其特定含义，专指匈奴单于之正妻。此为不通晓异族语言文化，以音臆意之例。

即便人名音译会导致理解上的误区，但晚清外国人名汉译仍主要采用音译法。晚清第一代外交官李凤苞的《使德日记》中便有"美国公使美耶台勒""果次为德国学士巨擘……著《完舍》书"等字样（钱锺书，1997：359），其中出现了三个人名，却较难辨析。钱锺书（1997：360）对此解释道："美耶·台勒就是《浮士德》的著名译者（Bayard Taylor）；果次一称俄特，正是歌德；《完舍》就是《少年维特》。李凤苞学过一些英语，所以把'歌德''维特'都读成英语的声音。"据此可推测，李凤苞在已知"果次为德国学士"的情况下，仍用英文发音对歌德及其作品进行音译，许是因为不精通英语外的他国语言[1]，无法分辨语种，进而不能掌握其发音，才导致音译译名别扭、走样。

再来看另一位外交官郭嵩焘。钱锺书（1997：360）曾看到其《使西纪程》里的删节部分，说的是郭氏参观"达克斯登塞尔里布来申会[2]"，有如下言论："闻其最著名者，一为舍色斯毕尔，为英国二百年前善谱出者，与希腊诗人何满德齐名。……一名毕尔庚……"笔者尚能猜出"舍色斯毕尔"为"莎士比亚"，却无法认出"何满得"与"毕尔庚"分别为何人。读罢钱氏的解释，才知原是"郭氏误听'喀'音为'达'音，又误听'荷马'有'得'音，'培根'有'尔'音"。（钱锺书，1997：360）因此，无论是那个"会"的名称，还是荷马、培根两人的译名，都出现了不同程度的走样，可见译者的听辨能力也对人名音译造成了影响。

钱锺书虽未对音译法有较为直接的褒贬之评，但从以上叙述来看，可窥探出钱氏在人名音译时所关注的问题。此外，从他在自身著作中采用音译法的频率来看，钱锺书大体上对音译还是较为认可的。

3.2 意译

意译与音译恰好相反，译意而非译音。谈到人名意译，可从美国诗人 Longfellow 及其诗《人生颂》说起。《人生颂》是最早译成汉语的英语诗歌，最初由威妥玛（Thomas Francis Wade）翻译并传入中国。由于威妥玛的汉译文生硬晦涩，董恂又不通英语，就在此汉译文的基础上将其"润色"成七言绝句。董恂下属方濬师将董译诗录入其书《蕉轩随录》，并加以申说（钱锺书，1997：335–336）："……英吉利使臣威妥玛尝译欧罗巴人长友诗九首……请于甘泉尚书，就长友底本，裁以七言绝句……"从方濬师的说明中可知，威妥玛最初就将 Longfellow 意译为"长友"。钱锺书（1997：343）对此解释道："至于威妥玛把朗费罗的姓不译音而译意，他也许照顾董恂不懂外语，避免佶屈聱牙。"由此可推断早期人名汉译多用音译，但音译人名往往会很拗口，故译者可根据自身翻译目的采取相应的翻译方法。这一点听上去和弗米尔目的论中的连贯原则似乎有些异曲同工之处。连贯原则强调"译文必须将译文读者的需求、背景、文化水平考虑在内"（芒迪，2014：117）。从这一点来看，或许还可称威妥玛为一名"贴心"译者。

但这是否意味着翻译人名采用意译法切实可行？此处有两个记录在《朗费罗传》中的小故事（钱锺书，1997：344）：其一是说一个与朗费罗素未谋面的女士想象他是"瘦长个子"，其二是说一个小女孩看见一只长腿飞虫（daddy long legs），就追着它喊

---

[1] 正像袁枚的孙子所说："中土之人莫不以英国语言为'泰西官话'，谓到处可以通行。故习外国语言者皆先学英语，于是此授彼传，家弦户诵。"（引自《钱锺书散文》第 333 页）这反映了当时社会流行的"英语热"，也从侧面反映出其他外语较为冷门的现象。

[2] 钱锺书认为此"会"准是"Caxton Celebration"。笔者认为此为晚清喜音译外语的又一例证。

"Mr. Longfellow!"。很显然，这两人都是顾名思义。英语国家的人看到"Longfellow"都难免会望文生义，很难保证"长友"传到中国来就不会出现类似的情况。上文提到音译易使读者"以音为意，望字生义"，现在看来，意译似乎也会面临这样的尴尬境遇。

实际上，人名翻译采用意译并非中国独有，钱锺书（1997：343–344）指出，此等译法"在威妥玛本国也曾有过"。例如：

> 休谟（David Hume）有封信，就嘲笑一部讲古罗马宫廷的著作把人名地名都译意而不译音，例如意译艳体诗作者安塞尔（Anser）的名字为"小鹅先生"（Mr. Gosling）。李·亨特（Leigh Hunt）的一篇散文《音韵与意义》（Rhyme and Reason）里把意大利诗人托夸吐·塔索（Torquato Tasso）意译为"屈曲紫杉树"（Twisted Yew）。兰姆（Charles Lamb）由法国向国内朋友写信，用法语署名："你的卑下的仆人、羔羊一名兰姆。"（Votre humble serviteur Charlois Agneau alias C. Lamb）

将人名与动植物挂钩，读者会不自觉地将此人与其名所涉的动植物联系到一起，在脑中产生先入为主的印象，意译人名不免显得有些尴尬。古尔蒙（Remy de Gourmont）也认为，假如把外国名人的姓氏意译成法语，读者对他们的"幻想"（illusions）会大受损害；比如将培根（Bacon）意译为"猪"（cochon），兰姆（Lamb）译为"羊"（钱锺书，1997：344）。由此观之，西方人其实也意识到了意译人名的不妥之处。

再回到 Longfellow 的译名问题上。钱锺书没有采用"长友"这一译名，而将 Longfellow 音译为"朗费罗"，可见钱氏在音译与意译间经过考量而做出的选择。

除在人名汉译方面钱锺书不大愿意选择意译外，他也曾对人名英译采用意译提出过异议。杨宪益、戴乃迭夫妇合译《老残游记》时，将主人公"老残"这一人名译为"Mr. Decadent"。而 decadent 一词在钱锺书（2005：388）看来，有"mad、bad、sad"之意。因此会误导读者，让读者对老残的印象大打折扣。事实上，老残是个极为正面的人物，虽浪迹江湖，却关心国家和民族的命运，时常尽其所能解救人民疾苦，只因崇拜懒残和尚煨芋的故事，所以给自己取号为"补残"，与其情谊深厚之人皆称之为"老残"。[1] 如此看来，钱氏也曾探讨过人名意译可能会导致的问题，总体上来看态度偏于否定。既然单独采用音译或意译来翻译人名都会或多或少地出现问题，那么钱锺书本人更偏向采用何种更为合适的方法呢？答案就是"谐音意译"。

3.3　谐音意译

谐音意译，就是指"既保持原文的大致读音，又赋予译名特定的含义"（杨全红，2019：192），即音译与意译的结合。在钱氏散文、小说涉及的人名翻译中，谐音意译

---

[1] 资料来源：百度百科《老残游记》。

最受他的青睐。从他在《诗中用人地名》一文中的两处引文，便可看出其对人名地名"音美"之赞赏。其一为"史梯芬生《游美杂记》有论美国地名云：'凡不知人名地名声音之谐美者，不足以言文'"；其二为"古尔蒙《天绒路》亦云：'人名地名而声弘指僻，动人胜于音乐香味'"（钱锺书，2001b：834）。此外，钱锺书（1997：395）还曾节译过维威斯（Louis Vives）的一段在他看来算是"顶精辟"的西洋文评，其中有如下表述："……文字有音与形，故文章有体格……"，"音"即"发音"，"形"即"字形"，字形又与"字义"息息相关，若将人名中的"音、形、义"较好地诠释出来，译名就能具备"体格"，体现出其人特点。

《围城》中有这么一段描写，说的是方鸿渐看到曹元朗的"大作"，诗后有曹的自注，标明了引用的出处（钱锺书，2002a：77）："……什么李义山、爱利恶德（T. S. Eliot）、拷背延耳（Tristan Corbière）、来屋拜地（Leopardi）、肥儿飞儿（Franz Werfel）的诗篇都有。"此处共出现了四个外国人名，其中有些人名在钱氏其他文章中也有提及，但译名却有所不同。如，T. S. Eliot 译作"艾略特"（钱锺书，1997：143），Leopardi 译作"莱欧巴迪"（钱锺书，2002b：434）。为何钱锺书没有沿用这些译名，而要另外将几个大诗人的名字译得如此"接地气"呢？钱氏挚友宋淇曾告诉其子宋以朗一些趣事，其中一桩提道："钱锺书曾顽皮地把'莎士比亚'这名字，用上海话念成'邪士胚'，就像他在《围城》和《谈教训》中把 T. S. Eliot 译为'爱利恶德'一样。"（宋以朗，2011）由此可推测钱氏在此处采用谐音意译，用上海话取谐音音译了四个人名，又用意译赋予译名"夸张"的含义，更贴近曹元朗"大诗人"的人物设定，达到反讽的效果，将翻译方法融入了文学手法。若不考虑小说人物设定，单从翻译的角度来看，这几个译名是否妥当呢？以"来屋拜地"为例，有学者如此解释："人如其名，缪斯女神一来到他家屋子就拜倒在地，惊叹他的天才。"（钱定平，2002：118）实际上，Leopardi 的确是难得一见的天才，自幼博学多才，精通希腊语、希伯来语、拉丁语、英语、法语、西班牙语等现代语言，18 岁时就开始写诗，在艺术上显示出卓越的才能，[1] 可见钱氏此译名确实能体现出人物特点。

对于外国人名汉译，钱锺书偏爱谐音意译；而对于中国人名外译，钱氏似乎也偏好此法，这一点也能从《围城》的另一段文字中看出。李梅亭给自己取了个"Professor May Din Lea"的英文名，方鸿渐对此不解，问他为何不用外国现成姓 Lee。李梅亭如是解释（钱锺书，2002a：161）：

> 我请教过精通英文的朋友，托他挑英文里声音相同而有意义的字。中国人姓名每字有本身的意义，把字母拼音出来，毫无道理，外国人看了，不容易记得。好比外国名字译成中文，'乔治'没有'佐治'好记，'芝加哥'没有'诗家谷'好记；就因为一个专切音，一个切音而有意义。

---

[1] 资料来源：百度百科贾科莫·莱奥帕尔迪。

从这段文字中不难看出钱氏对谐音意译的理解与阐释，即"切音而有意义"。赵辛楣随后也将 Mating 跟"梅亭"联系到一起，认为这两个词"同音而更有意义"（钱锺书，2002a：161），因赵早就看破李有"淫邪之相"（钱锺书，2002a：155）。

无论是曹元朗、李梅亭，抑或是赵辛楣，虽都是钱锺书笔下虚拟的人物，但也正是因为钱氏有谐音意译之所想、所好，才将这一"想法"及"偏好"赋予其笔下之人物，以达到其想达到的文学效果。撇开文学不谈，钱氏采用谐音意译汉译人名，也都将这些人身上的特点融入译名之中。例如将遵循自然主义哲学路线的美国哲学家 George Santayana 译作"山潭野衲"，将折射出智慧光芒的 Hegel 译作"黑智尔"（杨全红，2019：193）。

4. 人名翻译之偏好

在人名翻译方法上，钱锺书偏好谐音意译，也多采用音译。除此之外，他在人名翻译时，也有一些个人偏好。

4.1 喜用"德"字

这一观点最初由杨全红发现，该学者也对此做出了一个粗略的统计，但笔者彼时未敢妄下定论，便翻阅并搜集了《钱锺书散文集》一书中先后出现的带"德"字的人名。据笔者不完全统计，带"德"字的人名在此书中有：薛德尼·斯密史、德昆西、安诺德、哈德门、夏士烈德、德白落斯、颐德、莱尔德、卜赖德雷、约德、凯尔德、黎德、加赛德、德拉朴脱、雷姆勃朗德、歌德、堂·吉诃德、德·马罗勒、奥维德、哈葛德、司各德、裴德、波德莱尔、弗莱理格拉德、赫尔德、希罗多德、薛德蕙、海德格尔、萨德尔、西德莫妮克、贝德拉克、泼德能、彼得罗尼厄斯……光笔者肉眼统计的带"德"字的人名就有如此之多，就连莎翁笔下的 Hamlet 也曾被译为"哈姆雷特"（钱锺书，1997：41）、"汉姆雷德"（钱锺书，2002b：41）或"韩烈德"（钱锺书，2002b：114）。

钱锺书在人名翻译中多用"德"字，或许与其对"德"的看重有关。在《管锥编》中，曾有一文专门讨论了"文德"的内涵。钱锺书（2001a：503）在文末还引用了 17 世纪英国一位哲人的名言，"深思劬学，亦必心神端洁。吾欲视道德为最谨严之名辩"，并表明了自己的看法："正如才、学、识，尚须有'德'也。"钱氏也曾言"三不朽自有德、言、功业在"（刘强，2019：183），将"德"放在了首位。他也曾称钟嵘虽"囿于时习"，但能"不为势利转移，未尝违心两舌"（刘强，2019：194）。凡此种种，无不尽显钱氏对"德"的看重。而钱锺书本人也对"德"做到了身体力行。许景渊回忆起钱锺书时，用"甘于寂寞"四个字概括了其对钱氏的总体印象，认为钱锺书可以"摆脱名利思想、一心一意去做学问"。（沉冰，1999：6）

4.2 不屑译名统一

钱锺书的著作中,常出现"同一人名、不同译名"的现象(不包括文学作品中的"有意为之")。这种现象不仅存在于同一篇文章[1]之中,也存在于不同文章之间。Hamlet 的三种译名便是其中一个例子。再比如 Pope 译作"蒲伯"或"仆伯",Coleridge 译作"柯尔律治"或"柯律立治",Gourmont 译作"古尔蒙"或"顾尔蒙"等。《钱锺书散文》一书编后记中提道"人名按钱先生自己的一种译法统一",可见钱氏在人名翻译时不止有一种译法,而编者只是按其中一种译法编辑。《写在人生边上》的出版说明中也表示,为保持历史原貌,作者的原序、原译名、原用字等一般不做更动。笔者据此推测,两书收录的同一篇文章中,出现同一人名的不同译名,并不是编辑错误导致,只是前者选择"择其一译之",后者选择"不做更动"。

为何会出现"同一人名、不同译名"的现象呢?可从钱锺书对译名统一的态度来寻找答案。当年,罗新璋应傅雷次子傅敏之邀出任《傅雷译文集》编辑。罗氏写就出版说明的同时,特地登门拜访傅雷生前好友钱锺书夫妇征询意见。钱氏表示,译文集既然为傅毕生心血的实录,内容文字应该以原译为根据,不做改动,即使当年旧译中如部分人名、地名等与现今通行译名有所出入,亦应维持原样,不加修订,以存全貌(金圣华,1996:281)。如此看来,钱氏在其作品中对同一人名采用不同译名,或许也是想要保留自己"毕生心血的实录"?

但笔者大胆推测,钱锺书此做法或许还有另一层原因。钱氏在为钟叔河"走向世界丛书"作序中对编者的劳动做了充分评价:"……叔河同志在主编此丛书时,费力既勤且精;……每种书后又增附《人名索引》和《译名简释》,对原书人名、地名的异译都加注原文和今译。这都是麻烦费力的笨功夫,实堪佩服……"(吴泰昌,2017:104)这段文字不仅表达了钱锺书对钟叔河的充分肯定,还可从中看出其认为译名统一着实是个"麻烦费力的笨功夫"。许是出于省时省力的实际打算,钱锺书才不屑或"懒得"统一译名吧!

5. 结语

钱锺书在翻译人名时多采用音译与谐音意译两种方法,后者尤其受其青睐,其对意译态度不明但稍显否定。同时,钱氏意识到音译与意译人名存在的一些问题:音译易导致读者望字生义,尤其是当读者对外来语文化知之甚少时;译者语言水平、听辨能力会对音译人名造成影响;意译不当会歪曲人物在读者心中的印象。钱锺书偏好谐音意译则在于此法"切音而有意义",能较好地体现人物特点,此法用在文学

---

[1] 此处的"同一篇文章"是指,不同出版社发行的钱锺书文集中收录的同一篇文章。如,浙江文艺出版社发行的《钱锺书散文》和三联书店发行的《写在人生边上》都收录了《一个偏见》一文,但文中 Coleridge 的译法却并不相同。

翻译上效果显著。

此外，钱氏在翻译人名时存在一些个人偏好，主要表现为喜用"德"字与不屑译名统一。人名翻译喜用"德"字，因其看重文人之德；不屑译名统一则出于保持旧译和实用性的考虑。值得一提的是，钱锺书在人名翻译方法上的见解和喜用"德"字的偏好，当下译者仍可学习借鉴，但应推崇译名统一，避免混淆和混乱。

行文至此，回想起一次小组合作的小说翻译练习。笔者"译友"将男主角未婚妻"Jomfru van Loos"音译为"玛丽·范洛斯[1]"，将男主角给其起的绰号"Jomfru Fan los"处理为"烦洛斯"，取"Fan los"的谐音，表达出男主角对其未婚妻感到烦人之意。此举竟与钱锺书所喜好的"谐音意译法"相同。彼时尚未将其总结为一个可迁移的翻译方法，而今可算是将未完的一桩事给了结了。

参考文献

[1] 沉冰. 不一样的记忆：与钱锺书在一起 [M]. 北京：当代世界出版社，1999.
[2] 甘阳. 将错就错 [M]. 北京：生活·读书·新知三联书店，2019.
[3] 芒迪. 翻译学导论：理论与应用 [M]. 李德凤，等译. 北京：外语教学与研究出版社，2014.
[4] 金圣华. 傅雷与他的世界 [M]. 北京：生活·读书·新知三联书店，1996.
[5] 刘强. "旷世心期推栗里"：钱锺书先生的论陶旨趣 [J]. 古代文学理论研究，2019（2）：181–205.
[6] 钱定平. 破围：破解钱锺书小说的古今中外 [M]. 天津：百花文艺出版社，2002.
[7] 钱锺书. 管锥编：补订重排本（第四册）[M]. 北京：生活·读书·新知三联书店，2001a.
[8] 钱锺书. 钱锺书散文 [M]. 浙江：浙江文艺出版社，1997.
[9] 钱锺书. 钱锺书英文文集 [M]. 北京：外语教学与研究出版社，2005.
[10] 钱锺书. 谈艺录：补订重排本（上、下）[M]. 北京：生活·读书·新知三联书店，2001b.
[11] 钱锺书. 围城 [M]. 北京：生活·读书·新知三联书店，2002a.
[12] 钱锺书. 写在人生边上 [M]. 北京：生活·读书·新知三联书店，2002b.
[13] 宋以朗. 我的父亲宋淇与钱锺书 [N/OL]. 东方早报，2011–10–9 [2022–6–24]. http://culture.ifeng.com/gundong/detail_2011_10/09/9698918_0.shtml.
[14] 王宏志. 律劳卑与无比：人名翻译与近代中英外交纷争 [J]. 中国翻译，2013，34（5）：23–28.
[15] 吴泰昌. 我认识的钱钟书 [M]. 北京：生活·读书·新知三联书店，2017.
[16] 杨全红. 钱锺书译论译艺研究 [M]. 北京：商务印书馆，2019.

---

[1] Jomfru 在北欧语系中相当于 Marie。

英文学术概念词汉译中的名与实：
从"形式对等"说起

———— 于悦[1] ————

摘 要：本文以关键学术概念词汉译为研究对象，以奈达"formal equivalence"概念为典型案例展开，深入分析中文学术话语中对"formal equivalence"的论述与应用是否是基于对该重要学术概念的正确理解，并尝试提出全新译法。文章结合近代以来关键学术名词汉译过程中出现的译法缺乏"实"的现象，总结了学术名词翻译中出现的问题及其弊端，并从近代《圣经》汉译"译名之争"中发掘对于学术术语汉译的启示。

关键词：学术名词；翻译；形式对等；译名之争

1. 引言

术语是学术研究的重要基础和前提，其严谨性、规范性和准确性对学术研究的精准度具有极大影响，也因此成为学科发展的必要条件之一。学术名词的翻译是翻译研究中一大重要问题，正如严复所言"今夫名词者，译事之权舆也，而亦为之归宿。言之必有物也，术之必有涂也，非是且靡所托始焉，固曰权舆。识之其必有兆也，指之必有椠也，否则随以亡焉，故曰归宿"（严复，1992：109）。辜正坤曾专门撰文讨论外来术语的不当翻译对中国学术研究的负面影响。文章指出了中国学术界外来术语泛滥成灾的现象，对一些似是而非的抑或根本错误的译名提出了修改建议。文章还明确提出，"为了学术研究本身的精密性和准确性"，需要"对所有的学术术语（尤其是经过翻译而来的术语）进行甄别、校正"（辜正坤，1998：52）。由此，术语翻译之不易及其重要性可见一斑。

本文重点考察外来术语翻译中仅关注原词之"名"而不注重其"实"而导致的不精确译名。因为，若只依据原词字面意义进行翻译，容易造成误解和概念混淆，进而引发学术上不必要的争议。奈达提出的"formal equivalence"概念多年以来在中文学术领域中被译为"形式对等"，这一译名即属于依据原文字面翻译而来。我们发现这一译名实际上有欠准确，让不少中国翻译学者对奈达的"formal equivalence"概念产生了误解。本文拟基于"formal equivalence"概念在奈达著作中的具体语境厘清其真正含意，尝试对该术语进行改译，并结合其他几个英文关键术语的汉译争议

---

[1] 2019级翻译专业学生；邮箱：861133179@qq.com；指导教师：邓联健教授。

以及近代历史上著名的"译名之争",为关键概念词汉译的应有态度和操作方法提出建议。

2. "形式对等"与"formal equivalence"

2.1 中文学术话语中的"形式对等"

美国著名翻译理论家奈达在其 1964 年出版的专著《翻译科学探索》(*Toward a Science of Translating*)中首次提出"formal equivalence"和"dynamic equivalence"这一对概念(Nida,1964:10)。20 世纪 80 年代,奈达的翻译理论受到中国学者的陆续引介(林书武,1981;沈寿源,1987;谭载喜,1989 等),在中国翻译学界产生了极广泛的影响,相关翻译学讨论甚至曾出现"言必称奈达"的局面。

不少中国学者对形式对等持认可态度,并积极地将其运用于翻译实践中。董丽云(2004:85)指出在文学翻译中采用形式对等是一种有效的策略,黄国文(2003:21)论证了形式对等理论在诗词翻译中的重要性。由此可见,形式对等理论的引入为中国翻译理论领域的发展注入了新鲜血液,也为不同文本本土化转换和效率性输出提供了有价值的理论参考。同时,其他学者也提出了不同的看法,认为奈达的形式对等理论并非尽善尽美。如申丹(1997:34)对形式对等进行了批评,认为形式对等的译法在语义上无视词语的语境意义,实际上就是"逐词死译"的别称。在语法结构上,形式对等则是无视目的语中对应结构的存在,将原文语法结构原封不动地移植入目的语。雷宇(2012:86)认为刻意追求形式对等可能会导致译文极其"拗口",例如照搬原文中连续出现的四个否定词的句子结构,在中文中则难以实现句子的通顺。黄远鹏和范敏(2012:94)也指出,形式对等过分强调再现原文语法单位和词的用法的一致性,导致目的语读者虽然看到的是目的语的字词,却不见符合目的语语法习惯的用法,从而造成理解困难。

单从字面意义来看,中文学术话语中的"形式对等"指的就是翻译过程中语言语法结构上的对等。不少学者指出在形式对等理论的指导下,实现原文与译文在语言语法结构上的对应能够最大限度地还原原文含义。而针对该理论所提出的批评,则大多聚焦在该理论对于原文内容的忽视上,但在引用和解释奈达原著对该理论的阐述时,又明确地指出形式对等理论之下包含着对原文形式和内容的重视,两个"形式"的连续出现让人实在摸不着头脑。既然理论本身涵盖对于形式与内容的强调,即应为两者之综合,又为何只点明其中一者,而省略了"内容"这一因素?纵观众多学者对于形式对等的理解与评价,不难看出围绕这一理论的议论归根结底是对"形式"二字的各抒己见。中文学术界对形式对等中的"形式"缺乏一个固定的定义,随之产生了对于该理论截然不同的解读。推崇者认为其指的是更好地完善了信息的

"形式"，批评者则认为是遗漏了信息的"形式"。无论是哪一方的观点，对于"形式"二字的理解都停留在表面，极有望文生义的嫌疑。追根溯源，我们从引介奈达翻译理论的中国学者的论述中就能发现许多关于奈达翻译理论中"形式"一词的内容，而其表述却令人费解甚至自相矛盾。

谭载喜（1982：5）谈到奈达重视读者的反应时认为："这种以读者反应为中心的语言交际式翻译法有一个优点，就是从理论上把译者从死扣原文形式的枷锁下解放出来……不仅需要考虑语言词汇本身的意义和翻译……"。谭文此处将"词汇本身的意义"纳入"原文形式"的范围，而在介绍形式对等时又指出"翻译理论家奈达提出了形式对等和动态对等（功能对等）理论，一方面，它指出形式对等关注信息本身，既关系信息的形式，也关注信息的内容"。此处的"形式"与"内容"却是割裂的。虽然两个"形式"与词汇的"意义""内容"之间存在不同的关系，但在翻译时却没有对两者加以区分。顿官刚（2018：158）指出，在奈达的翻译理论体系里，"信息"既包括原作思想内容，也包括原作文体、修辞等方面的信息。形式对等的着眼点在信息本身，包括形式和内容两个方面。顿文明确指出"形式对等"关注信息本身，而信息却又包括"形式"和"内容"两个方面。根据其上文中对"信息"的定义，作为其他方面信息的"形式"又在下文中容易受到形式对等的干扰。关于形式对等，黄国文（2003：21）指出"奈达突出'意义为主，形式为次'的思想，引起了不少误解，有的学者认为只要翻译内容，不必顾及形式，因此各式各样的自由译都冠以动态对等"。遍览全文不难发现，黄文提及却未深入讨论的"误解"正是来源于将"formal"一词译为"形式"二字。

2.2 奈达的 "formal equivalence"

奈达在其著作《翻译的科学探索》中首次提出"formal equivalence"的概念时，就明确地将其定义为"两种基本的翻译定位"之一，与 dynamic equivalence（后期的新提法为 functional equivalence）具有相对性，也就是说，在这两种翻译定位之间译者应根据不同文本特点以及相应的翻译目的在功能对等和形式对等之间做出裁定，采取相应的翻译策略。他指出，形式对等关注信息本身，即其形式与内容。具体体现为诗词对应诗词、句子对应句子、概念对应概念。形式对等要求信息符合源语文化元素。

更具体地说，形式对等体现在语法单位（名词对应名词；动词对应动词；不能拆句或调整句子结构）保留形式结构上的特征、词语使用和词语意义等层面上的对等，同时尤其体现在翻译习语方面的应用，以及强调译文注释的添加和文本特定接受人群的定位。而奈达原著中对于"formal equivalence"的应用方面所举的基本上都是与宗教、哲学文献有关的例子，如《新约》中的"holy kiss"以及柏拉图著作中所使用的象征。宗教与哲学文献的传播功能与其他"普世"传播的文字作品的功能相比，确有其特殊性,这也再次说明了"formal equivalence"这一翻译策略中极其强调的"受众人群"概念,也说明并不是所有类型的文本都适合采用"formal equivalence"这一翻译策略。他还坦陈,对这一原则极端化的使用会使得译文看起来只是一串没有意义的词语。因此,"在过去的五十年里,从强调形式对等到强调动态对等的转变十分显著"。这一转变也已清楚地被众多"文学艺术家、出版商、教育家以及专业译者"(Nida,1964:160)所证实。

当我们仅对奈达著作中对于"formal equivalence"的阐述进行分析时,我们会发现,奈达对于其理论在各方面的具体应用与优劣势都做出了详尽且坦诚的说明。也就是说,至少在理论成型和传播开始的阶段,都没有出现关键性的理解性偏差。而在这一西方著名翻译理论进入中国学术领域的第一阶段,也就是在作为关键术语转换为中文(将"formal equivalence"翻译为"形式对等")的这一步中,出现了明显的一大疑问:中文中的"形式"是否能够完全与原文中的"formal"画等号?

我们可以从文本初次接受者的角度来仔细观察一下这种译法带入术语解释中的结果:

原文:"Formal equivalence" focuses attention on the message itself, in both form and content.

译文:形式对等将注意力集中于信息本身的形式与内容。

原文:Viewed from this formal orientation, one is concerned that the message in the receptor language should match as closely as possible the different elements in the source language.

译文:从形式对等的角度出发,译者力求使接受语中的信息尽可能地接近源语中的各种成分。

显然,对于文本的初次接受者来说,这样的译文存在不少令人费解之处:既然是同时注重信息本身的形式与内容,为何术语名称上对"内容"只字未提?既是"形式对等",为何又要求做到面面俱到,"接近源语中的各种成分"?形式难道不属于"成分"的一种吗?

根据韦氏词典的单词解释,formal:belonging to or constituting the form or essence of a thing。即 formal 一词本身指属于或构成事物的形式或本质,显然并不能与"形式"画上等号。同时,在中文语境中,"形式"与"内容"呈明显的对立关系,若翻译成"形式对等"则易导致望文生义,认为该概念仅指翻译形式或句法上的对等,而无须考虑与具体内容信息的关联。我们从奈达对两种基本的翻译定位的阐述中,也能看出奈达各个翻译策略的内涵并非仅仅建立在"重形式还是重内容"的问题之上,而是在讨论更为细致且深层次的利弊。将"formal"译为"形式"显然是过分简单化了奈达的理论,极易使文本接受者产生理解上的偏差。

2.3 "形式对等"的改译

术语误译可以分为语形误译和语义误译。语义误译指语言形式上看似顺畅，但语义表达不清或与原文相悖、导致受众理解错误的翻译。以"形式对等"译"formal equivalence"则属于语义误译中的似是而非型，即"从字面上看是正确的，但与事实不符"（杨先明，2014：7）。

奈达倡导在翻译工作中注重读者反应，他认为"翻译的服务对象是读者或言语接受者，要评判译文质量的优劣，必须看读者对译文的反应如何，同时必须把这种反应和原作读者对原文可能产生的反应进行对比，看两种反应是否基本一致。'从某种意义上说，这好比进行市场调查，测验公众对市场产品的反应。对某种产品，不管理论上认为它多么好，也不管它陈列时显得多么美观，如果公众反应不好，那就不会被接受'"（谭载喜，1999：23）从前文对于"formal equivalence"的讨论中，我们不难看出"形式对等"这一译名对中国翻译研究领域学者所造成的干扰，即读者反应并不理想。

奈达是一位谦逊踏实、开放进取的翻译理论家，对于自己提出的概念，他不止一次对其进行修正或进一步的完善。无论是术语的提法还是理论指导下具体的细则，他都在不同时期根据实际研究结果对其进行必要的调整。在其后发表的《从一种语言到另一种语言里》中，他不再全盘否定"形式对等"，而是认为翻译不可随意打破原文的表达形式，形式也表达意义，改变形式也就改变了意义，并对"形式对等"提出了全新的辩证的改进。他对改变形式提出了五个条件：一、直译会导致意义上的错误；二、引入外来语形成语义空白；三、形式对应引起严重的意义晦涩；四、形式对应引起作者原意所没有的歧义；五、形式对应违反译入语的语法或文体规范。（郭建中，2000：66）而从奈达与中国学者张经浩（2000：32）的笔谈中，我们也可以看出他十分关心不同语种学术领域中对自己理论的相关解读，积极与接受语的学者交流，力求还原概念最原始的意义，避免理解上不必要的偏差。中国翻译学者作为奈达翻译理论的第一接受者，更应该肩负起准确传播奈达优秀理论的职责，也应该向奈达的翻译研究态度看齐，不惧打破原有的权威，与时俱进，不断完善翻译理论，其中就应包括对理论汉化版本的不断推敲和修正。

我们认为"形式对等"可改译为"严格对等"，理由如下。

（1）语义吻合。首先，"严格"一词在《汉典》中的释义为：遵守或执行规定、规则十分认真、不偏离原则、不容马虎。反义词为：马虎、松懈。这实际上与奈达书中提及的翻译态度极为一致，既没有忽略"形式"或"内容"的任一方面，也没有过分强调哪一方面。其次，根据贺麟提出的确定译名的四条大经大法（彭华，2016：87），译名中的选字在中国古籍典书中应有可追溯的用法，而"严格"两个字，首先是"严"字，在《易经》与《韩非子》中都出现了带有"认真、不放松"的用法。"格"字在《礼记》和《己亥杂诗》的句子中都具有"标准、规格"的意义。（2）避免歧解。姜望琪（2005：81）指出，术语翻译不仅是为学术研究人士服务，更面向广大译入语使用者，所以在翻译时应采用更好理解、无歧义的词语。从众多学者对"形式对等"概念的辩证分析中，我们不难看出，学者对该概念的批评，在于其本身"僵化"、"死板"、"不够灵活"以及"忽视语言语法结构与语言信息同等重要性"等明显不足，而不是在于该理论对于语言语法结构的强调。细究之下，正是"形式对等"这一译名造成了学界理解上的偏差。学者们批评的是翻译时对语言语法结构的关注，进而认为应该减少对它的重视。若采用"严格对等"这一译名，其理论内核的不足则一目了然。（3）对应关系。很显然，目前被广为接受的"formal equivalence"和"dynamic equivalence"的中文译名"形式对等""动态对等"，在语义上并非形成对立关系。因为，按通常理解，与"形式对等"对应的是"内容对等"，而与"动态对等"对应的则是"静态对等"。关于"dynamic equivalence"，谭载喜（1983：39）指出，"翻译中的第二重点，是灵活性等值。从读者的角度（而不是从译文形式的角度）来看翻译，就意味着检查译文能否为读者所理解。衡量的标准不在于译文所用的单个词语能否被理解，句子是否合乎语法习惯，而在于整个译文能使读者产生什么样的反应。所谓'灵活性等值'，就是指译文读者对译文的反应等值于原文读者对原文的反应。"由此可看出，奈达对"formal equivalence"和"dynamic equivalence"的区分在于，前者是在形式和内容上死扣原文，后者则注重读者反应。若我们采用谭载喜对"dynamic equivalence"的译名，并将"formal equivalence"译为"严格对等"，那么，"严格对等"和"灵活对等"就构成了具有较强对立意味的一对概念词。如此改译，既再现了奈达提出这一对概念时所隐含的二者对立关系，且更利于这对术语在中文语境中的理解与接受。

3. 学术概念词汉译的译"名"现象

3.1 对西方翻译理论的"消化不良"

在相当长的一段时期，我国翻译学界主要以引入的西方翻译理论为导向展开翻译研究工作。在这一过程中出现了许多难以避免的问题，其中就包括对西方翻译理论的翻译不够准确。

张经浩（2006：60）就指出"汉语版的外国翻译理论可靠性有问题"。他指出，奈达代表作 *Toward a Science of Translating* 的推介者将书名翻译为"翻译科学探索"，该书名字面上即有歧义：究竟是"翻译/科学探索"还是"翻译科学/探索"？文章还指出，中国翻译学界跟着推介者认为奈达将翻译视为科学，因而一时间"翻译是科学"的观念普遍流行。张经浩曾就此问题专门请教奈达本人，奈达告之正确的理解应是"对翻译进行科学的探索"。除此之外，我们也可从文中对"dynamic equivalence"的误译中更深地感受到在术语概念词汉译上出现的尴尬情形。专门研究翻译学之人尚且会出现关键术语的误解、错译，何况其他领域？

3.2 不同领域的误译案例

不少学者撰文指出，近代以来从西方引进一些关键术语时，其汉译存在欠准确的问题。兹举几例。（1）悲剧。中文学术界经常将西方戏剧分类中的 tragedy 翻译为"悲剧"，将之间接地与中国的悲剧字面对等，但这实际上忽视了中西方两种戏剧类型的差异。辜正坤（1998：45）指出，西方的 tragedy 要求观众看了所谓悲剧后产生恐惧和怜悯的情绪。恐惧人所难以战胜的神、命运之类，怜悯剧中人的悲惨结局和无能为力的处境。中国人理所当然地按照自己的语言规范来理解它，望文生义，重点自然而然落在"悲"字上，如果理解成这指的是西方悲剧，则只是理解了西方悲剧的皮毛，因为一般人并不认为汉字"悲"里还有"恐惧"的含义。顾名思义，悲剧就是令人悲哀、令人心酸的剧。何为悲哀？中心郁愤，可视为悲哀；泣下沾襟，当更应视为悲哀，此不待言。中国悲剧上演时，其悲剧效果最著者，可使"观者万人，多泣下者"（明·吕天成：《曲品》）。以此为准绳，我们会发现，中国的悲剧颇符合悲剧的标准，而西方的所谓悲剧其悲的成分却相对少得多，所以西方倒是有点缺乏悲剧，因为西方的悲剧多不能使人泪下，可使人诚惶诚恐，却难使人心酸。（2）权利。邓文初（2004：26）提到，严复曾对 rights 一词的译法进行讨论，认为应译为"直"，将其英文原词自带的"直""宜"的意义表达出来，而若译为"权利"，则忽视了西方思想价值观里的"正义"因素。而在当时翻译的时代环境下，革命蓄势待发，若推广"权利"这一译法，则可能引发误解，认为革命就是与古代王室争权夺利无异的个人利益行为。"权利"这一译法最初引译自日语，也缺乏中国本土的学术考据，不具备完全的准确性。除以上例子外，各领域均有许多意义混杂、指代不明的概念词汉译。例如，meta 作为前缀使用时，基本都被翻译为"元"。这一译法在特定的词语中确实成立，但不可以偏概全，认为只要出现了 meta，便可译为"元"，如 meta-language 就不能直译为"元语言"，应译为"解释型语言"或"工具性语言"。（辜正坤，1998：47）"史诗"实际上指的是诗体英雄故事，这种译法不但没有体现其英雄主角的特色，也容易让读者过度关注"诗"字本身，远不如"韵体英雄故事"切合原意。（辜正坤，1998：48）

关键学术概念词的"失实"汉译，存在众多弊端，对于这些概念词的长期误用与习焉不察，必然导致不必要且具有误导性的学术争端。

4. "译名之争"的启示

"译名之争"指英美来华新教传教士修订《圣经》的过程中围绕基督教核心名词如何中译产生的争论。在 19 世纪上半叶来华传教士对《圣经》中译本修订工作中，各参与者对诸多翻译问题展开讨论，其中最具争议性的就是关于"God"这一基督教核心名词的汉译法。参与各方围绕这一问题进行了一场旷日持久的大笔战。

引发这场笔战的，是《中国丛报》(*The Chinese Repository*)杂志第14卷刊载的一封读者来信（Anonymous, 1845）。信中对"God""Spirit"的中文译名"天""神""真神"等提出质疑。此信刊发后立即引起连锁反应，继裨治文（Bridgman, 1845）发表专文起，6年间经《中国丛报》参与论战者十多人，《中国丛报》刊载讨论译名问题的文章近30篇，其中裨治文的就有7篇。论战文章不乏长篇大论，并有分期连载的专文。参与笔战者可明显区分为美、欧两大阵营。裨治文、文惠廉（W. J. Boone）、娄理华（W. Lowrie）等美国传教士倾向于使用"神"，而郭实腊（K. F. A. Gutzlaff）、麦都思（W. H. Medhurst）等欧洲传教士则支持译名"上帝"。双方深入基督教真义、中国人心理深处以及中国文化传统，为各自的译名主张寻找依据。双方的论战内容深刻全面，真知灼见随处可见。终因分歧严重，双方均未说服对方，各自坚持己方译名。此后，《教务杂志》和《中国评论》等杂志仍有关于"God"译名问题的持续讨论。

早期赴华基督教新教传教士对《圣经》翻译的中译本修订进行长时间的深入讨论，对一些关键名词的中文译名问题付出巨大的努力。如果我们把近代以降我国译者对一些西方术语的翻译处理与"译名之争"做一番对照，前者的处理方式无疑要匆忙草率得多，以致一些不当译名使用至今，造成了难以消除的政治与社会后果。这一对照彰显了"译名之争"的重要意义：当翻译的对象是将对译入语文化和学术产生长远重大影响的名词（概念）时，"译名之争"提供了一种正确的态度和可资借鉴的处理方式。其中的"搁置争议"做法就是可取的经验，诚如传教士窦乐安所言：

"我们发现那些（汉语）文章中满是英文词汇，这说明译者认为在译入语中难以找到准确的对应表达来传递他们急于推广的新观念……汉语不存在与 liberty、necessity、freewill 和 constitutional 直接对应的词汇。"（Darroch, 1904: 561）

5. 结语

翻译领域作为西方学术研究成果引入过程中的最前端，其所承担的知识传播责任重大。暂不论对其他领域发展的影响，仅是对翻译研究本身就具有至关重要的意义。作为翻译领域的学者，在广纳海外精华，不断完善翻译理论研究的同时，更要端正术语研究态度，勤于思辨，敢于打破成规，反复推敲，与时俱进，对翻译成果根据时间和空间条件的变化和需求进行再议与更新。过往的翻译历史经验与教训给现代学者的翻译工作提供了大量的参考，及时的回溯和反思是促进翻译领域未来发展的关键方式。

参考文献

[1] Darroch, J. The New Literature in China [J]. *The Chinese Recorder and Missionary Journal*, 1904（35）: 559–566.
[2] Nida, E. A. *Toward a Science of Translating* [M]. Leiden: Brill, 1964.
[3] 顿官刚. 奈达对泰特勒翻译思想的继承和发展 [J]. 湖南科技大学学报（社会科学版）, 2018（5）: 155–161.
[4] 董丽云. "形式"所迫：形式对等再探索 [J]. 龙岩师专学报, 2004（4）: 95–97.
[5] 邓文初. 学术本土化的意义 [J]. 学术评论, 2004（11）: 26–32.
[6] 郭建中. 当代美国翻译理论 [M]. 武汉：湖北教育出版社, 2000.
[7] 辜正坤. 外来术语翻译与中国学术问题 [J]. 北京大学学报（哲学社会科学版）, 1998（4）: 44–51.
[8] 黄国文. 从《天净沙·秋思》的英译看"形式对等"的重要性 [J]. 中国翻译, 2003（2）: 21–23.
[9] 黄远鹏, 范敏. 再论翻译中的形式对等 [J]. 北京航空航天大学学报（社会科学版）, 2012（7）: 92–95.
[10] 姜望琪. 论术语翻译的标准 [J]. 上海翻译, 2005（5）: 80–84.
[11] 雷宇.《哈利·波特》翻译中的形式对等和动态对等 [J]. 重庆教育学院学报, 2012（7）: 85–88.
[12] 彭华. 贺麟译学大义述 [J]. 西华师范大学学报, 2016（1）: 87–95.
[13] 申丹. 论翻译中的形式对等 [J]. 外语教学与研究, 1997（2）: 34–39.
[14] 谭载喜. 翻译是一门科学：评介奈达著《翻译科学探索》[J]. 中国翻译, 1982（4）: 4–11.
[15] 谭载喜. 奈达论翻译的性质 [J]. 中国翻译, 1983（9）: 37–39.
[16] 谭载喜. 新编奈达论翻译 [M]. 北京：中国对外翻译出版社, 1999.
[17] 杨先明. 术语翻译中的误译现象及其消减策略 [J]. 中国科技翻译, 2014（8）: 5–8.
[18] 张经浩. 与奈达的一次笔谈 [J]. 中国翻译, 2000（5）: 28–33.
[19] 张经浩. 主次颠倒的翻译研究和翻译理论 [J]. 中国翻译, 2006（9）: 59–61.

论名著复译之乱象：以 *Self-Help* 为例

覃恋 [1]

摘　要：英国道德学家塞缪尔·斯迈尔斯的 *Self-Help* 一书是一百多年来全球最畅销的图书之一，但十多年内该书中文译本数量高达 37 种，则属异常现象。经比对各中译本及英文原著发现，不少译本在翻译和出版方面分别存在译文质量低劣、抄袭他人译作和重复投入人力、浪费出版资源等乱象。滥竽充数的译者乘复译之风粗制滥造，出版社为追求利益对畅销公版书蜂拥而上，是导致乱象产生的重要原因。

关键词：*Self-Help*；复译；出版社；译者

1. 引言

塞缪尔·斯迈尔斯（Samuel Smiles，1812—1904）是英国著名的道德学家、社会改革家、散文家。他于1859年将其所做系列演讲整理成励志书 *Self-Help*。全书分13章，围绕自立、苦难、勤奋、诚实、信用、勇气、品格等主题次第展开，讨论如何通过勤奋努力、修养磨炼和自律自制，如何依靠诚实、正直和认真履行职责而立身于世并幸福生活。此书一问世便引发巨大反响，随后以法语、德语、西班牙语、丹麦语、日语、俄语等多种语言在全球众多国家出版并被不断重印，成为一百多年来全球最畅销的图书之一。在中国方面，自 1999 年北京燕山出版社推出宋景堂等人翻译的《自己拯救自己》后，*Self-Help* 的中译本迭出，复译次数明显超出合理范围，个中原因值得深究。有鉴于此，本文经检索中国国家数字图书馆、亚马逊图书、当当网图书以及淘宝网图书等平台，对 *Self-Help* 的中文译本进行穷尽统计，分析较短时间内该书复译本数量如此之多的原因，并对相关主体提出建议。

2. 关于复译

译作是对原作的一种理解与阐释，"是原作生命时间上的延续和空间上的拓展，是原作的再生"（许钧，2007：65）。多方面的因素，如时代风气、诗学潮流和读者审美需求等的变化，会催生对原作进行重新翻译的现象，这便是"复译"，或称重译。复译可以分为两种情况：一种是历时复译，指的是不同时期的不同译本；另一种是共时复译，亦即同一时期的不同译本。复译作为一种重要的翻译现象，引起越来越

---

[1] 2020 级翻译专业学生；邮箱：2462340973@qq.com；指导教师：邓联健教授。

多学者的关注。针对复译是否必要的问题,翻译界存在不同看法。有学者认为应尽量减少复译,指出"能'一劳永逸'时,最好是想'一劳永逸'的办法"(穆木天,2000:377)。而美国著名翻译理论家奈达认为,由于时代、文化和语言的变化,任何译作都不可能拥有永久的生命力,一部译作,不管它多么接近原作,多么成功,其寿命一般只有"五十年"(许钧,1996:14)。按照奈达这一观点,复译存在必然性。

关于 Self-Help 一书的复译,倘若各复译本面世时间跨度较大,我们可以将之理解为时代的不断变化催生出大量复译本。但在不到 20 年时间内此书复译出版次数如此之多,实属异常。因此,无论翻译界针对复译问题的争论如何,此书的复译现象都值得探究。

3. Self-Help 的中文复译本

在 1999—2017 年这不到 20 年时间里,Self-Help 一书在中国涌现的译本数量惊人。据本研究统计,翻译版本总数高达 37 种,其中 2010 年就有 6 种译本问世。详情如表1。

表1　塞缪尔·斯迈尔斯 Self-Help 中文译本统计表

序号	书名	译者	总章节	出版社	出版年
01	《自己拯救自己》	宋景堂等	13	北京燕山出版社	1999
02	《自己拯救自己》	于卉芹、李忠军	13	中国商业出版社	2004
03	《自励》	刘振北	10	金城出版社	2004
04	《自助》	齐仲里、张谡过	13	中国发展出版社	2004
05	《自励自助》	李玲	7	九州出版社	2004
06	《自己拯救自己》	刘树林	9	中国言实出版社	2005
07	《自己拯救自己》	朱绍格	7	陕西师范大学出版社	2005
08	《成事在己》	秦传安	13	中央编译出版社	2006
09	《自己拯救自己》	张泽明	13	天津社会科学院出版社	2009
10	《自助者天助》	王轶博	7	中国长安出版社	2009
11	《做自己的救星》	兰捷	7	北京邮电大学出版社	2009
12	《自己拯救自己》	宋景堂等	13	陕西师范大学出版社	2009
13	《自己拯救自己》	陈焕文	9	吉林文史出版社	2010
14	《自己拯救自己》	雨青	13	重庆出版社	2010
15	《自己拯救自己》	赵恩洪	13	新疆美术摄影出版社	2010
16	《自己拯救自己》	焦龙梅	13	中国商业出版社	2010

续表

序号	书名	译者	总章节	出版社	出版年
17	《自己拯救自己》	甘平	7	凤凰出版社	2010
18	《自助》	赵莉	9	中国宇航出版社	2010
19	《自己拯救自己》	高修娟、宋莉涛	13	北京理工大学出版社	2011
20	《自己拯救自己》	甘平	7	华夏出版社	2011
21	《自己拯救自己》	熊显华	13	吉林出版集团有限责任公司	2011
22	《自助者天助》	杜颖达	7	哈尔滨出版社	2011
23	《自己拯救自己》	杨涛	7	陕西旅游出版社	2011
24	《自己拯救自己》	尘间	13	浙江文艺出版社	2012
25	《自助的力量》	张明权	13	中国方正出版社	2012
26	《自己拯救自己》	吴宏博	13	武汉大学出版社	2012
27	《自己拯救自己》	南怀苏	6	立信会计出版社	2012
28	《自己拯救自己》	朱绍格	7	安徽人民出版社	2012
29	《自己拯救自己》	富强	18	新世界出版社	2012
30	《自己拯救自己》	贾明锐	8	经济科学出版社	2013
31	《自己拯救自己》	甘平	7	广东旅游出版社	2013
32	《自助者天助》	杜颖达	7	新世界出版社	2013
33	《自己拯救自己》	赵雅娴	7	企业管理出版社	2014
34	《自己拯救自己》	熊显华	13	中国盲文出版社	2014
35	《自己拯救自己》	杜梦臻	13	河北人民出版社	2014
36	《人自为王》	王少凯	13	现代出版社	2015
37	《自己拯救自己》	文轩	7	中国书籍出版社	2016

由表1可知，37种译本之中分13章的有17种，分7章的13种，分9章的3种，另有分18章、10章、8章、6章的各1种。考察各译本与Self-Help原著对应情况发现，分13章的译本均根据原著13章依次译出，译文内容也与原著基本对应；含7章内容的13种译本几乎都选取原著第一、第四、第八以及第十至十三章进行翻译；分9章、10章的译本分别选取不同章节进行翻译；分6章的译本系整合原著部分章节翻译而成；分8章的是2013年经济科学出版社贾明锐译本，此译本是综合了13章译本和7章译本的改编本。分18章的是2012年新世界出版社译本，此书前言提及"斯迈尔斯的著作进入中国，一直备受推崇。中文译著版本众多，良莠不齐。我们这个版本严格遵照英文原著准确翻译，而且为了让中国读者更准确、更精要地吸取斯迈尔斯

的思想，我们对其内容进行了适当的精简"（富强，2012：3）。由此可知，富译是一个经过精简的译本。总体看来，英文名著 Self-Help 的 37 个中译本，大致可分为完整版和缩译版两大类别。至于各个缩译本究竟是根据可能存在的英文缩略本译出还是译者自行选译而成，我们还不得而知。可以肯定的是，同一部外文著作在 17 年内出现 37 个中文译本，显然不是一个正常的翻译出版现象。而且，像 Self-Help 这样的不正常复译现象在中国绝非孤例，而是外国名著翻译出版的一个普遍现象，只是程度略有不同而已。

4. 重复翻译出版的背后

老一辈翻译家如傅雷、王道乾等的外国名著译本似乎可以被视为译著标杆，他们的译作被许多人奉为经典，当作首选。但也有很多缺乏"慧眼"的读者，他们在选读外国经典著作时，常常会在各家出版社的不同译本面前不知所措。那么，中国图书市场上外国名著复译的"繁荣景象"，究竟是好事还是坏事？是对翻译和文化事业的贡献，还是人力物力的浪费？哪些复译本是成功的？哪些是失败的？哪些甚至有抄袭之嫌？这些都是目前我们面对的且必须解决的问题。（郑诗鼎，1999：43）塞缪尔·斯迈尔斯 Self-Help 一书为何在不到 20 年时间里出现如此多的译本？下文将主要从两个不同主体入手剖析其原因。

4.1 出版社因素

据表 1 可知，17 年内共有 34 家出版社推出该书的中文译本。依《保护文学和艺术作品伯尔尼公约》（简称《伯尔尼公约》）的规定，一般文学艺术作品的版权保护期为作者有生之年及其死后 50 年。因此，国内出版社在翻译引进国外文学作品时，一般需支付相关版权费用。而 Self-Help 一书的作者塞缪尔·斯迈尔斯已离世一百多年，他的作品早已成为"公版书"，即对他的作品进行翻译出版时，已不必支付相关版权费用。因此，基于"公版书"这一客观条件，大量出版社不顾此书此前翻译出版情况，为了追求利益而卷入复译此书的浪潮。

此外，该书之所以得到众多出版社的青睐，还与该书的类型有关。近四十年来，社会主义市场经济的高速发展，给中国人民带来了各种发展机遇，人们渴望成功的愿望不断增强，形成了励志类图书的巨大潜在市场。同时，励志类图书出版门槛较低，而利润空间巨大，是各出版社实现盈利的重要途径。这两大因素的交织作用，导致了励志类图书出版的火爆场面。2001 年 9 月《谁动了我奶酪》出版之后，《把信送给加西亚》《人性的弱点》《羊皮卷》等励志类图书持续热销。在 2013 年 8 月举办的上海书展，励志类图书"仍旧是一大热点"（朱立红，2014：74）。而 Self-Help 一书，因其富有哲学气息的语言和激励人心的内容，在国内被定位为心理励志书籍，在相当程度上填补了这一领域的空白表。因此，*Self-Help* 便成为各大出版社争抢出版的对象。

4.2 译者因素

纵观表1"译者"一列，在 *Self-Help* 的持续复译过程中，有些译者曾数次复译该书。例如甘平曾在短短3年内为不同出版社贡献3个译本。为探其究竟，我们选取了甘平的3个译本进行比较考察。首先，通过比较3个译本的目录发现，各版本皆选译了7个相同的章节内容，且2010年凤凰出版社和2011年华夏出版社两个译本的章名完全相同，2013年广东旅游出版社译本的各章标题也只是略有改动。其次，经比较译本内容发现，虽然华夏出版社版本对篇章内容有部分删减，但就3个译本中的对应内容而言，其遣词造句几近雷同。此外，2009年陕西师范大学出版社译本与1999年北京燕山出版社译本，其译者都是刘曙光、宋景堂、李柏光，前者与后者相比内容也几乎没有变化。

郑诗鼎（1999：43）曾说，复译者萌生复译的念头，主要有四种情况：第一，旧译存在误译需要修订；第二，新的语言规律能使旧译更妥帖恰当；第三，随着研究角度的深入，对旧译提出新的看法和见解；第四，适应变化阶段各个时期读者的审美情趣和期待。然而，甘平的3个译本显然不属于以上4种情况的任何一种。三者无论是篇章内容还是遣词造句均无甚差别。各书译者序既未说明数次复译此书的缘由，也未描述后译本较之于前译本的变化。出现这些不正常的现象，大概是译者应出版社之邀而匆忙赶译所致，甚至难脱一稿多投之嫌。

除对同一译者不同译本的对比分析外，更有必要对不同译者的复译本进行比较。通常而言，后来的译者因有前译本可资借鉴参考，理应在"取其精华，去其糟粕"基础上推出更优译本。但我们选取3个年份较新（2012年、2014年、2015年）的译本进行考察后发现，事实并非如此。兹以这3个译本中的2个译例说明之。

例（1）原文："Heaven helps those who help themselves" is a well-tried maxim, embodying in a small compass the results of vast human experience. (Smiles，2012: 3)

吴译："自助者，天助之。"这是一条被时间证明了的至理名言。（吴宏博，2012：2）

杜译："天助自助者。"这条经典的格言，早已被漫长的人类历史中无数的事实所验证。（杜梦臻，2014：10）

王译："自助者，天助之。"这是一条屡试不爽的格言，它早已在漫长的人类历史进程中被无数人的经验所证实。（王少凯，2015：1）

很显然，在例（1）中，吴译只是简练地诠释了原文的意思，若以"忠实"标准来衡量，译文存在较大程度的"漏译"。杜译和王译虽在意义和表述上均更贴近原文，但细究之下其实也有漏译，因为3种译文均完全忽略了原文中一个重要的比喻说法——"a small compass"。整个句子的较忠实译文可以是："'自助者，天助之。'是一句经过充分检验的隽语,它就像一个小小的指路罗盘,凝结着无数人的经验。"在这个例子中,假设后译参考了前译,那么杜梦臻、王少凯显然是沿袭了吴宏博对"a small compass"的漏译。

例(2)原文: The crown and glory of life is Character. It is the noblest possession of a man, constituting a rank in itself, and an estate in the general goodwill; dignifying every station, and exalting every position in society. (Smiles, 2012: 187)

吴译: 品格是人生的桂冠和荣耀。它是一个人最宝贵的财富。它能使人的地位、身份得以提升,它就是一个人信誉的无形财产。因为品格的存在,使得每个职业都能大放异彩,使得每个岗位都能获得尊重和拥戴。(吴宏博,2012:186)

杜译: 品格是人生的光环和荣誉。它是一个人最珍贵的财产,人的地位和身份是由它构成的,它是一个人信誉方面的所有财富。品格,使社会中的所有职业都拥有荣耀,使社会中的所有岗位都受到鼓舞。(杜梦臻,2014:192)

王译: 品格,是人生的桂冠和荣耀。它是一个人最高贵的财产,它构成了人的地位和身份本身,它是一个人在信誉方面的不动产。品格,使社会中的每一个职业都拥有尊严,使社会中的每一个岗位的地位都得到提升。(王少凯,2015:209)

比较上述3个译文,我们认为最早面世的吴译在意义再现、译词准确性、译文地道性等方面均明显优于晚出的杜译和王译。在关键名词的处理方面,吴译对"possession"的译词"财富"远比后两者的"财产"更能体现原词的丰富内涵;杜、王分别将"estate"译为"所有财富"和"不动产",不及吴译"无形财产"精准妥帖。在句子结构处理方面或曰在对原文语言形式和内容实质二者关系的处理上,吴译做到了"形非而神似"。例如最后一句增添"因为品格的存在",使上下文意义衔接更自然。"每个职业都能大放异彩"和"每个岗位都能获得尊重"虽然形式上与原文有一定距离,但意义与原文相当切合,且十分符合中文表达习惯。相较之下,杜、王二人译文不仅语言表达稍显生硬机械,且未能充分再现原文意义。例如杜译中的"人的地位和身份是由它构成的"与王译中的"它构成了人的地位和身份本身"基本上都是照搬原文形式,读来总觉得不是地道的中文,而且在意义上夸大了品格的作用。此外,杜译中的"使社会中的所有岗位都受到鼓舞"还明显存在动宾搭配不当的毛病。杜译这些毛病在王译中大体上也都存在。总之,从上述两个译例看,出现时间稍晚的杜译本、王译本,其质量不是超越较早的吴译本,而是远不如之。

以上译例所反映的问题并非个例,这仅仅是随机选取译本开头和结尾段落作为案例进行比较的结果,各译本中此类现象比比皆是。这说明,后来译本理应超越先前译本,只不过是一个美好的愿望。然而,名著复译的意义本应在于超越。译不出新意,没有过人之处,复译也就失去了意义。(刘晓丽,1999:16)出现后译不如前译的现象,译者的责任不容忽视。在 Self-Help 的案例中,在2013年及之前已有32个译本存在的情况下,2014年后仍出现杜、王这种质量堪忧的译本,译者更是难辞其咎。

此外，我们在随机比较其他复译本时，还发现明显的雷同现象。例如，立信会计出版社 2012 年精编译本（译者南怀苏）与新世界出版社 2012 年"大全集"译本（译者富强）存在雷同内容。虽然富译本为 18 章的"大全集"，而南译本则是仅含 6 章的精编版，但南译本的章题与富译本相应各章措辞大体一致。南译本一些节标题也与富译本相应节标题雷同或高度相似，例如南译本第一章"成功来自磨难"中的节标题"苦难让人获益匪浅""甜从苦中来""逆境助人成长"，均在富译本第六章"成功来自磨难"中出现；前者节标题"成功由失败积累而成"与后者的节标题"成功由失败积累而成"差别甚微。尤其是南译本第五、六章各节标题与富译第十一、十七章节标题几乎一致。再纵观全文，南译本与富译本相应各章译文雷同。尤其令人诧异的是，南怀苏本"前言"与富强本"序言"竟高度相似。试看两个译本"前言"或"序言"的开头部分：

南译本"前言"：

塞缪尔·斯迈尔斯（1812—1904），英国人，公认的"现代成功学鼻祖""西方成功学之父""励志和自助之父"，被包括卡耐基在内的后人誉为"人类精神导师"。事实上，斯迈尔斯的首要身份并不是成功学家，而是卓越的政治改革家和道德学家。也许正因为这一点，其作品所蕴含的思想价值超出了一般意义上的"成功学"，带有浓重的哲学意味。可以说，斯迈尔斯对西方近现代的道德文明产生了深远影响。这种影响最容易识别的表现，就是其作品畅销全球一百多年而不衰，成为世界各地尤其是欧美年轻人的人生教科书，甚至有人称其作品为"文明素养的经典手册""人格修炼的《圣经》"。

富译本"序言"：

塞缪尔·斯迈尔斯（1812—1904），英国人，公认的"现代成功学鼻祖""西方成功学之父"，被包括卡耐基在内的后人誉为"精神导师"。事实上，斯迈尔斯的首要身份，并不是成功学家，而是卓越的政治改革家和道德学家。也许正因为这一点，其作品所蕴含的思想价值超出了一般意义上的"成功学"，带有浓重的哲学意味。

可以说，斯迈尔斯对西方近现代的道德文明，产生了深远影响。这种影响最容易识别的表现，就是其作品畅销全球 100 多年而不衰，成为世界各地尤其是欧美年轻人的人生教科书，甚至有人称其作品为"文明素养的经典手册""人格修炼的《圣经》"。

不难看出，上引"前言""序言"的内容差异仅在有无"励志和自助之父"7 字，其余就只有数字表述和标点符号两方面的细微差别。可以判定其中必有一个抄袭者。

综合上文所述各种情形不难发现，在 Self-Help 一书众多中文译本之中，不乏粗制滥造者，而且存在抄袭剽窃的极大可能性。这都是由不负责任的译者造成的问题。

5. 结语

Self-Help 一书在十多年时间内被反复翻译出版，且其中不乏粗制滥造甚至抄袭剽窃之作，这无疑是一个需要引起我国翻译界和出版管理部门高度重视的现象。出版工作肩负社会主义物质文明和精神文明建设的双重任务，外国文学的引进出版自然也不能例外。因此，各出版社必须坚持一手抓管理、一手抓繁荣。（韩铁马，1997：15）出版机构虽然"有实现经济效益的要求"（权循莲，2012：158），但更重要的是要担负起文化传承的使命和责任，不可为了经济效益便粗制滥造、胡乱出版，浪费市场资源，影响文化真正的繁荣。

复译是为了寻求译作的完美，对那些趁复译之风滥竽充数、混水摸鱼者，要进行严肃的批评。（罗国林，1995：38）翻译界最明白哪些译本是呕心沥血的成就，哪些是粗制滥造的结果。各级翻译协会作为业内的权威存在，应充分起到行业监督的作用。不仅要鼓励精品佳作，更要通过翻译批评，曝光胡乱生产的译本和急功近利的译者或出版社，从而对复译中存在的乱象起到抑制作用。各位译者在创造精品译本时，也要及时举报雷同抄袭的译本。此外，复译既然是为读者服务，读者的监督作用也十分重要。只有各相关方面齐心合力，才能让不负责任者无利可图、无路可走，迎来翻译出版更加健康发展的局面。

参考文献

[1] Smiles S. Self-Help [M]. New York：Dover Publications，2012.
[2] 韩铁马. 名著重译出版之我见 [J]. 新闻出版交流，1997（4）：14–15.
[3] 罗国林. 名著重译刍议 [J]. 中国翻译，1995（2）：38–40.
[4] 刘晓丽. 名著重译 贵在超越 [J]. 中国翻译，1999（3）：13–17.
[5] 穆木天. 论重译及其他 [C] // 陈惇，刘象愚. 穆木天文学评论选集. 北京：北京师范大学出版社，2000.
[6] 权循莲. 论文学作品"重译"的出版动因 [J]. 现代传播（中国传媒大学学报），2012，34（4）：157–158.
[7] 斯迈尔斯 [M]. 杜梦臻，译. 石家庄：河北人民出版社，2014.
[8] 斯迈尔斯 [M]. 富强，译. 北京：新世界出版社，2012.
[9] 斯迈尔斯 [M]. 南怀苏，译. 上海：立信会计出版社，2012.
[10] 斯迈尔斯 [M]. 吴宏博，译. 武汉：武汉大学出版社，2012.

[11] 斯迈尔斯 [M]. 王少凯，译. 北京：现代出版社，2015.
[12] 许钧. 翻译不可能有定本 [J]. 博览群书，1996（8）：13–14.
[13] 许钧. 生命之轻与翻译之重 [M]. 北京：文化艺术出版社，2007.
[14] 朱立红. 当前励志图书的崛起之痛与出版方向 [J]. 出版广角，2014（1）：74–75.
[15] 郑诗鼎. 论复译研究 [J]. 中国翻译，1999（2）：43–47.

马礼逊《字典》中的误译及成因

—— 李唐萍[1]　黄家丽[2] ——

摘　要：马礼逊的《华英字典》是世界上首部汉英英汉双语字典,其内容多涉及翻译,且存在不少误译。本研究以译文与原文意义是否对应作为判定标准,对《华英字典》第一部(《字典》)第一卷中的197处误译情况进行梳理并分类探讨其成因,以期从这一侧面揭示中国近代开埠前中西交流中的特殊情境,为历史学、翻译学等相关研究提供素材。

关键词：马礼逊；《字典》；误译

1. 引言

作为首位来华新教传教士,马礼逊有许多开创之举,其中之一便是编纂《华英字典》。该字典在1815—1823年间陆续出版,共有3部6卷：第一部称《字典》,共3卷,第二部有2卷,第三部仅1卷。目前,关于《华英字典》的研究已有许多,总体可分为翻译相关和非翻译相关两种。其中,非翻译领域的部分研究成果关注该字典在中华文化向英语世界传播中所发挥的作用。例如,李丽(2018)指出,马礼逊《华英字典》呈现出将汉字、汉语和中华文化融为一体的编纂模式和编纂理念,特别是对中华文化有广泛而颇具匠心的融入。还有一些研究者(如杨慧玲,2007)对于该字典的编纂特点进行了考察。在翻译领域的研究中,主要视角之一是该字典中某些词类的翻译,如李伟芳(2014)归纳分类了《华英字典》中的日常用语和俗语并分析了相关翻译问题。此外,还有李金艳(2017)、郑中求(2013)、邓联健(2015)等人考察了其中的中国传统文化翻译情况。

《华英字典》是马礼逊的汉学代表作之一,其中内容包罗万象,涉及中国的文化、政治、历史、制度、风俗、哲学等方面,但也存在一些不容忽视的误译。虽然相关研究对误译情况的存在有所提及,但目前尚未见专门研究。因此,本文拟选取第一部(《字典》)第一卷作为研究对象,梳理其中的误译现象,并对其成因进行分析。

---

[1]　2016级翻译专业学生；邮箱：1786548671@qq.com；指导教师：邓联健教授。
[2]　2018级翻译专业学生；邮箱：2412757418@qq.com；指导教师：邓联健教授。

2.《字典》中的误译现象

2.1 "误译"之定义

关于误译的判定标准，我们认为郑敏宇（2012）的观点可做参考，即"对误译进行定义时，不必做出价值判断，仅以现象描写为主，笼统地将误译界定为'在内容或形式上与原文不对应的翻译'即可"。基于这一阐释，又考虑到《华英字典》是西人学习汉语的工具书，本文以"译文与原文意义不对应"为判定误译的标准。考虑到马礼逊的汉语学习方式，汉字又可根据不同情况表达不同含义，我们对一些模糊的翻译设想了多种情况。只要在某一种情况下译文与原文意义一致，该翻译就不是误译。反言之，只有译文意义不适用于任何情况时，才是误译。另外，由于语言会随着时代而发展，有些词会有古今异义的情况，我们为此使用了一些在线字典，如"康熙字典"，查找部分原文的古义。

为准确判断译文与原文意义是否一致，我们采取了以下三个步骤：首先，根据笔者的汉语知识储备来判断译文表达是否与汉语的意义相同。其次，对于笔者知识范围以外的汉字，主要使用"词海"[1]和"汉典"[2]等网站进行检索，由此可得到大多数字词的基本含义。最后，针对这两个网站上均未收录的字词，我们使用互联网检索查证。《华英字典》富含《诗经》《论语》《易经》等典籍中的词句，以及日常用语、俗语、方言表达等内容，这大大提高了判断马礼逊译文正确与否的难度。对于马礼逊引自中国典籍的语句，我们难以在"词海"或"汉典"上查到释义，必须从其他网站搜索，如"古诗文网"便可以提供一些古诗和散文的现代文翻译。

2.2 误译展示

马礼逊《华英字典》涉及中国文化的方方面面，包括哲学流派、礼仪传统、习俗、方言、历史人物、天文、文学、法律、医药等。因此，"许多人都把马礼逊的字典当作百科全书"（Wu and Zheng, 2009: 8）。由于笔者在某些方面的知识有限，对涉及较深层次的专业词汇或句子，如医学或法律词汇，以及意义难以验证的词汇，只要译文没有明显的错误，就不认定其为误译。可以说，本文在翻译的精确性方面不做太深入的考究。

经查阅各种材料以验证马礼逊《字典》第一卷译文的正确性之后，除去部分存疑之处及印刷错误之外，我们将发现的所有误译列表分析。因误译条目数量过多，我们仅在表1展示其中部分示例。表中最右一栏是汉语词条的权威释义，内容主要参考自"词海"和"汉典"，若有内容不是出自这两个网站，则以脚注标明出处。同

---

[1] http://www.cihai123.com/.

[2] https://www.zdic.net/.

时，我们在第四栏列出马礼逊译文的回译，形成比对，便于判断和分析误译。

表1 马礼逊《字典》第一卷误译示例

汉语词条	译文	页码	回译	权威释义
嫱媛	the appearance of standing and wailing upon	668	站着哭号的样子	姬妾、妃嫔
着实	to set about a thing in earnest; strenuous effort	860	努力认真地着手一件事；艰苦的努力	实在、委实
再三丁宁	charged over and over again	861	一次又一次地指责	多次嘱咐
别子；支子	the Queen's eldest son	702	皇后的长子	别子：嫡长子以外的儿子 支子：嫡长子以外的嫡子及庶子
完了婚	finished the marriage	801	结束了婚姻	成婚，完成终身大事
多多益善	very advantageous to virtue	569	对美德很有好处	愈多愈好
啧啧称道	in a troublesome clamorous manner, said	429	以烦人吵闹的方式说	对人的行为、成绩等深感惊奇而称赞
搬嘴	to wrangle or keep up altercation	432	争吵或持续争吵	挑拨是非
阴报	a secret or hidden recompense	524	秘密的或隐藏的补偿	暗中报复；在阴间得到报应
贞女	a virgin	600	处女	坚守节操的女子
酪奴	The cream slave—a name given to cream	603	奶油奴隶——给奶油起的名字	茶的别名
好好先生	a very good tutor	606	一个很好的家庭教师	不问是非，不与人争长短，不得罪别人，但求相安无事的人
作威作福	to be severe to the bad, and kind to the good; to inspire dread in the one, and love in the other	644	对坏人严苛，对好人仁慈；一方面激发恐惧，另一方面激发爱	仗着权势欺压别人
韩娥	a certain notorious singing courtezan	651	某个声名狼藉的歌妓	春秋早期韩国一个善于歌唱、为人心地善良的女子
他好字画	he writes and draws well	718	他写字和画画都很好	他喜欢字画
节奏	to tune instruments, or tune and modulate the several parts	591	调整乐器，或调整几个部分	音乐中交替出现有规律的强弱、长短的现象。比喻有规律的进程

续表

汉语词条	译文	页码	回译	权威释义
妻财子禄皆前定	whether a wife shall be a treasure, and children a source of emolument, is all previously settled—by fate	618	妻子是否应成为财富，孩子是否应成为薪酬来源，这一切都是由命运决定的	妻子、钱财、孩子、福禄都是前世注定的
方数千里士皆争为之死尝杀人亡吴	in Place distant several thousand le, when scholars had any quarrel he would die for them; and was consequently always killing people, which caused him to become a fugitive in the state 吴 Woo	737	千里之外，当学者们吵架的时候，他会为他们而死；因此，他总是杀人，这使他成了在吴国的逃犯	方圆几千里的士人都争相愿为他死，曾经杀人逃去了吴国

2.3 误译现象分类

根据译文与原文意义的关系，马礼逊《字典》中的误译可大致分为三类。

第一类是与原文意义存在关联的误译。例如，在汉字"城"这一词条中，马礼逊将"城池"译作"the ditch or moat which surrounds the wall of a city（环绕城墙的沟渠或护城河）"。然而，这个词实则有两层意义，一是指城墙和护城河，两者都是保护城邑的设施；二是用于泛指城邑。比较译文与原文实际的释义，我们可以发现，马礼逊把"池"作为"城池"的中心语，"城"则作为修饰语或限定语。虽然该译文中出现了对应的关键词"ditch or moat（沟渠或护城河）""the wall of a city（城墙）"，但显然还未贴近"城池"一词的任一释义。另一个例子是，在词条"姻"中，马礼逊将"姻娅"翻译作"Females who become related by the marriage of sisters, and so on（因姐妹结婚而成为亲属的女性，以此类推）"。实际上，"姻"表示女婿的父亲，两婿互称为"娅"，"姻娅"泛指姻亲。根据马礼逊的翻译，我们可以看到他的总体方向是正确的，但对一些细节未能准确把握。

第二类是与原文意义完全无关的误译。例如，"嫱媛"被马礼逊译为"the appearance of standing and waiting upon（站着哭号的样子）"，但其实这个词指称的是"姬妾、妃嫔"。同样，在"实"这一词条下，"着实"被翻译成"to set about a thing in earnest; strenuous effort（认真着手一件事；艰苦的努力）"，而实际上这个词的意思是"实在、委实"。此外，马礼逊将常用的"再三丁宁"翻译为"charged over and over again（一次又一次地指责）"，但其实该短语的正确理解是"多次嘱咐"。以上三例中，马礼逊的译文均与其中文原意毫无关系。

第三类是与原文意义相反的误译。例如，在词条"子"中，马礼逊将"冢子""宗子""别子""支子"四个词均译为"the Queen's eldest son（皇后的长子）"，译文错误十分明显。首先，前两者表示正妻之长子，既可用于普通人家，也指皇室子弟。更糟糕的是，后两者"别子"和"支子"分别指除嫡长子以外的儿子和嫡长子以外的嫡子及庶子，而马礼逊的翻译竟与此意完全相反。另一个类似的例子是，在"完"词条下，马礼逊将口语用语"完了婚"翻译为"finished the marriage（结束了婚姻）"。马氏译文中，"完"的意思是"结束"，"了"表示过去时，"婚"指"婚姻"，这一译法表面看来似乎没有问题，但很容易让西方读者误以为其意为"婚姻结束"。然而，在"完了婚"这个短语中，"婚"并不表示婚姻，而是表示婚礼。因此，"完了婚"是"成婚，完成终身大事"，即两个人成为夫妇，但马礼逊对这个短语的翻译似乎是指夫妇离婚，与原意完全相反。

除明显误译外，马礼逊还犯下一类错误，即把地域性惯用法误认为是全国性通行用法。例如，"地平"这个词有很多含义，但都与马礼逊的翻译毫不相干，其译法为"An area before a door: a court yard or pavement（门前的区域：庭院或人行道）"。他的翻译似乎更像是当时广东地区的地方性用法，他很可能把广东的地方性用法误认为是普遍用法。此外，还有一些包括称呼语等在内的用词，当时全国各地都有不同的使用方法。虽然这类翻译不能算作误译，但"作为1823年至1847年间外国人学习汉语的最佳参考书"（王雪娇，2013），即使是一个小小错误也会误导当时的许多汉语学习者，更会影响中国文化对外传播。

3. 误译成因分析

我们发现，因为马礼逊从各类书籍中汲取了大量百科知识，其中有些是他并不熟悉的文献，因而他的误解、误译在所难免。显然，汉语之深奥是造成马礼逊误译的客观原因，那么为何马礼逊的汉语知识不完备呢？我们阅读马礼逊夫人所撰《马礼逊回忆录》等文献后发现，在马礼逊来华前后，他一直在学习汉语，但由于时代和政治背景的原因，他能获得的汉语书本和优秀汉语教师等资源有限。此外，在编纂《华英字典》期间，马礼逊的时间和精力被其他工作分散，如翻译《圣经》、安排印刷工作以及为东印度公司做中文翻译等。汉语学习资源有限和为其他杂事分神，这是造成马礼逊误译的两点主观原因。

3.1 汉语表达的丰富含义

马礼逊试图实现伦敦传教会的指示"也许你能编纂一部中文字典，比以前任何这类字典更全面、准确"（Morrison，1839: 96）。因此，在《华英字典》中，尤其是第一部《字典》中，在一些汉字词条下，不仅有相关的词，还有成语、通俗用语以及摘自中国典籍、通俗小说和其他书籍的句子。《华英字典》的内容广泛和汉语的复杂性使误译更加容易出现。汉语的复杂性主要表现在以下三个方面。

第一，大多数汉字都有不止一个意思。如果马礼逊误解了汉字在一个词或短语或句子中的含义，他肯定会误译该汉字，导致与原意相关或不相关，甚至是相反的误译。例如，在"多"的字条下，他把"多多益善"翻译成"very advantageous to virtue（对美德很有好处）"。但这个中文短语的意思是"愈多愈好"。为什么马礼逊会犯这个错误？让我们看看他的翻译，我们可以发现，他把"益"字理解为"advantageous"。单看"益"字，确实有"好处（advantage）"的意思，而且是其最常用的意思。但"益"并不只有一个意义。在"多多益善"这句话中，"益"为副词，表示"更，越"。我们可以看到，面对多义词时，马礼逊很可能会错选其意义，导致译文可能与原文的含义无关或相反。

第二，作为中国文化的载体，汉语的隐含意义涉及中国的历史和文化等方面。马礼逊要理解这些内容并不容易，所以当短语的真正含义与表面不同时，也很可能会出现误译，尤其是那些与短语的真正含义无关或相反的误译。例如，在"吹"字词条下，马礼逊将"吹毛求疵"译为"'To blow aside the feathers and search for the wound;' not to judge by the external appearance only（'吹开羽毛找伤口；'不要只从外表来判断）"。这样的解释，很可能会误导中文学习者。"吹毛求疵"出自《韩非子·大体》："不吹毛而求小疵，不洗垢而察难知"，表示不要在细微处寻找缺点和毛病，后用于比喻可以挑剔过失或缺点。从马礼逊的翻译中，我们可以看出，他首先描述了该成语的字面意思，然后根据自己的理解加以解释。这正好印证了孔慧怡（2005：167）所说的："在一个外语能力普遍偏低的社会里……这样的客观环境很容易造成两种现象：第一，是译者按照自己的推理方式和常识曲解原文意思……"马礼逊知道这句话的字面意思，所以该翻译从字面来看仿佛完全正确，而实际上其理解可谓是望文生义。

第三，古籍没有标点符号，读者须自行断句。在中国古代，句读是读书治学的基本功。可以说，断句是阅读的基础，同时也是最难的部分。在断句前，读者应能够掌握句中各字的意思，而大多数汉字都有多个意思，所以正确断句并不容易。虽然马礼逊是他那个时代最出色的英汉双语译者，但他在《字典》第一卷中还是有两处断句失误，造成了相应的翻译错误。

正如安德鲁·斯克林杰（2016）所说，"马礼逊编纂双语词典不可能仅仅将每个汉字和词语的含义用英语重现"，他必须先理解翻译内容。但在1809年，马礼逊开始编纂字典之初，其汉语造诣不深。马礼逊在1809年的一封信中提及，他可以在日常生活中使用中文，但在理解中国典籍时很觉吃力。（Morrison, 1839：268）由于中文的深奥和马礼逊中文知识的不完善，马礼逊作为一个中文学习者，在编纂这样一部全面的中文字典时难免会犯错，尤其是早期的第一卷。

3.2 马礼逊缺乏中文学习资源

1805年8月,马礼逊在伦敦向广东人容三德学习汉语。(Morrison,1839:77)当时英国少有关涉中国的信息和资料,整个欧洲都非常少有。(Morrison,1839:66)因此,他的学习是"尽可能利用伦敦的一切资源学习汉语"(Morrison,1839:76)。我们可以从中看出,当时英国的汉语学习资源是多么的稀少。到广州后,这种情况并没有好转。正如他在《华英字典》第一卷的"告读者"中所写的那样,"这项工作完成于异国他乡,在这里无法获得完成该项工作必需的各种文献"。这是由于清政府的禁令:外国人不得学习中文、不得购买中文书籍,中国人不允许教外国人中文或向他们出售中文书籍。

众所周知,当时中国没有语言学习的教材,除了向中国老师学习古典作品外,马礼逊还付出了很大的努力,高价购买各类中文书籍,并充分利用这些书籍自学中文。其中,马礼逊认可并推荐《红楼梦》为汉语学习的材料。(王燕,2009:314)既然马礼逊重视《红楼梦》,便有可能参考或引用该书中的内容。然而,上文提及马礼逊初到中国时,汉语水平有限,还难以把握中国的文学作品,所以他很可能会将一些误读的内容收录进《华英字典》里,从而形成误译。

马礼逊在华期间,主要在广东和澳门活动。"他发现在他居住的地方,无论是普通话还是书面语,都有很多人听不懂。"(Wu and Zheng,2009:3)。马礼逊在中国时,一并学习广东方言和普通话。事实上,他周围的大多数人都不用普通话,这虽有利于方言学习,但对他的普通话学习却是不利,而编纂字典使用的是普通话。此外,地理上的限制使马礼逊无法了解中国其他地区的语言情况,所以他很容易把广东的地方用法误认为是普遍用法。至于文化,人们常说了解一种文化的最好方法是体验,但马礼逊从未踏足过广东和澳门以外的任何地方,所以他只得从他的老师或其他人的口中了解中国。这种模式也很容易造成马礼逊的误解,因为言语在传达的过程中会有所变形,这可能就是造成那些与原意有关但不正确的误译的原因。

为学习中文,马礼逊尽心竭力,也确实学有所成,但由于地域限制,又缺少汉语教材和优秀的老师,他的中文水平还不足以保证他的翻译工作不会出错误,尤其是文化内容翻译。

3.3 其他事务的干扰

在编纂《华英字典》的过程中,马礼逊还兼做其他几项工作,而且可从这期间的信件中发现,这些工作几乎都是同时进行的。1808年,马礼逊开始编纂《华英字典》,同时他正在翻译《圣经》,这是伦敦传教会规定的主要任务之一,也是马礼逊的"首要目标"(Morrison,1839:68)。其间,他还断断续续地向中文老师学习中文。此外,马礼逊还有其他的事务,比如编写《通用汉言之法》(Morrison,1839:287),

并安排印刷事项。这些工作显然占据了马礼逊的时间和精力，但最困扰他的还是他的翻译工作。

1809 年，他到达中国两年后，马礼逊决定接受东印度公司提供的职务，这样他便可以留在中国，并得到薪水，同时这一职务也有助于提高他的汉语水平。（Morrison，1839：269）这份工作似乎是非常有利，但占用了他大部分的时间和精力。在马礼逊的信件和日记中，有多处抱怨他的时间被公司的翻译事务所占据：

在我短暂的一生中，这份工作占据了很大一部分时间，而且有多数时间所做的事情与我的首要目标没有直接关系。但我在翻译官方的文书的同时，可以编纂词典。（Morrison，1839：270）

作为一名译员事务繁多，让我很是头疼。（Morrison，1839：287）

过去两季，我做了大量的公函翻译，以至于我没有再做其他的翻译练习。（Morrison，1839：316）

5 月 28 日。全部时间都用于翻译关于上述事件（"脱里斯号"事件）的中英往来公函。（Morrison，1839：406）

9 月 28 日。常常替特选委员会写与官府的往来公函。（Morrison，1839：410）

各项工作不仅占据了马礼逊的大部分时间，大量的翻译任务也使他的精神饱受折磨。何况，东印度公司的不友善"以致他在公司任职期间，对自己的工作与生活，始终处在不确定的焦虑状态中"（苏精，2000：83）。马礼逊知道这份工作的不易，但为可合法地居留中国，他只好接受任职。然而，糟糕的待遇不断挑战他的底线，又使他忧心居住的问题，甚至是生命安危。因此，在分散其时间和精力的工作中，以担任东印度公司的翻译为主，它不仅占用了马礼逊最多的时间和精力，也让他不得不去应付诸多与翻译或汉语学习无关的事情。

4. 结语

《华英字典》内容广泛，对中国文化向英语世界的传播起到了重要的作用，在许多方面对后世有着深远的影响，在多个学科领域占据着重要地位。作为一部篇幅达 4 000 多页并极富开创性的皇皇巨著，该字典存在的误译及其他各种缺陷，可以说均在所难免。因此，本文所分析的误译非但不能掩盖这部字典的历史功绩，反而可以从侧面证明马礼逊编纂工作之难，以及他所付出的艰辛努力。

参考文献

[1] Morrison E A. *Memoirs of the Life and Labours of Robert Morrison*: Vol.1 [M]. London: Longman, Orme, Brown, and Longmans, 1839.

[2] Morrison R. *A Dictionary of the Chinese Language* [M]. Macao: East India Company's Press, 1819–1823.

[3] Scrimgeour A. Between lexicography and intercultural mediation: linguistic and cultural challenges in developing the first Chinese-English dictionary [J]. *Perspectives: Studies in Translatology*, 2016, 24（3）: 444–457.

[4] Xian W, Zheng L R. Robert Morrison and the First Chinese-English Dictionary [J]. Journal of East Asian Libraries，2009，147（3）: 3–8.

[5] 邓联健. 委曲求传: 早期来华新教传教士汉英翻译史论（1807—1850）[M]. 北京：清华大学出版社，2015.

[6] 孔慧怡. 重写翻译史 [M]. 香港：香港中文大学出版社，2005.

[7] 李丽. 马礼逊《华英字典》及其对中华文化的解读与呈现 [J]. 国际汉语教学研究，2018（1）: 83–90.

[8] 李金艳. 马礼逊《华英字典》中儒学思想的译介研究 [J]. 解放军外国语学院学报，2017，40（6）: 62–69.

[9] 李伟芳. 马礼逊《华英字典》日常用语和俗语收译研究 [J]. 跨语言文化研究，2015（0）: 85–92.

[10] 杨慧玲. 叶尊孝的《汉字西译》与马礼逊的《汉英词典》[J]. 辞书研究，2007（1）: 135–142.

[11] 尹延安. 马礼逊《华英字典》英译中医语汇浅析 [J]. 湖北函授大学学报，2016，29（1）: 153–154.

[12] 王雪娇. 从马礼逊《华英字典》看《红楼梦》在英语世界的早期传播 [J]. 红楼梦学刊，2013（4）: 309–325.

[13] 王燕. 作为海外汉语教材的《红楼梦》: 评《红楼梦》在西方的早期传播 [J]. 红楼梦学刊，2009（6）: 310–315.

[14] 郑敏宇. 翻译伦理对误译评价的启示 [J]. 中国比较文学，2012（3）: 88–97.

[15] 郑中求. 马礼逊《华英字典》与《诗经》的早期英译 [J]. 河北联合大学学报，2013，13（6）: 159–162.

散文英译汉中标点符号翻译策略适用性研究

—— 陈小玉[1] ——

摘　要：翻译中，标点符号的正确运用对提高译文质量可起到画龙点睛的作用。由于英汉标点符号的功能无法完全对应，有学者总结出英译汉中的标点符号翻译策略。对译林出版社《散文佳作108篇》中英译汉散文的标点符号翻译的分析表明，现有标点符号翻译策略对散文文本并不完全适用。英语散文中用作隔开插入语或具体解释某一概念的破折号，在翻译成汉语时不完全保留；英语散文中分号表递进关系且分句的译文中又有逗号时，分号可以保留。这些是现有翻译策略所没有涵盖的，需要对其进行补充和完善。

关键词：标点符号；翻译；散文

1. 引言

　　标点符号在文章中虽不如文字般引人注目，但却作用重大。无论是在中文文本还是英文文本中，标点符号都是必不可少的，可以起到停顿、转折、强调等多种作用。标点符号也越来越引起学者的关注，不少学者对英汉语标点符号进行分析，根据不同标点符号的性质和作用，提出了英译汉过程中应当采用的标点符号翻译策略。杨枕旦（1985：27–31）、高凤江（1996：26–28）等认为，在翻译过程中应对标点符号进行恰当增减和必要的转换，以更好地传情达意。

　　然而，这些翻译策略是作为一般性策略提出的，并没有针对特定的文本类型。由于不同文本类型之间存在较大差异，且目前对具体文本类型的标点符号翻译研究较少，现有翻译策略是否适用于单一文本类型就成了一个问题。本文主要以译林出版社《散文佳作108篇》（乔萍等，2001：264–294）中英译汉散文为分析对象，探索前人总结出的英译汉标点符号翻译的策略对散文文本是否同样适用。

2. 英汉翻译标点符号转换策略

2.1　句号

　　苏培成（2018：17）指出，句子指的是可以单独表达出相对完整语义的语言形式，与长短无关，汉语中句号的主要作用就是表示陈述句末尾的停顿。与汉语相同，

---

[1]　2017级英语专业学生；邮箱：chenxiaoyu1220@126.com。

英语中句号表示的也是一个句子的结束。（张端芬，1997：53）不同的是，英语中至少包括主语和谓语才能组成一个句子，而汉语则没有这种要求。汉英句号表示的意义虽然相同，但是由于英汉句子结构不同，句号的用法也存在些许差异。

一般情况下，英语翻译成汉语时需要保留原文的句号（黄河清，1987：51），但有时句号也可以转换成汉语的逗号。韦建华（2008：198）提出，将英语中两个具有密切联系的句子翻译成汉语时，可将原文的句号转换为汉语的逗号。张翠玲（2012：92）也认为由英语句号隔开的两个句子表达的如果是一个完整的意群时，应该把句号转换成逗号，如例（1）。

（1）*I like apple. Apple is delicious.*（我喜欢苹果，苹果很好吃。）

这两句话之间的联系是非常紧密的，存在因果关系。将其翻译成汉语时，应该将两个句子之间的句号转换成汉语的逗号，这样才能更好地表达出一个相对完整的意群。除此之外，句号在部分直接引语中应该转换成汉语的逗号。当说话者位于两个直接引语中间时，说话者后面的句号可以转换成汉语的逗号（杨枕旦，1985：30），如例（2）。

（2）*"You can try," dad said. "It's late, and we cannot watch TV."*（"你可以去试试。"父亲说，"很晚了，我们不能看电视了。"）

2.2 逗号

逗号在汉语中体现的是一个句子内的一般性短暂停顿，可将其放于主谓语中间、并列词语之间，还可放于独立成分之后等多种表示停顿的情况。（苏培成，2018：52–58）而英语中的词、词组和从句等都可以用逗号隔开。在英汉翻译中，逗号的翻译比句号要复杂得多。针对逗号的英译汉翻译策略，不同学者也提出了自己的见解，观点大体一致，并无矛盾之处。

在大多数情况下，原文中使用逗号时，译文中也可以直接使用汉语的逗号。根据不同的情况，还可以将英语的逗号转换成汉语的句号、顿号、分号、破折号和冒号。（a）英语中可以用逗号将由介词短语构成的状语成分与主句隔开，翻译成汉语时常在该状语前另补一个主语，此时在译文中选择句号会更贴切（张翠玲，2012：91），如例（3）。（b）如果是由 but、and 等连词连接的两个单句，英语中的逗号也可以转换成句号。（韦建华，2008：198）（c）英语中逗号连接的是句子中并列的平行成分时，译文中往往以汉语的顿号来代替（杨枕旦，1985：28），如例（4）。（d）当并列成分不是形容词或名词等简单结构时，可将并列成分翻译成句子，此时将逗号转换成汉语的分号比顿号更合适。（张翠玲，2012：92）（e）当英语的逗号是用来隔开对先行词进行解释说明的同位语成分时，既可以转换成汉语的破折号，也可以转换成冒号，体现出先行词与同位语成分之间的逻辑关系，更好地表达原文意思（张翠玲，2012：92）。（f）如果逗号是用于信件等具有特定的格式的文件中，或用于与直接引语相关的 she asks、we reply 等词之后，逗号多转换成汉语的冒号。（杨枕旦，1985：30）（g）在含有直接引语的情况下，如果直接引语在说话者前面，且意思完整，原文中的逗号需要转换成汉语的句号，如例（5）。

（3）*He made promise, at the most significant moment in his entire life.*（他许下一个承诺。这个承诺是在他一生中最重要的时刻说出的。）

（4）*She is a beautiful, smart, and kind girl.*（她是一个美丽、聪慧、善良的女孩。）

（5）*"She is a smart girl," he said.*（"她是个聪明的姑娘。"他说道。）

2.3　分号

汉语中的分号常用于复句内，表示具有并列关系的分句之间存在的较长停顿（苏培成，2018：89）。但是由于语言现象具有复杂性，分号有时也可用于单句内，比如由几个并列的分句构成宾语，且第一个分句宾语前有冒号时，可以用分号将分句隔开。（苏培成，2018：97）从语义上来说，汉语中的分号主要传达一种并列关系。（杨枕旦，1985：29）然而，英语中分号除了可以表示分句之间存在的并列关系，还具有表达分句之间转折、因果、递进等关系的作用。杨枕旦（1985：29）认为，当英语并列复合句的结构简单，且用分号连接时，往往将分号转换成汉语的逗号。韦建华（2008：198）根据分号的作用对翻译策略进行细分，当英语中的分号表示的是并列关系时，译文中也应当采用分号；当表示的是转折、因果或递进等关系时，分号需要转换成译文中的逗号。张翠玲（2012：93）在此基础上对分号的翻译进行了补充，她认为，如果英语中分号隔开的并列成分本身就带有逗号时，翻译成中文时应当将分号转换成汉语的顿号。

2.4　破折号

破折号在汉语中的作用较多，常在其后引出解释或接补充的句子，还可以表示改变话题或对象，表示多个阶段之间存在的连续关系，或表示停顿和声音的延长等。（苏培成，2018：158–168）英语中破折号也有解释说明的作用，还可以用于表示对前面内容的总结或强调。（周小群、李奉栖，2003：88；张翠玲，2012：93）英译汉时，破折号的转换也是多样的，既可以使用汉语的破折号，也可以转换成汉语的逗号、冒号。当英文中的破折号强调或总结主句时，在译文中应将其转换成汉语的逗号；英语中用于解释说明主句的破折号应转换成汉语的冒号；英语常见插入语，破折号可用于插入语与主句之间，此时应当在译文中沿用破折号；如果破折号后是对前面概念的具体解释，也同样应在译文中沿用破折号。（张翠玲，2012：93）

除上述转换规则外，汉英翻译中还存在需要对原文标点进行增删的情形。英汉句子结构存在较大差异，所以在翻译过程中常需要根据目的语的用语习惯对句子结构进行调整。英语句子可有多个修饰语、从句等，句子结构可以非常复杂，容易组成长句。而汉语中一连串的修饰语相对较少，句子通常较短。所以在英译汉时，通常会对原文中的标点符号进行恰当的增加或删减。（杨枕旦，1985：27；高凤江，1996：25）

3. 标点符号转换策略在散文翻译中的运用

本研究以译林出版社《散文佳作108篇》中的英译汉文本为考察对象（乔萍等，2001：264–294），选取其中的三篇散文进行数据统计与分析。这三篇散文分别是：*A Boy and His Father Become Partners, A Gift of Dream* 以及 *Are Books an Endangered Species?*，译者分别为于崇洛、姜建华和刘意青。

3.1 句号翻译策略的运用

数据统计显示，将英语散文翻译成汉语时，原文与译文都使用句号的情况为109次，占总数的87.2%；英语句号转换成汉语的逗号15次，占比12%；转换成分号1次，只占总数的0.8%。这说明，在大多数情况下，散文英汉翻译中英语句号是直接对应汉语句号的，如例（6）。

（6）*...I didn't like to look at father. Every time he spoke it made me jump.*（……我连看都不敢看爸爸一眼。每次他开口讲话就吓得我心惊肉跳。）

显而易见，例（6）原文的句号与译文的句号是完全对应的，并没有发生任何转换。而选取的三篇文本中，两个英语句子之间的句号转换成汉语逗号12次，如例（7）。

（7）*I could confess I'd taken it. Probably I would not even get a spanking.*（我可以先承认是我偷吃的，也许连屁股也不会挨打。）

例（7）中的两句话是由句号隔开的两个单独的句子，但是它们所表达的意思是有紧密联系的：先承认错误表达"我"意识到了自己的错误，体现了对自己的反省，是"我"不被打屁股的原因。在翻译过程中，译者将两个句子之间的句号转换成了汉语的逗号，使两个句子间联系更为紧凑，更好保证了意义的连贯性。

另外3次将英语句号转换成汉语逗号是在含有直接引语的情况下，说话者位于两个直接引语中间，如例（8）。

（8）*"We'll take it," I said. "Right now if we can."*（"我们要了，"我说，"可以现买现送吧。"）

I said 前后均有直接引语，所以译者将 *I said* 后面的句号转换成了汉语的逗号。这一处理方式与杨枕旦（1985：30）提出的翻译策略一致。

句号的转换方式除了上述所说的三种情况外，笔者还发现有将英语句号转换成汉语分号的情况，如例（9）。

（9）*If it pointed west, I'd take the whole bar back. If it pointed south...*（如果它指向

西方，我就把整块巧克力放回去；如果它指向南方……）

在例（9）中，原文句号隔开的是两个独立的句子，但是这两个句子有着相似的结构，即都有 if 引导的条件状语从句。译者把英语的句号处理成了汉语的分号，这一处理更好地体现出两个句子之间存在的关联性，前后两种不同的结果分别决定 I 最后的做法。然而，在现有的标点符号翻译策略中，并没有提到将英语的句号转换成汉语的分号。

基于以上分析，可以发现前人提出的翻译策略适用于以下两种情况：(a) 紧密联系的两个句子之间的句号转换成汉语的逗号；(b) 说话者位于两段直接引语中间时，说话者后面的句号转换成汉语的逗号。但在实际翻译中，结构相同的句子之间，句号可以转换成分号的情况是过往研究没有涉及的。

3.2 逗号翻译策略的运用

统计数据显示，原文与译文都使用逗号的情况为 71 次，约占总数的 87.65%；逗号转换为句号 8 次，约占总数的 9.88%；逗号转换为顿号和冒号均 1 次，均占比约 1.23%；逗号转换为分号和破折号的情况均为 0 次。

在大多数情况下，散文英译汉时逗号没有发生转换。但是由于英语中逗号的用法较为丰富，在翻译过程中，部分英语逗号的处理也是较为复杂的。英语的逗号 8 次转换为汉语句号，其中 6 次是在含有直接引语的句式中，如例（10）。

（10）*"My name is George," I told him.*（"我叫乔治。"我告诉他。）

说话者 I 位于直接引语之后，且直接引语表达的语义完整，所以译者将直接引语内的逗号变成汉语的句号。此处与前述含有直接引语时英语句号转换成汉语逗号的情况不同。前述情况是针对位于两段直接引语之间、说话者之后句号的处理，而此处只有一段直接引语，针对的是说话者前、直接引语内逗号的翻译。

由连词连接的两个单句之间的逗号也可以转换成句号，但是这一翻译策略不是绝对的。统计数据显示，but 连接的两个单句之间的逗号变成汉语的句号的情况只有 2 次，而不改变标点符号的情况有 5 次。

（11）*"You could have had it if you'd asked for it, but I won't have you being sneaky about things."*（要是你坦率地要它，你本可以得到它的。但我不允许你做事偷偷摸摸的。）

（12）*He'd had some help, but he'd made the choice himself.*（当时店里是有人领他去的，可东西都是他自己挑的。）

在例（11）中，译者将由连词 but 连接的两个句子之间的逗号转换成了汉语的句号。然而，例（12）中，译者并没有把连词 but 前的逗号转换成汉语句号，而是继续沿用逗号。无论是否将连词前的逗号转换成汉语的句号，均能表达出原文意思。但是转换成句号后，句子不显冗长，前后两个句子之间的语义也能连贯。

除此之外，还有将逗号转换成汉语顿号和冒号的情况。如例（13）、（14）。

（13）*This country, my country, was a place of dreams...*（这个国家、我的祖国，是将让人梦寐以求的国土……）

（14）*The salesclerk looked at us suspiciously, a scruffy black boy and a black sailor in ill-fitting dress blues.*（售货员心怀疑虑地望着我们：一个是衣衫褴褛的黑孩子，一个是黑人水兵，穿着一套不合身的海军制服。）

在例（13）中，*this country* 与 *my country* 属于两个结构相似的平行成分，逗号在译文中转换成了顿号。例（14）中，译者将 *suspiciously* 后面的逗号转换成了汉语的冒号。逗号后面的部分是 *us* 的同位语，对 *us* 进行了详细的描写和解释说明，也解释了售货员心存疑惑是因为"我们"的衣着打扮使"我们"看上去不像是能够买得起店里的东西的人。此处将逗号转换成汉语顿号、冒号的处理与张翠玲（2012：92）提出的翻译策略相同。

通过分析以上例句，我们可以发现，前人提出的英译汉中逗号的翻译策略适用于以下情况：（a）在大多数情况下，译文可以沿用原文中的逗号；（b）说话者位于语义完整的直接引语之后，直接引语内、说话者前的逗号转换成汉语句号；（c）由连词连接的两个单句，连词前的逗号可以转换成句号；（d）逗号前后为简单的平行成分时，逗号转换为汉语顿号；（e）隔开同位语成分时，逗号可以转换为汉语冒号。由此可见，逗号的英译汉翻译策略适用于散文文本。

3.3 分号翻译策略的运用

根据统计得出的数据，分号在选取的三篇散文中使用频率较少。原文中分号仅出现了4次，其中在译文中有3次是继续沿用分号的，占总次数的75%。通过分析，笔者发现，即使原文与译文同样使用了分号，分号在句中所起的作用也并非全是体现前后两个句子之间的并列关系，如例（15）。

（15）*He has found that he cannot sell hardback books; paperbacks are his stock in the trade, and even those are a disappointment to him.*（他发现他卖不出精装书；他的买卖主要是做平装、简装书籍，就连这种书也卖得很令他伤心。）

分号在例（15）中表示的并非简单的并列关系，而是体现出一种递进关系：他卖不出去的不仅仅是精装书，就连平装和简装书也卖得不尽如人意。译者在处理该句时，依旧保留了原文中的分号。这一处理方式与韦建华（2008：198）提出的表示递进关系的分号在汉语中转换成逗号的翻译策略不一致。该分句中已经有逗号，如果再将分号转换成汉语逗号，不仅导致句子冗长，而且意义划分也不明确，所以沿用分号才是更好的选择。

原文中的分号还被转换成了汉语的逗号，如例（16）。

（16）*I was no longer a child; I was a man now...*（我已不再是孩子了，是大人

了……)

前后两个句子之间存在一种转折关系,属于句子结构简单的并列复合句。而例(15)表达的是递进关系,且句式结构较为复杂。译者在处理该句时没有沿用原文的分号,而是将其转换成了汉语的逗号。这一处理方式与杨枕旦(1985:29)提出的分号翻译策略是一致的。

通过以上分析不难发现,前人提出的表并列、转折关系的分号在英译汉中的翻译策略是适用的。但在实际翻译中,分号表递进关系且分句的译文中又有逗号时,译文中也保留了分号。由此可见,英译汉分号的翻译策略并不完全适用于散文文本,可以针对上述依旧在译文中沿用分号的情况,对分号的翻译策略进行补充完善。

3.4 破折号翻译策略的运用

数据显示破折号在分析的散文文本中共出现了9次,其中有6次在译文中沿用了原文的破折号,占总次数的66.67%,还有3次都转换成了逗号,占比33.33%。

(17) *My generation—the generation that came of age in the 1950s and 1960s—may be the last one to know that feeling...*(我这一代人——20世纪50和60年代成年的人——可能是了解这种心情的最后一代人了,)

在例(17)中,破折号将插入语隔开了,同时两个破折号中间的内容也是对 *my generation* 这一概念的具体解释。按照破折号的翻译策略,当它是用来隔开插入语或者是对概念内涵的具体解释时,破折号在译文中应当予以保留。此处的译文也是这样处理的,保留了原文中的破折号。

(18) *...and hundreds of books—hardback books with spines of many colors—surrounded us...*(上面摆了数百本书籍——那些精装本的书脊呈现着各种颜色,它们在那间屋里把我们团团围住。)

在例(18)中,破折号同样也被用来隔开插入语,两个破折号中间的插入语是对 *hundreds of books* 的具体解释。然而,此处译文只保留了第一个破折号,将第二个破折号转换成了汉语的逗号。译文即使没有完全保留两个破折号,依旧传达了原文信息,前后连贯性也较好。由此可见,破折号的这一翻译策略在散文中并不是绝对的。

在分析的文本中,破折号转换成逗号基本上在是破折号对主句有强调作用的情况下,如例(19)。

(19) *...it pointed almostly west—but a little south.*(……它几乎全指向西方,但稍稍有点偏南。)

在例(19)中,前后存在转折关系,译者将英语的破折号处理成了汉语的逗号。经过仔细分析,此处破折号强调草梗的偏向主要是西方,向南的幅度非常小。但是,在例(20)中,破折号对前面三个不定式起总结的作用。这三件事,即听唱片、看电影和看电视,是只要人在场就能做到的。

（20）To listen to a record album, to sit through a movie, to watch a television show—all require nothing of the cultural consumer, save his mere presence.（听一套唱片，看完一场电影，看电视节目——这些不需要文化消费者做任何事情，只要他在场就行。）

例（20）的译文中保留了总结前面所列举内容的破折号，这一处理方式是过往研究没有考虑到的。

以上分析表明，英译汉中破折号的翻译策略对于散文文本并不完全适用。可对以下情况进行增补：(a)用作隔开插入语或具体解释某一概念的破折号可在汉语中不完全保留，而将第二个破折号转换为逗号；(b)破折号对前面列举内容起总结作用时仍在译文中保留破折号。

3.5 标点符号增删情况

根据统计数据可知，译文中共有 23 处增添了标点符号，6 处删减了标点符号。其中只有一处增添了一个句号，其余增删的全是逗号。

对于一些原文中较长的句子，译者在译文中增加了原文所没有的逗号，将英文长句分解成了多个短句，使译文符合目的语用语习惯，更显生动和流畅，如例（21）、（22）。

（21）Jeff Hollis Sr.'s reaction reminded me of what my own father's would have been if I had shown up with a stranger and a whole lot of gifts.（老杰弗·霍利斯的反应使我想起我的父亲，要是我当初也领着一个陌生人，抱着一大堆礼物回来，他会怎么样呢？）

（22）I had won $300 at poker that ordinarily would have burned a hole in my pocket...（在那以前，我玩扑克游戏，赢了 300 美元。通常，钱烧口袋漏，一有就不留。）

例（21）整句话只有一个句号，句中各成分以从句形式或用 with、and 联系起来。译者在译文中增加了三个逗号，将从句和 and 连接的并列成分分别处理成短句，用逗号隔开。

例（22）的原文虽不如例（21）的长，但其译文中增添了四个逗号与一个句号。译者不仅补充了时间状语，将 at poker、won $300 处理成短句，还将从句部分处理成一个单独的句子，把从句中的动词词组 burned a hole 处理成两个用逗号隔开的部分。

在例（23）中，原文中用两个逗号将插入语 I fear 与主句隔开，而译者对这两个逗号都进行了删减，整句话不见一个逗号。除了删减用来隔开插入语的逗号，译文中还对隔开时间的逗号进行了删减。在例（24）中，原文用逗号将年份与圣诞前夜隔开，而译文则删减了该逗号。

（23）The houses of America, I fear, may soon include no room for libraries.（恐怕美国的家庭很快就不会再留出房间做图书馆了。）

（24）Christmas Eve, 1944.（1994 年圣诞前夜。）

4. 结论

通过对散文英译汉中标点符号的翻译进行分析,本文发现英译汉标点符号的翻译策略对于散文文本大多适用,但也存在不适用的情况。针对散文,我们可对标点符号在英译汉中的翻译策略做出以下补充完善:(a)英语中结构相同的句子之间的句号可以转换成汉语分号;(b)分号表达递进关系且分句的译文中有逗号时,可在译文中沿用分号;(c)用两个破折号隔开插入语或对某一概念内涵做具体解释时,可只保留一个破折号;(d)可保留总结前面所列举内容的破折号。

基于对现有翻译策略与具体文本类型译本间的对比,我们也可以看到,学者提出的标点符号翻译策略应将具体文本类型纳入考虑范围。在翻译教学中,也应关注标点符号的翻译技巧,既培养译者对标点符号翻译一般性策略的了解,也要提升译者针对不同体裁,因地制宜使用这些策略的能力。

参考文献

[1] 高凤江.标点符号在英译汉中的处理[J].中国翻译,1996(1):26–28.
[2] 黄河清.英汉标点符号比较及在翻译中应注意的问题[J].教学研究(外语学报),1987(1):50–54.
[3] 乔萍,瞿淑荣,宋洪玮.散文佳作108篇[M].南京:译林出版社,2011.
[4] 苏培成.怎样使用标点符号[M].北京:北京出版社,2018.
[5] 韦建华.英汉翻译标点符号运用策略[J].作家,2008(18):198–200.
[6] 杨枕旦.英译汉中的标点符号[J].中国翻译,1985(12):27–31.
[7] 张翠玲.标点符号在英汉翻译中的处理[J].宜春学院学报,2012(2):91–93.
[8] 张端芬.英汉语标点符号之比较[J].华南理工大学学报,1997(25):53–57.
[9] 周小群,李奉栖.英汉标点符号对比分析[J].编辑之友,2007(5):86–88.

二、译史纵横与个案探微

早期涉华英文史料汉译中的理解与表达：
以《1897年梧州贸易报告》为例

黄家丽[1]

摘　要：《1897年梧州贸易报告》收录了当年梧州经济贸易活动的丰富信息和统计数据，其作为早期涉华英文史料具有重要的存史价值。本文首先略述报告内容，然后选取具体案例，分析早期涉华史料汉译过程中如何利用平行文本和网络查证两种手段以助益精确理解原文内容，并探讨在译文信息流动通畅和符合逻辑两个要求下，实现译文清晰表达的思考和路径。

关键词：《1897年梧州贸易报告》；翻译；理解；表达

1. 引言

　　梧州水运发达便利，是近代由广州、香港入桂的"水上门户"、广西近代化的窗口。1897年2月4日中英签订《续议缅甸条约附款》，使梧州成为广西近代被迫开放的第二个通商口岸。（钟文典，1999：340）梧州开埠后，英国在白鹤山设立领事署，领事官搜集该市经济贸易活动状况等信息，形成年度贸易报告呈递英国政府，后经发表并收录于英国议会文书的"中国卷·外交和领事报告系列"。其中首份报告即《1897年梧州贸易报告》（*Report for the Year 1897 on the Trade of Wuchow*，简称《报告》）由其时驻梧领事官谢立山（Alexander Hosie）完成。

　　《报告》依据较为确凿的信息和准确的统计数据写成，全文约11 000字，记录了1897年6月4日至12月31日梧州经济贸易活动状况等信息，并附4份报表。《报告》以对广西的简要介绍作为前言，尤其提到了西江的开放和通航情况。第二部分记载梧州贸易统计数据。梧州开埠后，其贸易发展立竿见影。从货物进出口税单、各类外国轮船和中国船只往来梧州的记录，可以看出英国在各方面呈明显优势，也间接体现了梧州商业活动之繁荣。作者还提及梧州工业、消防工事、英语学校和外国商号等情况。第三部分是对广西物产和资源的详细考察，列举动物类产品6种、植物类产品23种，以及7种矿产资源。除介绍产品产地、产量、市值外，还分析了产品市场流通、生产工艺和价值等信息，以表明广西贸易发展潜力。

　　文献调研显示，跟其他多种具有重要存史价值的外文史料一样，该报告几乎未受到广西近代史研究者的关注利用。因此，我们将其译入中文，以资相关学者参考

---

[1]　2018级翻译专业学生；邮箱：2412757418@qq.com；指导教师：邓联健教授。

利用。整体而言，《报告》对于地方史等方面研究的价值体现在两个方面：第一，可弥补地方史志等著述对19世纪史实记述过简甚至遗漏的缺憾，如《报告》中梧州以广东为鉴的消防建设情况、平码馆经营等。第二，可提供一种有别于本土史料的观察视角，跳出对欧美等外部世界影响冲击广西近代化进程的片面强调，客观认识广西对外部世界的影响，如《报告》中作者提到中国苎麻制备技术对欧洲提取和制备纤维方面的积极推动。

本文以下内容就10个案例进行翻译分析，探讨汉译涉华英文史料中的文本理解手段以及译文表达要求，希冀这种反思性分析能对同类汉译实践有所裨益。

2. 助益精确理解的两种手段

"大部分的翻译错误都起因于译者的理解错误。没有正确的理解，译者传达的就不是原作的意思，翻译活动就从根本上失去了意义"（柯平，1995：46）。对源文本内容的理解不仅仅是译者开展翻译实践的前提，更贯穿整个翻译活动，亦可视为译者想要最大限度减少讹误、疏漏的第一要务。而理解内容的关键，是了解写作背景、熟悉专业知识。（李长栓，2020：8）具体来说，我们可以利用平行文本和网络求证这两个手段，精确理解文本中的关键信息，进而保证译文质量。

2.1 利用平行文本

由于《报告》首次出版于1898年，因此文中出现了大量晚清中外贸易相关专有名词和描述，蕴含浓厚的历史、文化色彩。还有地理名称、机构、商品和运输等方面的专有名词，要求我们从史实出发译回中文。为避免处理不当或误解原意，我们投入大量时间查寻与源文本内容相近的中英文参考资料，以辅助对源文的精确理解，同时借鉴确当的表达。

（1）The **brokers** own a large number of **duck-shaped boats** with narrow decks and bulging sides and sterns.

源文本关于广西谷米的部分述及广西大米沿西江、桂江而下，至梧州易船，运往广东。例（1）讲述的正是"西米东运"中"broker"代办运输、纳税手续这一贸易现象，并提及船型特殊的"duck-shaped boats"。这两个英文术语，若按今义或字面义分别译为"掮客"和"鸭型船"，很可能不符合当时的说法，从而违背史料翻译的"求真"原则。源文本对"broker"一词并未做专门解释，但经查阅《梧州文史资料选辑》，从"平码行的形成和发展变化"部分的内容可知，经营此类业务的人称为"居间人"，商号为"平码行号（平码行/平码）"（佚名 2016：34–35）。"居间人"与"平码行号（平码行/平码）"，前者指人，后者指机构或组织，但代入源文本，皆符合语境和语法。我们进而查找到《梧州报告：1897—1901》（Ernest，1906），其中出现了双语对照的"p'ing-ma-kuan（平码馆）"：

"Salt for the interior cities and towns is purchased on commission by one of several salt hongs, locally styled *p'ing-ma-kuan*（平码馆）, i.e., general brokers or commission merchants."

该报告出自晚清总税务司署于1906年发行的通商各口岸十年报告，《中国旧海关史料》全部收入（吴松弟、方书生，2005：83–92）。根据该文本，收取佣金买办盐的行号（hong）称为"平码馆（p'ing-ma-kuan）"，其英译名为"brokers or commission merchants"。由此可知，"broker"指商业组织"平码行号（平码行/平码）"，而不是"居间人"，因而译文可采用"平码馆"。同时，我们对例（1）中"duck-shaped boats"也做了一番考证。《梧州航运史稿：1897—1957》提及西江流域内的木帆船"有以船型名之，有以其所载货物名之，更多的是以船籍港名之"，随后列出的"清末西江木帆船一览"表中所记"鸭拉尾船"的主要航行路线、船籍以及船舶年代皆与《报告》中的描述相符，我们认为这很可能便是源文中所称的"duck-shaped boats"。（易源，2015：20–22）

综合上述平行文本考察结论，我们将例（1）译为：

这些**平码馆**拥有大量**"鸭拉尾船"**，该船型甲板狭窄，船舷和船尾凸起。船只满载时，水面仅见狭窄甲板。

回顾例（1）的翻译过程，尤其是句中"broker"一词的译名考证，确实颇费了一番周折。从中我们总结出两点经验：一是平行文本的选择，应优先参考与源文本相同或者年代相近的直接相关文本，这些资料更有助于我们依靠相关史实最大限度地将英文如实地还原成汉语文本。研究性论文、专著、网络文章等二手资料则可起到辅助作用。因此，相较于《梧州文史资料选辑》，《梧州报告 1897—1901》的参考意义更大。二是利用 Internet Archive 网站查找古旧英文文档，其全文检索功能更能帮助我们快速定位至目标内容。《梧州报告：1897—1901》便是在该网站搜索得到的，该文献为寻找确当译名起到了关键作用。

（2）The following figures, therefore, refer to the trade under the cognisance of **the Imperial Maritime Customs** from that date to December 31, 1897, a period of nearly seven months.

我们首先联系上下文语境，发现"the Imperial Maritime Customs"在源文本中出现数次，从而判断该名词是梧州海关机构名称。源文中一个句子"...since the establishment of the Imperial Maritime Customs under foreign control..."交代该机构在外国势力控制下建立，承载着一定的历史意义，须结合历史背景知识来回译。

从1854年海关税务管理委员会组成，到1859年5月海关外籍税务司制度正式确立，中国海关行政管理权旁落，逐渐形成两个互不统属的征税部门，即一个由海关监督或各地方官吏管辖下的常关（钞关、大关、工关、户关、老关），管理华商民船贸易的华税征收事宜，另一个则是外籍税务司管理对外贸易关税征收事宜的海关（洋关、新关）。[1] 1897 年 6 月 3 日英国同清政府约开梧州，设立海关税务司，官员由英、葡人充任，掌握实权。（广西区协会史资料委员会，1993：15）梧州海关又称新关、洋关。（易源，2015：37）了解以上背景知识后，我们可以开始讨论对译名的选择。首先，"洋+名词"形式的词汇是以中国人为本位对越洋而来的西方人或物的称呼，概因中国以大陆为主，这样的称呼在那个时期使用较为广泛，如"洋人""洋纱""洋货"等。首先，《报告》作者是英国人，文中并非引用"the Imperial Maritime Customs"这一名称，而是直接使用，所以我们认为不可译作"洋关"。其次，"新关"一词中的"新"虽未体现于"the Imperial Maritime Customs"，但我们认为"新关"相较于"海关"更能体现该关的"新设"性质，可区别于"常关或府关（the native or prefectural custom-house）"，见例（3）。由是，我们确定例（2）的汉译如下：

因此，以下数据是从该日起至 1897 年 12 月 31 日的近 7 个月期间，由<u>新关</u>统计的贸易情况。

（3）Previous to the opening of Wuchow as a treaty port the receipts from **the native or prefectural custom-house** amounted annually to between 130,000 and 140,000 taels, of which only 70,000 taels had to be accounted for to the Provincial Treasury.

译文：梧州作为通商口岸开放之前，来自<u>常关或府关</u>的收入每年在 13 万两至 14 万两，其中只有 7 万两必须记入省库。

在例句语境中，"the native or prefectural custom-house"的设立早于梧州开埠，即为"常关"。再看该表述本身，"the native or prefectural custom-house"由"or"连接，其实包括两个称法，即"the native custom-house"和"the prefectural custom-house"，前者数次见于源文本他处。蔡思行（Sze Hang Choi）（2017：134，254）曾将"常关"记为"the Native Customs"以及"the Native Custom-House"。考稽《广西通史》中的晚清广西行政建制，我们发现，《报告》中以"prefectural"为"府"，如"Wuchow prefecture（梧州府）"和"Hsün-chow prefecture（浔州府）"。由此，"the prefectural custom-house"可译作"府关"。事实上，"十一月将梧州府关（常关）划归新关（海关）管理，称梧州海关署"（佚名，2003：1）也印证了"常关""府关"其实同为一关。

2.2 利用网络求证

使用在线翻译网站或翻译软件等工具初步识别，或使用网络引擎进一步求证，也是我们在翻译过程中理解源文内容时所采用的重要手段。

（4）At the opening of the port there was a great inrush of cargo from Hong-Kong, and freights ruled high, **1dol. 20c.** was the charge on a bale of yarn and **20c.** per case of kerosene oil.

---

[1] https://book.douban.com/subject/4170223/.

"dol."和"c."在文本语境中是计量运费的货币单位,我们起初判断二者分别为"dollar(美元)"与"cent(美分)"的缩写,但考虑到源文本是由英国驻梧州领事官所撰写的年度贸易报告,又因"19世纪末20世纪初,西江上要属英国的航运势力最为强大。航运上难有与之匹敌的国家"(李巧,2016:19),我们推测有可能是当时英国使用的特殊货币单位。但是,通过知网句子检索关键词"近代,英国,货币,dol."等,我们阅读了近代英国货币发展史的相关研究论文,并无所获。后来,我们在网络搜索引擎中搜到一篇文章,该文介绍了近代英国站洋银圆货币,其币值有"one dollar"。受此文启发,我们重新确定关键词进行检索,在知网和网络搜索引擎中都有新的发现。梳理这些网络资料,可知站洋银圆为英国政府专供与中国贸易和在香港市场流通而设计发行的一款货币,面值有5仙、1毫、2毫、半圆、1圆等。

在《香港硬币:150年风雨历程》[1]一文中,我们可以从图片上看到银圆币面铸有币值、铸造年份等信息,其中有1865年的"HONG KONG ONE CENT(香港一仙)",1866年的"HONG KONG ONE DOLLAR(香港壹圆)"。源文本中的"dol."和"c."实为"dollar(圆)"和"cent(仙)"。另外,在查证过程中,我们发现各文本采用"dollar"的中文对应词有"圆""元"两者,但因"直到1910年'元'正式作为标准货币单位公布"[2],因此我们将"dol."确译为"圆"。

例(4)全句译文如下:

(1897年)梧州关初开,大量香港货物涌入,货运价高,其中纱线为每包**1圆20仙**,煤油为每箱**20仙**。

本例的查证过程体现了以多元方法解决问题的重要性,在检索信息的过程中,除了学术数据库,也要有利用网络引擎搜索的意识。利用网络引擎检索,我们可以搜集更多渠道、来源的信息,如果能够灵活变换关键词,还可能会有意想不到的收获。

(5) Lemon grass (*Hsiang mao-ts'ao* —*Andropogon Schoenanthus, L.*), from which a sweet-scented oil is distilled.

译文:柠檬草(香茅草,*Andropogon Schoenanthus, L.*),蒸馏可得精油,气味芳香。

源文中记载广西植物类土产几乎都标明英文名称、威妥玛式中文拼音名和拉丁学名,如例(5)中分别是 Lemon grass、*Hsiang mao-ts'ao* 和 *Andropogon Schoenanthus, L.*。经网络搜索,发现沪江网[3]内 *Andropogon Schoenanthus* 为"青香茅",但植物智网站中提供的"青香茅"拉丁学名为 *Cymbopogon mekongensis A. Camus* 曾用异名 *Cymbopogon caesius*,与源文并不一致。植物智网站中提供的柠檬草[4]拉丁学名 *Cymbopogon citratus*(D. C.)(*Stapf*)和异名(*Andropogon citratus*)虽与源文不一致,

---

[1] https://zhuanlan.zhihu.com/p/139095179.
[2] https://www.163.com/dy/article/G7KG47750543I5ZM.html.
[3] https://www.hujiang.com/ciku/976983_-1382346204/.
[4] http://www.iplant.cn/info/%E6%9F%A0%E6%AA%AC%E8%8D%89/.

但俗名"香茅草"对应源文本中的 Hsiang mao-ts'ao。考虑到源文写作目的主要是为英国政府提供信息，以利英商开展针对性的贸易活动，我们认为可以中文音译名为主，确定该物为香茅草（柠檬草）。另外，与植物智网站中词条情况相同，维基百科"Lemengrass"[1] 词条中，学名为 *Cymbopogon citratus*，其异名与同属品种植物学名均无"*Andropogon Schoenanthus, L.*"，由此可以判断"*Andropogon Schoenanthus, L.*"现已不再采用。有鉴于此，我们对该植物名的汉译处理是用夹注保留其拉丁文旧名，并用脚注标示其拉丁文现名，以确保信息传达准确。

我们在翻译文中其他植物名称时也均做同样处理。首先翻译威妥玛拼音名，并以该拼音名为准，确定该名称所指。其次，译出英文名而直接保留拉丁学名。但如该拉丁学名已不再采用（包括异名），则以脚注标明。同时，我们根据文本表达需要，做适当调整。如下例：

（6）The dye-plants of Kwangsi are (a) **indigo**, probably from ***Indigofera tinctoria L.***, and (b) the **dye-yarn** (**Shu-liang**) the so-called "**false gambier**," the tuberous root of ***Dioscorea rhipognoides, Oliver***. Both are very widely grown.

译文：广西广泛种植的染料作物有两种：一种是<u>蓝靛</u>，可能出自<u>木蓝</u>（*Indigofera tinctoria L.*）；另一种是<u>染布薯</u>（<u>薯莨</u>），又称"<u>茹榔</u>"，是薯莨（*Dioscorea rhipognoides, Oliver*）的块根。

例（6）中列举了两种染料作物，我们以下将分别进行讨论。"indigo"意为"蓝靛"，其学名为"木蓝 *Indigofera tinctoria L.*"，因此，虽然没有威妥玛拼音作为参考，我们仍可判断此处指木蓝（蓝靛）。威妥玛拼音"Shu-liang"实为"薯莨"，"*Dioscorea rhipognoides, Oliver*"则是其拉丁学名。由此查证得知，"dye-yarn"为"染布薯"，"false gambier"为"茹榔"。针对两个拉丁学名，我们所做的调整是译为"中文学名+（拉丁学名）"的形式。

两个俗名"day-yarn（染布薯）""false gambier（茹榔）"，译法贴切，实际上是网络检索得到的。我们使用了搜索引擎直接查询和翻译软件，颇费一番工夫。首先，我们在网络查找"day-yarn"和"false gambier"，并无相关网页资料表明其对应译名。翻译软件的译法则通常是将两词组拆分，如"dye-yarn"拆分为"dye"和"yarn"后进行翻译，得出"染色纱""染纱"等结果。以组合各单词独立含义的方法翻译合成词，且仅限于表层含义，并非是单一翻译软件的缺陷，Google 翻译、DeepL 翻译器等翻译结果同样如此。最后，我们重新使用搜索引擎检索的方法，但是将搜索关键词改为"薯莨、俗名、名称"等。通过阅读大量网站信息和论文后，我们找到了薯莨的俗名"染布薯"（李晓菲等，2013：1）和"茹榔"（钟超、严奉祥，2007：1）。"染布薯"中的"染布"正是"dye yarn"，这是一个用以说明"薯（薯莨）"用途的动宾结构；"茹榔"则是"如榔"的谐音，来自"假槟榔（形容词+名词）"，与《梦溪笔谈》

---

[1] https://encyclopedia.thefreedictionary.com/lemon+grass.

中的记载"其中赤白理如槟榔",异曲同工。由此看来,翻译软件所采用的组合翻译法有其合理性,但准确译出词组中各单词含义才是关键所在。译者可以借鉴其翻译方法,但更要做到准确把握合成词的各组成部分之间的逻辑联系。

3. 实现清晰表达的两个要求

经过充分理解后,还须将源文意思清晰地用译入语表达出来。在《报告》翻译过程中,我们特别注意实现清晰表达的两个要求,即信息流动通畅、表达符合逻辑。

3.1 信息流动通畅

(7) The manufacture of **this leather** is somewhat peculiar. **The hides**, having been cleaned, are boiled until they are almost white. They are then spread on tables and the workmen, each armed with a sharp chisel-shaped knife, proceed slowly and laboriously to split the hides in two. The leather is then hung up to dry and afterwards smoothed by rubbing with stones.

根据字典释义和相关资料,本句中作为原料的"hides"可译为"生皮","leather"则可译为"熟皮/皮革",但出于表意连贯的考虑,第二次出现的"The leather"省略不译。同时,为通顺表达这一工艺过程,需要充分斟酌用词和搭配,细致处理各动词的逻辑关系。被动语态在本例中出现5次,可按中文习惯转译为主动表达。动词译词的选择则参考了中文文献中关于皮革制作工艺的表达,结合自己的理解和思考,借助 WantWords 反向字典,力求使用贴合中文表达习惯的搭配。其中,将"laboriously"词性转换为动词,同时为与前句"工人"衔接更紧密,增添"手",译作"手上使劲"。而"slowly"是形容过程,与"划"的动作联系更加紧密,因此处理为"手上使劲,徐徐划为两半"。最终我们将全句译为:

此种皮革制作工艺特殊。**生皮**经清洗煮至将近白色,随即捞出摊放桌上,工人各持锋利凿形刀,手上使劲,将之徐徐划为两半,挂起晾干后用石头磨平。

(8) That it possesses a waterproofing quality may be gathered from the fact that perspiration does not show upon it, and that to remove dirt only superficial washing is necessary, as the cloth does not absorb the water.

译文: 由两个事实可知这种布料具有防水性能,一则它不留汗渍;二则因布料不吸水,去除污渍仅需表面清洗。

该句由一个主语从句、一个主句 that may be gathered from the fact、两个并列同位语从句以及一个原因状语从句组成,出自《报告》介绍蓝靛和薯莨染布的部分,意在说明薯莨所染布料的特性。在主句的处理上,为凸显主要信息,我们首先将原句句首的主语从句"That it possesses a waterproofing quality"调整到中文语序的宾语位置，并且以"由……"结构保留主语被动语态，做到符合中文表达习惯。另外，主语从句中的"it"指代源文中上句末的"the cloth"，如果译作"它"，未免过于抽象，可翻译为"这种布料"。

用于补充说明"fact"的两个同位语从句原以"and"连接，我们增添顺序词"一则""二则"，分别置于两从句句首，并用分号连接，既保留了两个从句间的并列关系，又使译文结构清晰明了，信息传达流动通畅。"that perspiration does not show upon it"是本例中另一个值得讨论的问题，这个从句字面意义为"汗水不会留在上面（布料）"，显然如果采用这样的译文便是犯了欧化中文的错误。我们将语序调整为"它不留汗渍"。

3.2 符合逻辑

译文的表达要符合逻辑，与源文上下文及相关背景保持一致。如果不符合逻辑，则可能是选词出了问题，或者理解出了问题。（李长栓，2020：26）在确保理解准确的基础上，我们十分注意通过斟酌译词以保证译文的逻辑性。

（9）To this waterway which crosses the province from west to east and is navigable by junks at least as far west as Po-sê, a two attributable days' journey from the Yünnan frontier, is attributable Kwangsi's more rapid recovery, for not only does the river itself flow through a **prosperous country**, but it possesses tributaries connecting it with the chief centres of agriculture and industry as well as with the great lumber regions of the province.

译文：这条水道东西横贯广西全境，行驶帆船可西达百色（距离云南边境两天的路程）是广西快速恢复发展的原因：这条河流不仅流经一个**繁荣之地**，其干流连通广西主要的农业、工业中心以及大木材区。

"country"一词，我们初译为"国家"，但将"国家"放入源文语境，显然不符合逻辑。首先，源文中并没有交代西江流经别的国家；其次，原句大意是交代广西凭借航运优势恢复经济发展，讨论的范围是广西境内西江航道。实际上，西江水系只有上游左江发源于越南，流入我国龙州、凭祥、宁明后汇合称左江。如果就此说"country"指代越南，又过于牵强。因此，不可将"country"译作"国家"。

Collins[1]在线词典对"country"有如此释义，"A particular kind of country is an area of land which has particular characteristics or is connected with a particular well-known person."，由此可知它可指"地区"。例（9）句中的"agriculture and industry as well as with the great lumber regions"是三个以商业活动划分的地域概念。因前有"prosperous"做修饰，将"country"译作"地区"，也可理解为以商业活动划分的地域，恰好与"农业中心、工业中心、大木材区"平行。这条河流（指西江）本身流经一个地区，其支流流经……地区，这样的理解是符合逻辑的。因此，"a prosperous

---

[1] https://www.collinsdictionary.com/dictionary/english/country.

country"这一偏正结构，可以处理为中文四字结构"繁荣之地"。

（10）Soon after the opening of the port a grant to collect at Wuchow a tso-li—a destination or terminal tax—on kerosene oil and matches on their way inland, whether certificated or not, was made by the provincial government to a Chinese syndicate which itself began to trade in these very articles, thereby constituting a monopoly which, under foreign pressure, was quickly abolished.

译文：梧州开埠后不久，一家中国公司获省政府批准，承办抽取外国煤油和火柴（包括正常办货和走私到梧）坐厘——一种目的地或者说落地税。但这家公司开始经营此二款货物，形成了垄断，在各国施压下，很快便停办。

本例句子较长，有插入语、从句以及多个介词短语，若不充分分析，很有可能出现翻译错误。我们参考了王宪生（2013）提出的长句分析方法：首先，找出全句的主语、谓语和宾语，从整体上把握句子的结构；其次，找出句中所有的谓语结构、非谓语动词、介词短语和从句的引导词并分析其功能；再次，分析词、短语和从句之间的相互关系，例如，定语从句所修饰的先行词是哪一个等；最后，注意插入语等其他成分，检查是否有没留意到的固定词组或固定搭配。

分析后以句子主干的译文为框架，按中文语序逐一增补其他成分，得出译文。该句主干为"a grant was made by the provincial government to a Chinese syndicate"，在汉语译文中将被动转换为主动，选"a Chinese syndicate"为主语。考虑到原句较长，我们大胆进行了分译："which itself began to trade in these very articles"这一定语从句修饰"a Chinese syndicate"，我们将"which"译出为"这家公司"。同时，在这第二句句首添加转折词"但"作为衔接，表明两句叙述的主语转变，但仍有逻辑联系。

4. 结语

以《1897年梧州贸易报告》汉译实践为例，探讨翻译的理解与表达问题，使我们意识到外文史料的汉译要求译者具备严谨的态度和多样的方法。面对任何翻译疑点，绝不可不求甚解，凭主观臆断马虎从事。因面对的是历史文献，首先，必须有"返回历史现场"做细致考证的态度，否则极易误解原意、误导读者。其次，解决问题的方法同样重要。需充分利用现代工具，适当借鉴翻译理论和技巧。二者皆可助益理解与表达，有利于形成准确晓畅的译文。

本文讨论的翻译材料属于中国旧海关文献，在梧州经济发展史、西江"黄金水道"航运史等研究方面具有重要的史料价值。实际上，除旧海关文献外，近代来华西人著述数量众多、所涉领域广泛，更提供了有别于本土史料的观察视角，如广西史学者、广西方志编撰者等重视近代西人的广西叙事并善加利用，亦可望进一步完善广西近代史书写。我们遵循本文中展示的精准理解、晓畅表达之翻译原则，译出《1897年梧州贸易报告》，正是翻译专业学子期望贡献相关学界的一个尝试。

参考文献

[1] Choi S H. *The Remarkable Hybrid Maritime World of Hong Kong and the West River Region in the Late Qing Period* [M]. Leiden: Brill, 2017.

[2] Ernest A. *Wuchow Report: 1897–1901* [R]. Shanghai: Imperial Maritime Customs, 1906.

[3] Hosie A. *Report for the Year 1897 on the Trade of Wuchow* [R]. London: H.M.S.O., 1898.

[4] 广西区协文史资料委员会. 广西文史资料选辑：第 38 辑 [C]. 南宁：广西区政协文史资料编辑部，1993.

[5] 柯平. 英汉与汉英翻译教程 [M]. 北京：北京大学出版社，1995.

[6] 李长栓. 如何撰写翻译实践报告：CEA 框架、范文及点评 [M]. 北京：中译出版社，2020.

[7] 李巧. 近代西江航运与梧州城市的发展（1897—1937 年）[D]. 桂林：广西师范大学，2016.

[8] 李晓菲，林海荣，卢治友，等. 薯莨的研究概况 [J]. 安徽农业科学，2013，41（20）：8517–8518.

[9] 王宏印. 从"异语写作"到"无本回译"：关于创作与翻译的理论思考 [J]. 上海翻译，2015（3）：1–9.

[10] 吴松弟，方书生. 一座尚未充分利用的近代史资料宝库：中国旧海关系列出版物评述 [J]. 史学月刊，2005（3）：83–92.

[11] 王宪生. 英语句法翻译技巧 [M]. 北京：中国人民大学出版社，2013.

[12] 王银泉. 对外传播新闻中的专名翻译技巧探析 [J]. 中国翻译，2011（2）：56–59.

[13] 梧州市政协学习文史委员会. 梧州文史资料选辑（修订版 1—4 辑）[M]. 梧州：内部资料，2016.

[14] 佚名. 广西大事记（清之九）[J]. 广西地方志，2003（5）：55–58.

[15] 易源. 梧州航运史稿：1897—1957 [M]. 南宁：广西人民出版社，2015.

[16] 钟超，严奉祥. 薯莨的研究进展 [J]. 现代医药卫生，2007（5）：675–677.

[17] 钟文典. 广西通史：第 2 卷 [M]. 南宁：广西人民出版社，1999.

[18] 轶名. 香港硬币：150 年风雨历程 [EB/OL]. [2021–8–30] https://zhuanlan.zhihu.com/p/139095179.

马礼逊《字典》中的"逐字译"现象

瞿宁[1]

摘 要：《华英字典》是历史上第一部汉英双语字典。其第一部即《字典》的核心内容，实际上主要是以《康熙字典》为蓝本翻译而成。在马礼逊的翻译方法中，逐字翻译颇引人注目，但他很少单独使用逐字译，更多的是将逐字译与其他翻译方法结合使用。马氏这样做主要是出于对目标读者的考虑，这样既使译文能再现汉语的形式特征，准确传递中华文化与中国人的思维方式，又使读者在了解每个词汇或俗语的深层含义和用法的同时了解到每个字的最常见含义。其弊端则是，纯粹的逐字译容易导致读者无法看懂。

关键词：马礼逊；字典；逐字译；直译

1. 引言

马礼逊编纂的《华英字典》是历史上第一部汉英字典，也是他最引人注目的成就之一。Barrett（2015：708）曾高度评价这部作品："马礼逊将不同的语言前所未有地融合到一部作品中，他的代表作是一部相当浩瀚的作品，他可以让我们瞥见19世纪初中国南方的一些鲜活语言。"谭树林（2004：76）曾说：《华英字典》是一本关于中西文化交流的百科全书。"因此，《华英字典》具有很高的研究价值。近年国外有学者基于国际视角和跨文化交际视角对该字典开展研究。例如，Barrett（2015）从全球化的角度阐述了《华英字典》对今天的意义，Scrimgeour（2016）从跨文化交流角度审视其编纂中的问题和挑战。国内学者对《华英字典》的第一部即《字典》研究较多，如李金艳（2017）考察了《字典》对儒学术语的翻译，朱凤（2005：2）研究了《字典》中的成语和谚语，李丽（2018）将《字典》所涉中国文化内容分为宗教哲学、社会制度、文史经典、谚语、风俗民情等几大类，进行翻译学考察。笔者通过查阅《字典》发现，马礼逊在编撰《字典》时一个不容忽视的方法是"逐字翻译"。虽然也有很多关于《字典》中翻译方法的研究，如高永伟（2018）以音译为研究对象，夏晨（2019）对《字典》中的各种翻译方法进行了综合分析，并给出了实例。但还没有一项研究关注逐字译这种特殊的翻译现象，这促使笔者对马礼逊《字典》中的逐字翻译现象进行初步研究。

---

[1] 2016级翻译专业学生；邮箱：376373331@qq.com；指导教师：邓联健教授。

2. 马礼逊编纂《字典》的动机

马礼逊是在 19 世纪初来到中国的，当时英国的新教正迅猛地向东方扩张。根据 Eliza Morrison（1839：66）的说法，"中国人口至少占全球总人口的三分之一。而基督教即使是在其早期的成功中，也从未在其中占据多大地位。"而且当时英国对中国知之甚少，汉语学习和词典编纂远远落后于法国、意大利和其他国家。由于中国庞大的人口基础且因英国对中国的了解甚少，中国对伦敦传教会有着巨大的吸引力。因此，"1804 年，伦敦传教会决定成立一个中国传教士团。第一个派往中国的传教士是马礼逊。"（谭树林，2004：22）

19 世纪初，清朝自视为"天朝上国"，与外界隔绝。在这种观念下，清政府不允许外国人学习汉语，并限制他们在中国的生活。"当地政府绝对禁止自己的臣民向外国人教授这种语言；而人民，部分出于恐惧，部分出于他们自己的偏见，也很少交流。"（Morrison，1839：397）

作为一名传教士，马礼逊编纂《字典》是为了让更多英国乃至欧洲的传教士团体了解中国的语言和文化，从而达到传播宗教的最终目的。伦敦传教会在信中告诉马礼逊："语法和字典的组合将使你在语言方面更加完美，并为未来的传教士铺平道路。"（Morrison，1839：305）马礼逊本人也在信中提到了这一点，"我希望欧洲的基督教学者停止崇拜希腊和罗马……并研究东方的语言，以便将科学和宗教融入其中。"（Morrison，1839：518）所以，《字典》所针对的目标读者也非常明显，即"关心基督教在中国传播的人，以及关心中国文化和国情的政治、军事、商业和其他普通读者。"（邓联健，2019：95）

而根据上述历史背景可知，这些读者对中国文化，甚至对最常用的口语都没有深入的了解，所以为传教士和学者学习汉语编写一本参考书势在必行，这也是《字典》偏向于口语化的原因。

除此之外，编撰《字典》也是出于文化交流的目的。"这本词典希望实现的不仅是向欧洲人推广和介绍中国文化，而且希望越来越多的欧洲人学习汉语，以促进文化交流。"（李丽，2018：85）

3.《字典》中的逐字译现象

关于逐字译的性质，在冯世则（1981：7）看来，它"本质上认为目的语的语法等同于源语，或者翻译只涉及两种语言的词汇，而不是两种语言本身。"王向远（2004：148）的看法与此近似，"逐字翻译是一种尊重甚至坚持原语言形式的翻译方法。其主要特点是保留原单词和句子及其句法结构。"Newmark（1988：45–46）也曾经定义逐字译：

其通常表现形式为行间翻译，即把目的语直接标在源语的下方。保留源语语序，把每个词译出其最基本的意思。涉及文化内涵的词语只做字面翻译。逐字翻译的主要作用要么是帮助理解源语句子结构，要么是作为一个翻译之前的过程来解释一个比较困难的文本。

本文据此给出逐字译的操作定义：源文本和目标文本在单个词汇上一一对应，但忽略目标语语法功能的翻译方法。如将"好好学习，天天向上"译为"good good study, day day up"，将"人山人海"译为"people mountain people sea"，等等。

关于逐字译的本质和功能，冯世则（1981：8）认为它不是直译，甚至根本算不上翻译。他认为翻译的真正意义在于用目的语的独特表达取代源语的独特表达，从而消除两种语言的差异，再现原作，而逐字译显然起不到这样的作用。然而，也有一些学者从传递源文文化的角度出发，认为"这种方法可以更好地保持原文的内容，让西方读者先了解每个汉字的字面意思，然后通过注释解释习语的深层含义，从而更好地传达文化负载词的文化内涵。"（杨琳，2019：66）笔者认为，在某些情况下，逐字翻译可以作为一种翻译手段，以便目标语读者能够理解源语言的原貌，而不是直接呈现经过处理的作品。

马礼逊在三卷《字典》中常常运用逐字译的方式来处理中文内容。不过，逐字译的运用仅限于相对较短的词或短句，包括口语表述、文化意象名词、成语、谚语、古诗词等。对于较长的古句或古诗，则通常采用意译的方法。马氏逐字译方法的运用情形多样，其中单独运用逐字译的情形仅为其中极少数，大多数采用"逐字译＋其他翻译方法"或多种方法的综合。根据逐字译与其他方法的配合情况，这些方法可以细分为"逐字译＋意译""逐字译＋用法""逐字译＋解释"，以及各种翻译方法的综合运用。在四种方法中，最常用的是"逐字译＋意译"，总共有61次，本文选取了其中的29个例子进行展示。如表1所示。

表1 《字典》中"逐字译＋意译"的例子

中文	英文	页码	序号
一面之词	**one face's declaration;** denotes what is affirmed on one side of the question not fully examined into.	12	(1)
逐一	**eject one;** expresses striking out, or taking the particulars of an affair one by one.	12	(2)
七手八脚	**seven hands and eight feet;** expresses the confusion caused by too many persons, being engaged about a tiling.	14	(3)
我有不是	**I have not is;** i. e. I have done something not right.	18	(4)
好不欢喜	**good not to rejoice;** i. e. to rejoice exceedingly.	18	(5)

续表

中文	英文	页码	序号
不三不四	not three not four; neither one thing nor another; an unsteady person who commands no respect.	18	(6)
不得已	not can stop; expresses that one is compelled by circumstances.	18	(7)
丢开手	to throw open the hand; i. e. to rid one's self of a thing.	23	(8)
心乱如麻	heart confused as hemp; denotes a perturbed state of mind.	42	(9)
了不得	finish not can; i. e. the affair is irretrievable. An exclamation expressive of the bad state of an affair.	43	(10)
二五眼子	two five eyes is an expression which denotes obscure or imperfect vision.	49	(11)
龙位	the dragon's seat; the imperial throne	88	(12)
身份低	body's department low; a low situation in life	88	(13)
雪冤	to snow resentments; express to have taken ample revenge; to have obtained full satisfaction	201	(14)
十分	ten parts; that which is complete perfect; hence forms the Superlative.	220	(15)
成千累万	form thousands and accumulate tens of thousands, expresses strongly the great increase of things.	300	(16)
雷同	to thunder the same; to echo the fame in conversation.	358	(17)
同砚、同窗	the same ink-stone/window; i. e. a fellow student.	358	(18)
算命	to calculate destinies; to tell fortunes.	377	(19)
喜自天来	joy from heaven coming; i. e. unexpected joy; apparently by the same allusion that any unexpected good, is vulgarly called, a God-send.	410	(20)
多嘴多舌	much lip much tongue; i.e. to chatter and talk impertinently.	432	(21)
咬文嚼字	to bite letters and chew characters; denotes a pedantic introduction of learned phrases.	453	(22)
四海空囊	four seas empty sack; i.e. extreme poverty all over the empire.	456	(23)
皇天后土	imperial heaven and queen earth; Nature.	478	(24)
四方	four square; the four points of the compass.	459	(25)
姓甚名谁	surname what name who; i. e. what is his name and surname	626	(26)
冤有头债有主	resentments have a head, debts have a lord; i. e. resentments and debts have respect to a particular individual, let them not involve others; find the person to whom the affair properly belongs, and it will soon be arranged.	149	(27)
拘泥	adhesive mud; a dull bigoted state of intellect.	207 vol2	(28)
文火	a civil fire; i. e. gentle heat.	412 vol2	(29)

在表1中，我们可以看出使用"逐字翻译+意译"的情况包括以下三种类型：第一，成语，如例（1）（9）（22）（23）。第二，口语或习语，如例（4）（7）（8）（10）（11）（27）。第三，具有文化内涵和中国特色的词语，如例（12）（18）（19）。

第二种方法是"逐字翻译+解释"，共出现17次。本文选取了其中的10个例子进行展示。如表2所示。

表2 《字典》中"逐字译+解释"的例子

中文	英文	页码	序号
朝三暮四	**morning three evening four** has a reference to a person, who having been promised seven of something daily, objected to receive four in the morning and three in the evening. Which last arrangement, they consider exactly the same daily as the former.	15	(1)
芳名	**fragrant name** said to persons of whom we have heard, on first meeting them.	73	(2)
动不动	**moving not moving**; i.e. on every occasion, whether in motion or at rest, with or without cause, doing a thing; incessantly	268	(3)
冠冕堂皇	**the crown, palace, and emperor**; These words express an open, noble, and dignified behaviour, in any station.	197	(4)
长兵/短兵	**long arms/short arms**; as the sword	191	(5)
嘴头来得	**lips head can come**; express fluency of speech, loquacity.	432	(6)
夜明沙	**the night shining pebbles**; a drug naid to be the dung of bat.	570	(7)
夜来香	**the night coming fragrance**; name of a drug.	570	(8)
如来佛	**as if coming Budh**; which phrase the Chinese consider a translation of the Indian word, or words, which they express by the sounds 阿伽度 is that divinity whose rule over the world is represented as past.	608	(9)
妖精	**a supernatural essence**; a spirit, elf, or fairy; an imaginary genius, conversant on the earth, and distinguished by a variety of fantastical actions, either good or bad; often appearing among mountains, caverns, and grottos; sometimes imagined to be women...	612	(10)

在表2中，我们可以看到大多数使用"逐字翻译+解释"的情况是具有中国文化内涵的名词，如例（1）（2）（4）（7）（8）（9）（10）。

第三种方法是"逐字译+用法"，共出现9次。这意味着马礼逊在逐字翻译中文内容时，也给出了它在生活中的应用场合。如表3所示。

表 3 《字典》中"逐字译+用法"的例子

中文	英文	页码	序号
足下	**foot below;** i. e. you, addressed to friends and equals.	17	(1)
久别/久违	**long separated;** are expressions used by friends or acquaintances on meeting each other.	33	(2)
久仰	**long looked up;** used at first meeting by persons who have been known by name to each other.	33	(3)
出来	**out come;** are words often joined with other verbs, and denote the completion of what is implied in the verb.	216	(4)
光天化日	**the splendid heavens and the transforming sun;** are epithets applied to the emperor of China.	287	(5)
千秋	**a thousand autumns;** is used to denote the birth days of persons of rank.	300	(6)
口角字眼	**mouth's corner character's eye;** is a term applied to the Particles which modify and adorn language.	346	(7)
乳名	**milk name;** i.e. the name given to an infant at the breast.	359	(8)
不像样	**not like (any) pattern;** is used to denote, that which is very different from what custom and propriety require.	154	(9)

在表 3 中,我们可以看到"逐字译+用法"的使用主要涉及口语,如例(1)(2)(3)(4)(8)(9)。

除了上述几种方法外,还有几种使用综合方法的例子,但字典中只出现了 5 个案例。如表 4 所示。

表 4 《字典》中使用综合翻译方法的例子

中文	英文	页码	序号
丫头	**forked head** denotes a slave, or servant girl. The name arises from little girls having their hair bound up in two tufts, one on each side of the head.	25	(1)
刚直	**stiff and straight;** applied to the disposition, denotes unaffected sincerity; an entire absence of artifice and intrigue.	242	(2)
地北天南	**earth north, heaven south;** i. e. remote from each other as the heavens are from the earth; a mode of expression used by friends, when writing to each other.	306	(3)
卵色	**egg coloured;** i. e. not bright; applied to the sun or the day; erroneously changed to "柳色".	317	(4)
三寸金莲	**the three inch golden lily petal;** denotes a Chinese lady's small foot; the phrase it derived from a tale of an ancient nobleman…	7 vol.2	(5)

在表4中，我们可以看到马礼逊不仅指出了具有中国文化内涵的词语的真正含义，还解释了用法和来源。

4. 采用"逐字译"的原因及其效果

马礼逊使用逐字翻译是出于对目标受众的考虑，如前文所述，本字典的目标读者是刚刚接触汉语并对中国文化感兴趣的西方读者。对于成语，如"一面之词""四海空囊""咬文嚼字"，马礼逊解释得很清楚，但他同时还使用了逐字翻译。这是因为四字成语虽然简短，但都能表达完整的意思，因此在表达其完整含义之前，让读者先了解其中每个字的含义是明智的选择。例如"面"之于"一面之词"，"囊"之于"四海空囊"，"咬"以及"嚼"之于"咬文嚼字"，如果不理解其中关键字的意思，就不能理解整条成语的含义。对于中西交流之初对中国文化并不了解的目标读者来说，使用逐字译这种翻译方法是非常必要的。"足下""龙位""丫头""同窗""算命"等中文独特的表达方式，在英文中缺乏对应词汇，属于文化缺省项，所以马礼逊首先进行逐字翻译，然后解释该词的中文含义。"足下"在西方人眼里只是"脚下"的意思，但在旧时中国是下称上或同辈相称的敬辞。古代中国人把努力学习称为"寒窗"苦读，而且共同学习者往往公用笔砚，所以把一起学习的人称为"同窗""同砚"。英译时只有让读者先了解每个字的意思，才能向他们传达中国文化的内涵。因此这种翻译方法虽然看起来很僵硬，但与其他翻译方法一起使用，就可以很好地照顾到不了解中国文化的读者。

短语"丢开手""了不得""我有不是""动不动"都是中国人的口头语，而口语化正是《字典》的一个重要特点。马礼逊（Morrison，1815：ix）在《字典》前言中指出《康熙字典》几乎完全忽视了口语方言，故而仅仅翻译一本《康熙字典》远远不能满足欧洲学生的学习需求。因此，马礼逊在《字典》中采用了大量的口语范例，他的目标就是创造一部包含口语表达在内的字典。我们可以发现，上表中的例子，无论是习语、词汇还是口语，都是人们日常生活交际中常用的，因此作者必须确保读者理解每个汉字的含义，甚至是用法的深层含义。因此，马礼逊采用了"逐字翻译＋其他翻译策略"的方法。

孔慧怡（2005：167）曾对两种文化接触之初的翻译现象做出如下分析：

> 在一个外语能力普遍较低的社会，许多翻译促进者没有能力衡量翻译水平，而译者缺乏翻译经验。这种客观环境很容易导致两种现象：一是译者根据自己的推理公式和常识曲解原文的意思；第二，译者以词和词为基本翻译单位。创造一种违反中国风格的译文是最容易的。

这一分析显然适用于马礼逊《字典》中的逐字译方法，即大量使用以字为转换单位的翻译方法。马氏 1807 年踏入中国土地，几年后即着手编撰该字典，当时他对中国语言和中国文化的掌握实际上还十分有限，因而先以逐字翻译"铺路"，再以其他方法译出各短语汉译，不失为一种相对保险的做法。至于马氏本人对如何运用这种方法的解释，可以在《华英字典》第二卷序言中找到："对于学习者来说，字面译显示了汉语原语句子的语言风格，比模糊的意译要好得多，模糊的意译大致包含了原文的意思，但会使原文风格消失。"正是考虑到这一点，他保留了这种方法，并向读者呈现了中文表述在构词方法、比喻生成等方面的原始面貌。

从语言和文化交流的视角看，马礼逊的《字典》的确做出了极其重要的贡献，而其逐字译的独特做法也发挥了不可替代在作用。首先，"逐字译"充分展示了原文的文字信息，原汁原味再现了中国文化。从上文各表中的示例我们可以看到，首先，马礼逊在大多数情况下对相对较短的习语、口语甚至谚语选择采用逐字译，而不是直接将经意译的内容呈现给读者，这样能够让译文再现中国文化的原始情形，特别是能有效传递文化负载词的文化内涵。其次，"逐字译"可以让读者观察中国最普通人的语言和使用习惯，使其对汉语的语言特点有一个特别直观的了解，并通过这种方法理解中国人的思维方式。最后，作为一本工具书，《字典》使用逐字译不仅可以让读者理解引用例子的深层含义，而且可以让其理解每个汉字最普遍的含义，从而达到"不仅知道这个句子，而且了解这个字"的效果。如表 1 例（8）所示的短语"丢开手"，读者不仅能明白其整体意思是"我不在乎"，还能了解到"丢"是"throw"，"开"是"open"，"手"就是"hand"，这样就可以达到一举两得的效果，从而将字典的作用发挥到极致。

同时必须指出，马礼逊在某些地方使用"逐字翻译"的方法确实存在一些缺陷。首先，若只是逐字翻译而不给出短语的整体含义，则译文实际上毫无意义。例如，在单纯使用逐字译的例子中，对于"乍面相逢"的译文，马礼逊只是将四个汉字分别译出，而没有给出其整体意思，估计英语读者看到"First face mutually met"后定是一头雾水、不知所云。其次，因为"习语的实质在于其语义的离心性"，许多习语的逐字译译文遂失去其意义。在语境中，单个的字词往往难以单独作为符号来指涉事物，而只能作为组成成分发挥作用。（申丹，1997：36）马礼逊在使用逐字译方法时肯定也意识到了这一问题，因为他会发现并非所有的汉字都能在英语中找到具有相同指涉意义的对应词，但他仍然强行逐字译出。例如表 4 中的"丫头"一词，本是指中国古代的小女孩经常把头发梳成发髻，它的形状就像汉字"丫"，所以该词被用来代替小女孩。马礼逊之所以把它翻译成"叉头"，是因为在英文中没有对应"丫"的单词，于是他只能强行翻译，这实际上已与中文原意相去甚远。另一个典型例子是表 1 例（9）的"心乱如麻"。在中文里，它形容的是内心乱七八糟的状态，其中"麻"是未搓成绳子或制成布匹的散乱的"麻"。马礼逊把它翻译成"心如麻"，并说明其中的"麻"是大麻植物。"麻"的这一逐字译，显然不利于英文读者理解"心乱如麻"的真正含义。事实上，马礼逊本人也清楚这种翻译方法的缺点。他曾说："完美的字面译是不现实的。为了更好地理解汉字的意思，学习者需要熟悉这门语言，而不是依赖汉字的字面翻译。"（Morrison 1816：vi）

5. 结论

本文介绍了马礼逊创造《字典》的背景和动机，展现了《字典》中使用逐字译的具体情况，结合这些具体的例子分析了马礼逊使用逐字译方法的原因，同时对其进行了评价。从中我们可以看到，马礼逊选择更多的还是"逐字译"+"其他翻译策略"，这既考虑到了目标读者，又使得译文简单易懂，这对我们现在编纂双语词典是很有启发的，如逐字翻译不适合长文本翻译，进行翻译时要尊重原文，尊重别国文化等。同时，这对当时的西方人学习汉语也非常有益，以致后来外国人编纂的双语字典都深受《华英字典》的影响。虽然也有很多不足之处，比如由于信息资料的匮乏而出现误译，但《字典》的成就远远大于不足，至今仍具有很大的研究价值。

参考文献

[1] Barrett T. A Bicentenary in Robert Morrison's Scholarship on China and His Significance for Today [J]. *Journal of the Royal Asiatic Society*，2015，25（4）：705–716.

[2] Morrison E. *Memoirs of the Life and Labours of Robert Morrison, D. D.* [M]. London：Longman，1839.

[3] Morrison R. *A Dictionary of the Chinese Language*: Part I [Z]. Macao: East India Company's Press，1815.

[4] Morrison R. *Dialogues and Detached Sentences in the Chinese Language Vocabulary of the Canton Dialect* [M]. Macao: East India Company's Press，1816.

[5] Newmark P. *A Textbook of Translation* [M]. Upper Saddle River: Prentice-Hall International，1988.

[6] Scrimgeour A. Between Lexicography and Intercultural Mediation: Linguistic and Cultural Challenges in Developing the First Chinese-English Dictionary [J]. *Perspectives Studies in Translatology*，2016，24（3）：444–457.

[7] 邓联健．翻译家马礼逊汉籍英译事业述评 [J]．外语教学，2019，40（6）：92–97.

[8] 冯世则．意译、直译、逐字译 [J]．中国翻译，1981（2）：7–10.

[9] 高永伟．晚清期间英汉词典中的音译词 [J]．复旦外国语言文学论丛，2018（2）：131–135.

[10] 孔慧怡．重写翻译史 [M]．香港：香港中文大学翻译研究中心，2005.

[11] 李丽．马礼逊《华英字典》及其对中华文化的解读与呈现 [J]．国际汉语教学研究，2018（1）：83–90.

[12] 申丹. 论翻译中的形式对等 [J]. 外语教学与研究，1997（2）: 34–39.

[13] 谭树林. 马礼逊与中西文化交流 [M]. 杭州：中国美术学院出版社，2004.

[14] 王向远. 翻译文化导论 [M]. 北京：北京师范大学出版社，2004.

[15] 夏晨. 译介视角下的马礼逊与《华英字典》[J]. 铜陵学院学报，2019（1）: 90–93.

[16] 杨琳. 马礼逊《华英字典》编纂及启示 [J]. 南昌师范学院学报，2019，40（4）: 64–67.

[17] 朱凤. 马礼逊《华英字典》中的成语和谚语 [J]. 国际汉语教学动态与研究，2005（1）: 2–9.

[18] 李金艳. 马礼逊《华英字典》中儒学思想的译介研究 [J]. 解放军外国语学院学报，2017，40（6）: 62–69.

卫三畏《中国总论》引录中国文献之译文变化

陈许珂[1]

摘　要：美国汉学奠基之作《中国总论》援引大量中文典籍片段，尤以第九、第十一、第十二章为甚。本文以这三章为中心考察该著中文引文英译情况，并选取 1848 年版和 1883 年版译文差异最显著的两个案例，分析译文的变化与原因。研究发现，初版中的《大学》英译文在用词和句式上较为讲究，但略显刻意，且译文质量欠佳并难懂；修订版译文则语言平实、通俗易懂。初版中的《春园采茶词》多见直译，译文重在传达信息；修订版则主要采用意译，且文学性显著增强。两案例中的译文变化表明，作者在时隔三十多年后修改译文，动机主要有二：一是其中文水平和中国文化修养的提升催生了改进译文质量的要求，二是译介动机变化导致了译文由信息性向文学性的转变。

关键词：卫三畏；《中国总论》；中国文献；汉译英

1. 引言

美国传教士卫三畏（Samuel Wells Williams，又译卫廉士）在中国生活 43 年，曾出任美国驻华公使馆头等参赞等外交职务，是近代中美关系史上的重要人物。卫氏发表过大量有关中国的著述和译作，并因其开拓性贡献而享有"美国汉学之父"的美誉。他于 1848 年出版《中国总论》（*The Middle Kingdom*），并于 1883 年出版修订本[2]，内容涵盖中国地理物产、政府治理、文化与教育、科技与工业、社会生活、经济与商业、宗教与历史以及外交事务等。该书被美国作家史密斯称作对中国"最有趣和最可靠的描述"（Smith，1848：271），并被视为关于中国文化的百科全书、19 世纪国际汉学的综合杰作以及美国汉学的开山之作（张超，2019：17）。

学界对卫三畏和《中国总论》开展了较丰富的研究。谭树林（1998）详尽描述了卫三畏一生经历并系统介绍其作品，其中大部分是关于卫氏对汉学在西方世界传播的贡献。其他研究论及《中国总论》对中美近代交流的影响（孔陈焱，2006），对美国早期汉学发展的影响（李艳，2011），卫三畏对中国和中国人民的复杂看法（何辉，2017），以及《中国总论》对其他汉学家相关研究的影响（卞东波，2006）。张超（2019）对卫三畏的个人经历以及《中国总论》的内容、特点和学术成就做出了全面

---

[1] 2016 级翻译专业学生；邮箱：929547379@qq.com；指导教师：邓联健教授。
[2] 因目前无法找到 1883 年版《中国总论》，本文的讨论和引述均基于其 1904 年重印本。

梳理。然而，一个较少被学者注意到的要点，是《中国总论》一书（尤其是第九章、第十一章和第十二章）为充分展示中国文化，大量引述了中文著作，而且前后两个版本之间的译文存在一定变化。本文拟对书中直接引文的英译以及两个版本中的译文变化情况做一专门考察分析，以揭示中国文献在近代西人眼中的分量、译者对典籍片段的翻译处理方式以及译者在华经历对翻译的影响等。

2.《中国总论》译录中国文献概述

卫三畏撰写《中国总论》一书，目的在于展示中国是一个介于文明与野蛮之间的"中间帝国（middle kingdom）"，以洗刷外国作者笔下那些"奇怪而难以名状的可笑印象"（Williams, 1848: xiv）。为实现这一目的，卫氏大量译录"本土权威典籍"以增加其话语权威性。其摘译的著作类型丰富，地理类有《大清一统志》《广东省志》《浙江省志》《苏州志》等，人口统计类有《大清会典》《文献通考》等，博物志类有李时珍《本草纲目》和吴其濬《植物实名图考》等，政府法律类有《大清会典》《大清律例》等，文化典籍类则有《四库全书总目提要》等。该书第九章（教育与科举）、第十一章（中国典籍）和第十二章（风雅文学）中国文化元素含量最多，对中国著作的引用也最为集中。

这三章所译录的句子、段落、篇章，来源广泛且数量众多。包括"四书五经"全部9种，蒙学著作如《三字经》《孝经》《千字文》《幼学诗》，其他重要著作如《朱子语类》《圣谕广训》《女学》《三国演义》《春园采茶词》等，并有丰富的格言、谚语、熟语等。论引文篇幅，既有《论语》中"当仁不让于师"、《礼记》中"执其两端，用其中于民"之类的单句，《礼记》中"天子命之教，然后为学。小学在公宫南之左，大学在郊。天子曰辟雍，诸侯曰頖宫"之类段落，也有长度达几十、几百甚至上千字的引文。据本研究统计，三章中所译录的句、段、篇，总计达240余条。

《中国总论》首次出版时，卫三畏旅居中国时间为15年。随着时间的推移，他对中国文化的研究逐渐成熟，对中国典籍的理解也更加深刻。1883年此书修订版问世时，卫三畏更已成为耶鲁大学第一位中国语言和文学教授。他不仅在《中国总论》首版大量译录中国文献，还在修订该书时将自己对中国的新观察、新理解充分融入，表现之一是新引文的增添和对于部分译文的调整。第九章主要引用教育经典文献如《三字经》《千字文》[1]《孝经》《女学》的部分段落，旨在向读者介绍及呈现中式教育思想和方法。卫三畏特别关注中国人所重、西方人所无的"孝"，除初版引用《孝经》中的段落外，修订版中又新增《二十四孝》中的8个故事以展现中国人尊老孝亲的传统。卫氏十分了解孔子及儒家思想对中国文化至关重要的影响，因此从《论语》《大学》中选取了一些劝告学生尊重长辈和珍惜朋友的诗句，译录了《曾子》中的一

---

[1]《千字文》在1904年修订版中被移至第十一章。

些名言警句,还引用《女学》故事让读者了解中国古代妇女是如何被教导在家庭和社会中顺从于男性。第十一章旨在介绍中国典籍作品。卫三畏根据《四库全书总目》的顺序,从众多典籍中选译篇章、段落和句子,例如从《论语》《孟子》《大学》挑选重要语句描述君子的行事之道及面对困难时的心态。修订版中增加《易经》中的6个句子以向读者介绍占卜文化,增添《尚书》中的"大禹谟"段落以及《左传》《春秋》《公羊传》引文,以展示中国人眼中贤明皇帝的美德。为更好地介绍古代中国人质朴的生活方式和社会关系,并彰显中西方在此方面的区别,卫三畏还重点译录《诗经》中的诗句,所引诗歌主要关乎男女之情和父子关系等主题,并在修订版中新增5首诗。为了向读者介绍中国的亲子关系,卫三畏从《内则》中选取了三个段落,旨在说明中国年轻人应该如何侍奉长辈。此外,为了方便读者阅读,他还给《内则》引文的每个段落都起了小标题加以区分。第十二章旨在介绍不同形式和题材的文学作品[1],该章的特点是译录有许多长篇段落的古典小说。小说和寓言因其平实的语言和多样的情节而最受百姓欢迎,因此卫三畏从《三国演义》《聊斋志异》《今古奇观》中选译了几则故事。该章还收录了一些关于中国普通人生活和情感的诗歌,其中《春园采茶词》描述的是徽州地区采茶女工的生活。此外,卫氏还选译了80多条中国民间警句放入该章,并于修订版新增5条。在卫三畏眼里,这些朴素的句子不仅提醒中国人什么该做、什么不该做,还灵活运用了比喻和类比等多种文学修辞,让译文可读性更高。

3. 两个版本中的译文变化:以《大学》《春园采茶词》为例

卫三畏在两版《中国总论》中对于同一项引文所采用的译文不尽相同。本节以《大学》和《春园采茶词》引文为例,讨论卫氏所选用译文的前后差异。

卫三畏在书中对《大学》的第一部分进行了摘录。(Williams,1848:516)1848年版采用的是约翰·马什曼(John Marshman)翻译并由其父乔舒亚·马什曼(Joshua Marshman)校对的译文,马什曼父子的《大学》译本曾于1814年作为乔舒亚·马什曼《中国言法》(*Elements of Chinese Grammar*)的附录发表。1883年修订版中该段引文的英译文则是由卫三畏完成,但该译文与理雅各(James Legge)1863年《中国经典》中的《大学》译本有很大相似之处,因此可以认为卫三畏是在理雅各译文基础上修改而成的。

对照前后两个版本中的译文不难发现,二者不仅在意思再现上存在差别,在译词与句式的选择上也有着显著差异。兹举两例。

例(1)
中文原文:古之欲明明德于天下者,先治其国;欲治其国者,先齐其家;欲齐

---

[1] 卫三畏将康熙《圣谕十六条》以及雍正《圣谕广训》也视为文学作品而在该章加以介绍。

其家者，先修其身；欲修其身者，先正其心；欲正其心者，先诚其意；欲诚其意者，先致其知。

马什曼译文：Desirous of governing well their own kingdoms, they previously established order and virtue in their own houses; for the sake of establishing domestic order, they begun with self-renovation; to renovate their own minds, they first gave a right direction to their affections; wishing to direct their passions aright, they previously corrected their ideas and desires; and to rectify these, they enlarged their knowledge to the utmost. (Williams, 1848：516)

卫三畏译文：Wishing to order well their states, they first regulated their families. Wishing to regulate their families, they first cultivated their persons. Wishing to cultivate their persons, they first rectified their hearts. Wishing to rectify their hearts, they first sought to be sincere in their thoughts. Wishing to be sincere in their thoughts, they first extended their knowledge to the utmost. (Williams, 1904：652)

考察两个译文，其差异首先体现在对原文意思的忠实程度不一。马什曼以"previously（从前）"作为"先"的翻译，以"house（屋子）"译"家"，以"self-renovation（自我革新）"和"renovate mind（革新思维）"译"修身"。卫三畏的相应译文中"first（首先）""family""cultivate person"显然比马什曼的译法更贴近原文。二者在译词选择上也有较明显差异。相对而言，马什曼选词更生僻、抽象，如"desirous""aright"等，卫氏相应译词"wishing to""sincere"则更加通俗易懂。马氏用来表示"修身"的名物化词汇"renovation"，更是比卫氏所用动词"cultivate"更加抽象。两版译文最大差别在于句子间的结构关系。中文原文各句为并列结构，下句开头与上句结尾使用了同样的字词，亦即各句子间存在顶真关系。马什曼译文显然没有遵循中文原文这种结构特征，而是有意变换用词。例如他在翻译"欲"字时，交错使用介词结构"desirous of"、"for the sake of"、不定式结构"to"以及分词结构"wishing to"，明显意在求变化。卫三畏的处理方式正好相反，他各句均以"wishing to...（欲）"开头，从第二句起每句开头均与上句结尾完全相同，显然意在求一致，由此可以看出卫三畏译文对于原文的并列结构和顶真修辞进行了复制重现的尝试。

例（2）

中文原文：物格而后知至，知至而后意诚，意诚而后心正，心正而后身修，身修而后家齐，家齐而后国治，国治而后天下平。

马什曼译文：A thorough acquaintance with the nature of things renders knowledge deep and consummate; from hence proceed just ideas and desires; erroneous ideas once corrected, the affections of the soul move in the right direction; the passions thus rectified, the mind naturally obeys reason, and the empire of reason restored in the soul, domestic order follows of course; from hence flows order throughout the whole province; and one province rightly governed may serve as a model for the whole empire. (Williams, 1848：516)

卫三畏译文：Things being investigated, knowledge became complete; knowledge being complete, their thoughts were sincere; their thoughts being sincere, their hearts were then rectified: their hearts being rectified, their persons were cultivated; their persons being cultivated, their families were regulated; families being regulated, states were rightly governed; and states being rightly governed, the Empire was made tranquil. (Williams, 1904：653)

跟例（1）一样，马什曼译文中再次使用典型名物化结构"A thorough acquaintance with..."，以及较生僻、抽象的译词如"consummate""erroneous"，并删除了原文中重复的部分，因此失去中文原文的韵律和节奏。反观卫三畏译文，除译词选择更加直白、意思再现更加妥帖外，还再次模仿中文原文严格并列的句式结构和顶真修辞手法，在翻译中保持了行文的流畅性。从两个例子大致可以看出，两版译文在翻译策略、方法和面貌上都存在着系统性的差异。若以信息内容和形式结构的忠实性以及译文的流畅性和可读性而论，我们认为卫氏译本在整体上优于马氏译本。这种从劣到优的转变，体现了近代西方人译介中国典籍质量的提升，也反映出《中国总论》作者卫三畏与时俱进的心态和认知。

《中国总论》中《春园采茶词》的译文变化，反映的则是卫三畏著述及翻译目的方面的历时变化。中文原诗为江南诗人李亦清所作组诗30首，该作品生动描绘了清代徽州产茶区的风土人情，对茶园、茶品、茶叶采摘和烘焙过程有细致描述，全诗文字晓畅，风格清新。1848年版《中国总论》中的《春园采茶词》，由卫三畏译出，并曾刊登在1839年4月号《中国丛报》（*Chinese Repository*）。卫氏在译文按语中交代，他从一位茶商手中获此组诗，本意是将译诗附于《中国丛报》1839年3月号一篇与茶业相关的文章中，因版面不足而延后一期登出。从这段按语可以看出，在卫三畏看来，此诗是传递中国茶叶生产加工信息的文本，而不是纯粹的文学作品。因而他翻译时的目的是表达原诗主旨，而不是让译文更贴近英文诗词形式。（Williams，1839：195）经比对发现，卫三畏将这组译诗收录进初版《中国总论》时，《中国丛报》版译文被原封不动照搬，只不过删去了中文原诗。《中国总论》修订版中的《春园采茶词》则是采用了孖沙（William Thomas Mercer）的译本。该译本在1830年之前就已完成，因其"很好地传达了原文的意义和风格"，德庇时对之赞许有加，遂将之收入《汉文诗解》（*The Poetry of the Chinese*）。（Davis 1870：65）值得注意的是，卫三畏在《中国总论》修订版中放弃了自己亲自完成的译诗而采用了出现更早的孖沙译本，必定有其特别的原因。这个原因大概隐藏在卫、孖译本的翻译策略中。或者说，概因孖沙译本更好传达了原诗的文学性。

将卫、孖译本两相对照发现，孖沙的翻译显然更具文学性，因为他改变了原诗语句结构和行文顺序，使其类似于英语诗句，节奏和韵律也更加朗朗上口，这也让孖沙译本具有更高的审美价值，或更容易被英语母语读者接受。以该词的第三节为例，其中文原文是：

晓起临妆略整容，提篮出户露正浓。
小姑大妇同携手，问上松萝第几峰？（Williams，1839：196）

这首诗主要描述了清晨时分茶女们起床穿衣，然后提着篮子一起上山。在无数的山上，她们会想今天会在哪座山上劳作。卫三畏对这一节的翻译如下：

By earliest dawn, I, at my toilet, only half-dress my hair,
And, seizing my basket, pass the door, while yet the mist is thick;
The little maids and graver dames hand in hand winding along,
Ask me, "which steep of Sunglo do you climb today?" (Williams，1848：578)

孖沙版译文则为：

At early dawn I seize my crate, and sighing, Oh, for rest!
Thro' the thick mist I pass the door, with sloven hair half drest;
The dames and maidens call to me, as hand in hand they go,
"What steep do you, miss, climb today—what steep of high Sunglo?" (Williams，1904：710)

通过比较两个译版可以发现，卫三畏主要是在不改变原有结构和行文顺序的情况下，逐字翻译该诗节。整首诗的节奏和原诗第一、二、四句末的"容""浓""峰"的押韵词被忽略了，使得诗句缺乏中文原诗中所有的文学性。相反，孖沙译本把诗句的顺序与结构变换为英语诗歌形式，并在前两句中使用了押韵词"rest"与"drest"，以及在最后两句中使用了"go"和"Sunglo"，形成aabb式韵脚，这让该翻译更加具备形式和韵律上的美感，且在文风上也对等。（戴佳欣，2019：55）孖沙还在第一句中加入了一个感叹词，以表达茶女不愿意去工作的轻微抱怨，更好地表现了中文原文中采茶女的隐性情绪。孖沙通过这种方式为诗句创造了更具体、更有美感的氛围，使英语读者能够更好地想象诗中场景。

此外，孖沙在翻译中做了一些减法。第一节的第三行和第四行就是很好的例子：

社后雨前忙不了，朝朝早起课茶工。（Williams，1839：196）

原文旨在描绘茶女居住的环境被茶树包围，她们每天都要早起，尽可能多地采摘茶叶。在这一节中，第三句中的"社前雨后"涉及三个节气，即春分、清明和谷雨，这对英语母语读者来说是陌生的。卫三畏对该句的翻译是："From *chinshé* to *kuhyü*, unceasingly hurried."（Williams，1848：577）这里，他将"chinshay（春社）"和"kuhyu（谷雨）"以斜体标示，加上"from"和"to"两个表示时间起止的连接词，目的可能是让读者认识到这是两个中国特有的表示时令的词汇。另外，他将"茶工"译为"task of tea"，意思也贴合原文。而孖沙对这两句的翻译是：

"And I must rise at early dawn, as busy as can be.

To get my daily labor done, and pluck the leafy tea,"（Williams，1904：710）

在内容方面，译文中删减了"社后""雨前"这两个中国节令词，"课茶工"本来涵括茶业采摘及加工的全过程，孖沙却只是将之译为"pluck the leafy tea"，在文学性方面展现了工整的押韵。

这两个版本的翻译各有其优缺点。卫三畏的翻译主要是逐字翻译，他强调的是原诗信息内容的再现，但忽略了诗句的文学性。此外，他还选择在诗句中保留了一些容易使不熟悉中国文化的读者产生困惑的中文术语。但他的翻译胜在开创先河，为中西方文化交流提供了重要媒介，对茶文化向世界的传播产生了积极影响。（金立元，2018：426）孖沙的译文省略了可能使西方读者难以理解的要素，而将翻译重点放在展示中国茶女的工作内容上。其最突出特点是通过严格的押韵和综合运用增译、减译等翻译技巧增强译文中节奏感、文学性，让译文读起来"明显更像地道的英文诗作"（邓联健，2015：175）。

上文表明，在《中国总论》前后两版中，卫三畏选用了截然有异的《大学》和《春园采茶词》译文。首先需要指出，《大学》英译本的变化，一个重要原因在于卫氏自译本质量显然优于马什曼译本。同时值得注意的是，两个译文的改变表明，后期的卫三畏作为成熟的汉学专家，在对中国文化作品的西向传递上已经有了更多的考虑，针对原文本的不同属性和翻译价值而采用了不同风格的译文。出现于《中国总论》"中国经典"一章的《大学》是体现中国儒家哲学精髓的典籍，翻译价值主要在于传递原著思想和精神，因此他放弃马什曼较为古奥的译本而选择自行翻译。其译本语言更加通俗，使不同教育背景的读者更容易理解《大学》的精神。《春园采茶词》出现在"风雅文学"一章，其翻译价值主要在于介绍中国民谣的文学特点。因此他放弃自己早期译出的"信息型"译本，而采用孖沙的"文学性"译文，因为后者更好地展示了民谣的审美价值，能够让英语读者更好地体会中国诗歌之美。

4. 结语

《中国总论》对中国文化在西方世界的传播做出了重要贡献。本文的描述分析显示，通过精心译录中国经典著作，并在第二版增添新的内容，卫三畏使该书成为传达中国圣贤思想和中国民间文化精髓的重要媒介。引文翻译采用不同翻译策略以满足目标读者的需要。本文着眼于同一内容前后两版译文选择的变化，并借此反映卫氏汉学水平的提升及译介目的的转变。从这个意义上说，考察历史上综合性著作中的引文及其翻译，特别是其译文的前后变化，不啻为翻译史研究的一个有效视角。

参考文献

[1] Davis J F. *Poeseos Sinicae Commentarii. The Poetry of the Chinese* [M]. London: Asher and Co., 1870.

[2] Marshman J. *Elements of Chinese Grammar, with a Preliminary Dissertation on the Characters, and the Colloquial Medium of Chinese, and an Appendix Containing Ta Hyoh of Confucius with a Translation* [M]. Serampore, India: The Mission Press, 1814.

[3] Smith S F. The Middle Kingdom [J]. *Christian Review*.1848, 13（50）: 270–296.

[4] Williams S W. Ballad on Picking Tea [J]. *The Chinese Repository*, 1839, 8: 195–204.

[5] Williams S W. *The Middle Kingdom*: Vol.1 [M]. New York: Wiley and Putnam, 1848.

[6] Williams S W. *The Middle Kingdom*: Vol.1 [M]. New York: Charles Sribner's Sons, 1904.

[7] 卞东波.美国汉学的开山之作：读卫三畏《中国总论》中译本 [J].博览群书，2006（4）: 32–37.

[8] 戴佳欣.美学视角下《春园采茶词》英译本的功能对等 [D].大连：大连理工大学，2019.

[9] 邓联健.委曲求传：早期来华新教传教士汉英翻译史论（1807—1850）[M].北京：清华大学出版社，2015.

[10] 方美珍.多元视角下的《大学》英译本之得与失 [D].福州：福建师范大学，2012.

[11] 顾钧.卫三畏与美国早期汉学 [M].北京：外语教学与研究出版社，2009.

[12] 郭磊.传教士《四书》译本考述 [J].语言文化研究辑刊，2016（4）: 100–110.

[13] 江岚.苏曼殊·采茶词·茶文化的西行 [N].中华读书报，2014–5–21（17）.

[14] 金立元.变译理论视角下《春园采茶词》英译研究 [J].福建茶叶，2018（9）: 426–427.

[15] 李艳.卫三畏思想研究 [D].济南：山东师范大学，2011.

[16] 王国轩.中庸·大学 [M].北京：中华书局，2006.

[17] 卫三畏.中国总论 [M].上海：上海古籍出版社，2005.

[18] 张超.卫三畏《中国总论》研究 [D].哈尔滨：黑龙江大学，2019.

作为政治工具的"林译小说"

———— 周永倩 [1] ————

摘　要：林纾是晚清时期重要的翻译家。他的译作主要为小说，数量众多，影响甚广，"林译小说"也成了专指林纾所译小说的专有名词。林纾在翻译外国少数书名时采取了归化翻译的策略，为其注入了本国的文化色彩和政治色彩。本文揭示林译背后的意识形态、主流诗学以及译者的翻译目的对其译文的生产与流行的作用，认为林纾采取的是一种"食人番"式的翻译策略，这种翻译策略为晚清过分"西化"的历史潮流起到了一定的"刹车"作用。

关键词："林译小说"；林纾；食人番主义；标题翻译

1. 引言

在我国翻译史上，林纾是一位不可忽视的重要人物。他的翻译作品数量众多，据日本学者樽本照雄（2018：2）考证，1899—1925年间，林纾共发表了213部译作，这一数量在晚清译者中可谓一骑绝尘。林纾不懂外文，他的翻译作品是通过精通外语者口述，他用文言文记下口述者的翻译得来的。在翻译外国小说标题时，林纾对原文采取了归化的策略，对标题进行了一定的"加工"，使小说标题的翻译与本国小说命名的方式高度契合，并且在此基础上有意从标题翻译上突显他个人的政治倾向和主张。

如果仅仅将翻译看作语言和字符层面的转换，林纾无疑是一个不合格的译者。他对原文进行了自由的删改，以一种隐晦的方式抹除了原文中他并不认可的内容。然而，正如勒非弗尔（Lefevere，1992：14）所言，翻译并非在真空中产生的，译者是在特定的文化语境与历史时期中进行翻译的。译者对自我的认识以及对本国文化的理解也可能影响其翻译的方式。以往学者在评价林纾的翻译时都肯定了其翻译对引进外来文化的重要意义，但忽视了林纾在翻译中引进外来文化时持有的批判性态度，以及这种批判性态度对本国文化的保护作用。笔者认为，在肯定林纾对引进外来文化所做的贡献时，我们还应该肯定林纾通过翻译引进外来文化所采取的"有选择"性的策略。在全球化背景下，随着大量外来文化的涌入，我国本土文化也面临着巨大的冲击。译者作为文化交流的桥梁，在翻译中如何在促进文化多元化发展的同时维护我国文化的根本地位是我们过去和现在都面临的重要问题。林纾的翻译策略为我们思考这一问题提供了借鉴和反思。

---

[1]　2017级英语专业学生；邮箱：2369455977@qq.com。

2. "林译小说"标题翻译特点

标题有时会左右读者的关注点以及阅读的情感基调。因此如何使标题的翻译"立片言以居要",又能使读者浮想联翩,是译者会反复斟酌的问题。林纾对外国小说标题的翻译采取了归化的策略,为标题注入了我国传统小说的命名特点。

2.1 "史统"性

林纾在命名时加入了"传""记""录""史""遗事"等与史传相关的词,如《埃司兰情侠传》(*Eric Brighteyes*)、《鬼山狼侠传》(*Nada the Lily*)、《迦茵小传》(*Joan Haste*)、《埃及金塔剖尸记》(*Cleopatra*)、《三千年艳尸记》(*She*)、《恨绮愁罗记》(*The Refugees*)、《双雄较剑录》(*Fair Margaret*)、《贼史》(*Oliver Twist*)、《巴黎茶花女遗事》(*La Dame aux camélias*)。这类标题的原文大多以作品中主要人物的姓名或身份进行命名,如《贼史》的原文标题"*Oliver Twist*(奥利弗·退斯特)",奥利弗·退斯特是小说主人公的姓名,林纾通过给标题译文添加"史"一词赋予了小说标题一种历史性,而"贼"则与小说的情节有关。

历史性也是我国传统小说命名的一大特点。欧阳健(1997:132)指出,我国古代小说喜以历史为题材,即使是取材于现实生活的作品,也大都要拈出一点历史的由头生发开去,或者借用"史""志""传""记"等为书名。真正摆脱"史统"的羁绊,直接以"现状"命名的小说直到晚清时期才出现。即便如此,我国晚清时期许多小说的命名依旧延续了这一传统,如梁启超的《新中国未来记》、李伯元的《官场现形记》、痛哭生第二(笔名)《仇史》、吴趼人的《上海游骖录》等。由此可见,林纾在翻译外国小说标题时受到了本国小说命名所遵循的"史统"的影响。

2.2 突显"怪"的主题

林纾为标题嵌入了"志异""仙""鬼""魂""神""妖""魔"等带有本国志怪小说色彩的字词,如《蛮荒志异》(*Black Heart and White Heart, and Other Stories*)、《厉鬼犯跸记》(*Windsor Castle*)、《天女离魂记》(*The Ghost Kings*)、《金梭神女再生缘》(*The World's Desire*)、《妖髡鬅首记》(*Carnival of Florence*)、《魔侠传》(*Don Quixote de la Mancha, I*)等。"怪"是我国古代小说审美学的一大特点,所谓"怪"即怪异、罕见之事。秦汉时期盛行的巫术与佛教的流入为我国志怪小说的产生和发展提供了丰富的素材。到魏晋六朝时期,文人们开始创作并记录各类志怪故事。这一时期小说常常以"神""仙""怪"等词入名,体现了创作者好奇尚异的审美追求。

蒲松龄用典雅古峭的古文创作了《聊斋志异》,对清朝后期作家的小说创作产生了重要影响。林纾自己创作的小说就承袭了聊斋笔法。他的短篇小说集《畏庐漫录》中,有17篇属于狐鬼小说,约占全集总数的五分之一。(曹国伟,2019:18)这些小说文笔铺张华丽，与《聊斋志异》的狐鬼小说同属于传奇体。林纾也因其创作的狐鬼小说被章太炎称为"今之蒲留仙"。聊斋笔法对林纾的影响也渗透到了他所译的小说中，他毫不吝啬地将"怪"的元素加入译文，并且在所译小说的标题中突显了"怪"的主题。

然而林纾显然没有意识到西方鬼文化与本国鬼文化的差异。例如，他将英国作家安司倭司（Willian H. Ainsworth，现译安斯沃思）的 *Windsor Castle*（《温莎堡》）译作《厉鬼犯跸记》。郎晓玲（2004：51）指出，"英国的哥特式小说中古堡闹鬼的写法为以后英国小说创作奠定了基调，其阴森的古堡场景成为后代作家竞相使用的典型场景"。英国作家笔下的鬼常常出没于古堡中，原作者安司倭司的标题"温莎堡"实际上已经为读者的阅读设置了恐怖的氛围，同时也暗示了小说的内容与鬼魂有关。林纾未读到原标题的这一层恐怖意味，他将其对本国鬼文化的理解带入了外国作家笔下的鬼，修改了原作标题，加入了"厉鬼"一词。换而言之，林纾的译文无形中消解了本国文化与外来文化的差异。

2.3 突显侠士复仇主题

林纾在翻译标题时多次增添了"侠""英雄""仇"等字眼。如《埃司兰情侠传》（*Eric Brighteyes*）、《鬼山狼侠传》（*Nada the Lily*）、《十字军英雄记》（*The Talisman*）、《双雄较剑录》（*Fair Margaret*）、《英孝子火山报仇录》（*Montezuma's Daughter*）等。"侠""英雄"等词赋予了小说主角一种侠士、英雄的形象，而在原文标题中都未出现这样点名主角身份形象的词。这些增译的词可以看作林纾对原作小说人物的一种理解，他将自己对人物的解读加入了译文。林纾所译的相似题材的译作出版时间主要集中在1904—1910年。这一时期，国内清政府的改革由于重重阻力，难以推行，民众对改革已经产生了失望情绪，"一些原本宣扬改革的小说杂志也改变了航道，转而宣扬侠客救国"（欧阳健，1997：290）。"侠客精神"成了救国的良药，也成了广受读者欢迎的题材。林纾翻译作品中的"侠"迎合了这一时期读者的审美趣味。

另一方面，林纾本就是习武之人，师从著名拳师方世培，常常"带剑任侠"（连燕堂，2015：39）。林纾骨子里就有着侠义精神。在《剑底鸳鸯·序》（罗新璋，2009：216–217）中，林纾指出，"吾华开化早，人人咸以文胜，流极所至，往往出于荏弱"。他认为我国历来以文见长而缺乏尚武"精神"，这是国家荏弱的原因所在。因此他表示："余之译此，冀天下尚武也。"林纾翻译这类外国小说目的在于使读者意识到外敌的强大，激发民众的习武热情。

2.4 对情节做"剧透"

从形式上看，林纾所译标题主要是由小说情节、人物身份、主要事件以及故事发生地等要素组合而成，这样的命名方式与当时大部分本国小说的命名方式如出一辙。如《英孝子火山报仇录》,"英"点明了主人公的国籍,"孝子"即人物的身份品格,"火山"是小说核心情节发生地,"报仇"即事件的具体内容,而"录"则如上文所说是为遵循小说命名的"史统"。读者在阅读这一标题时基本对小说的人物、情节和题材有了大致的了解。参看一些晚清著名的小说,如梁启超的《新中国未来记》、李伯元的《官场现形记》、吴趼人的《上海游骖录》等,标题往往会对小说内容和题材进行一定程度的剧透。林纾在翻译标题时也采取同样的策略,提取他认为主要的或吸人眼球的人物、情节等要素进行组合,尽管原文并不涉及这么多的"剧透"。

3."林译小说"的生产

当我们查看《现代汉语词典》时会发现"翻译"一词主要指语言之间或语言与符码之间的转换。然而,语言间的转化不是自发的,它们之间的转化必须依靠译者才能实现。任何译者都处于特定的历史文化语境之中,他生来属于特定的阶级、信仰体系与意识形态,这一切也会渗透到译者的译文当中。以往学者谈起林纾的翻译,更多的是关注其翻译中的"讹"与"媒"的作用,很少关注这样带有明显"讹"的译文为何产生,又为何获得读者的认可。笔者认为林纾译文的生产和传播离不开其背后意识形态的操纵与权力关系的运作。

林纾接触翻译实为偶然,他的好友王寿昌等人为宽慰他的丧妻之痛,邀请他一同翻译小说,以"破岑寂"。1899 年,林纾与王寿昌合译的《巴黎茶花女遗事》出版,获得了极大的反响,林纾因此大受鼓舞,此后译笔不辍。林纾翻译的作品主要是外国小说。值得注意的是,小说这一文体在我国文学中的地位历来不高。如鲁迅(2013:59)所言:"在中国,小说不算文学,做小说的也绝不能成为文学家,所以并没有人想在这一条道路上出世。"我国传统文人将小说视为"小道",认为小说仅仅是供人们茶余饭后消遣之物,登不得大雅之堂。但到了晚清时期,小说的发展呈现繁荣景象。从数量上看,1840 年鸦片战争爆发至光绪二十六年(1900)60 年间,一共出版小说 133 部,平均每年只有 2.5 部。而从光绪二十七年(1901)至宣统三年(1911)10 年间,产生了 529 部通俗白话小说,平均每年 48 部。(欧阳健,1997:2)历来不受重视的小说却在这十年间获得了迅速发展。

小说的兴盛有两个关键原因。首先,1901—1911 年清政府实行的改革为小说的迅速发展提供了客观条件。1900 年,八国联军发动侵华战争,经历了战乱与逃亡的清朝统治者为巩固其统治而决心进行改革,实行新政,号召"效行西法"。这场改革涉及文化、政治、经济、军事等多个领域,宣扬介绍西学,振兴实业,提倡妇女解放。这场声势浩大的改革为小说的发展提供了大量的素材,同时也转变了人们对西方的态度。曾经被称为"蛮夷"的侵略者成为本国争相效仿学习的对象。这种转变拓宽了读者阅读西方作品的期待视域。其次,梁启超在日本文学中意识到了小说针砭时弊、启迪民智的政治意义,他倡导的"小说界革命"抬高了小说的文学地位。在"小说界革命"期间,吴汝纶及门下弟子响应梁启超的主张创办了"小说改良会",这一批人大部分属于上层社会的正统文人。林纾及其翻译合作者也参与其中。"他与人合译的《巴黎茶花女遗事》《利俾瑟战血余腥记》《滑铁卢战血余腥记》《黑奴吁天录》等作品都曾由文明书局出版,这一书局也是'小说改良会'开展活动的重要机关"(姜荣刚,2020:112-126)。政府对于这些新小说不仅没有干涉,反而还给予版权保护,部分小说还获得了政府的宣传与推广。

因此,"林译小说"的出现既是偶然也是必然,林纾后来继续翻译活动的原因之一是为响应梁启超的小说改革运动。晚清小说地位的提升,并非源于其美学价值,而是其政治功用。晚清文人重视小说,是因为看中其对读者的影响,通过这种影响来达到宣扬自己政治主张的目的。换而言之,小说是作为一种"政治工具"被推上历史舞台的,"林译小说"也不例外。

作为政治工具的小说,其最终目的是传达译者的政治主张。要实现这一目的的前提是读者的阅读。林纾译书所用的文言文把读者群体框定在了传统士大夫阶层以及知识分子。在当时,传统士大夫阶层把握着政治话语权,青年知识分子则是推动社会变革的重要力量。这两个群体对国家未来的发展起着关键作用。林纾希望通过译文影响两个群体,达到唤醒民众"救亡图存"意识的目的。他在译序中多次告诫学生和政府要员,如《雾中人》序言指出:"敬告诸读吾书者之青年挚爱学生,当知畏庐居士之翻此书,非羡黎恩那之得超瑛尼,正欲吾中国严防行劫及灭种之盗也。"林纾所用的文言文既是当时的官方用语,也是林纾所属的传统文人群体熟悉喜爱的语言。由文言文写就的译文迎合了阅读群体的审美趣味,也满足了他们的期待视域。

除了选择用文言文翻译,林纾还选取了读者感兴趣的题材进行翻译。林纾(1922:189)曾在自己写的小说《鬓云》中"自白":

> 余伤心人也,毫末无益于社会,但能于笔墨中,时时为匡正之言。且小说一道,不述男女之情,人亦弃置不观。今仅能于叙情处,得情之正。稍稍涉于自由,狗时尚也。然其间动有礼防,虽微近浓纤,或且非导淫之具。识者或能谅之。

林纾写小说、译小说为的是"时时为匡正之言",对于小说中"言情""志怪""侠客"主题的突显更多是为迎合时尚潮流,这种"迎合"是受"礼"的约束的。马龙(2020)也指出,林纾翻译时通过对原文中描写人物举止的内容进行改写消解了茶花女作为妓女的"风尘味",并赋予了她一种"仙仙然"的品性。此外,林纾对原文中亲热场面进行了一定的删减,译文最终呈现出的是一个受本国传统礼法规训的西方女性形象。这样"守礼"又顺应主流审美的译文既不会因为枯燥而丢失青年读者,也不会因"失礼"而受到传统文人的指责。"林译小说"能够风靡一时也并不为怪了。

晚清时期统治者实行的改革以及小说地位的提高为"林译小说"的产生和流行提供了客观条件。林纾翻译小说，一方面是顺应时代潮流，另一方面是借此抒发自己的政治主张。为了达成这一目的，林纾在译文的语言形式以及内容上都对读者进行了一定的迎合，使译文在当时取得了极大的成功。林纾所属的士大夫阶层在当时是有着更大影响力和话语权的强势群体，翻译则成了他们用于影响青年知识分子以及其他弱势群体，进而达到操纵社会思潮和政治风向目的的工具。

4. "林译小说"与"食人番主义"

1990年，巴斯尼特（Bassnett）与勒非弗尔（Lefevere）共同编著的著作《翻译、历史与文化》（*Translation History Culture: A Source Book*）出版，该著作中提出了"文化转向（Cultural Turn）"的概念，这一概念将翻译的基本单位从文本扩展至文化。他们指出任何文字、文本的产生都深深植根于文化语境之中。从历史的角度看，翻译活动在不同的历史阶段并没有一成不变的规范和标准，决定译文得失成败的也不只是其内在的美学价值。（Bassnett and Lefevere, 1990）文学作品产生于特定的历史文化语境，因此不可避免地附带着创作者所属的文化和意识形态。林纾作为译者的同时也起着文化中介人的作用，在面对本国文化与外国文化间的冲突时，林纾所采取的策略是对外来文化进行"改造"或"剔除"，使之符合本国文化的规范。从某种意义上说，林纾采取的是一种偏袒本国文化的翻译策略。

林纾在翻译中对待外来文化的态度与巴西现代翻译理论家提出的"食人番主义"十分相似。20世纪60年代，巴西后殖民研究学者为摆脱殖民影响、重构民族文化身份，将"食人"这一隐喻引入后殖民研究领域，为巴西后殖民文化身份重构探索了一条新的途径。食人番主义主张有选择地吞噬强势文化，吸收其精华来壮大本民族文化，重新构建文化身份认同。在翻译领域，食人番主义翻译主张创造性翻译。译者在吸收原文后，根据本土的价值观对原文进行一种模糊化的重写。在翻译过程中，面对来自"他者"的文化，译者不是处于匍匐的姿态，而是发挥自己的主观能动性，对其进行改造与移植。

林纾在翻译中吸收了西方一些有利于本国的思想，并努力在译文中彰显这些内容，希望读者能够接收到来自"他者"的精华。如在译文《李迫大梦》中，林纾"接受了西方民主政治中设议院、开国会的主张，并希望以此改良中国政体，革新国家面貌"（胡珂，2021：82）。在《巴黎茶花女遗事》中，林纾消解了茶花女放浪无形的品质，"将其宗教主题置换成本国以'父道'为核心的传统伦理命题"（马龙，2020：101）。在《红礁画桨录·序》中，林纾表示"婚姻自由，仁政也"。同时他又指出："无学而遽撤其防，无论中西，均将越礼而失节。"林纾并非古板守旧之人，他以本国的价值观为标准，批判性地接受外来文化。对于原文中一些不可取的"糟粕"，林纾通过对原文进行改写或删除将其消除,使读者的关注点更多地落在"精华"内容上。

翻译不是纯粹的语言转换,翻译涉及文化间的交流、模仿与压制。若缺乏警觉,处于弱势地位的文化极有可能会在此过程中被强势文化同化,最终面临瓦解和消亡。正是出于这样的警觉,林纾对外来文学进行了"有选择"的翻译。后来鲁迅也提出了"拿来主义",主张有选择地吸收外来文化。然而,在翻译上鲁迅提倡"异化翻译"。造成两者在翻译上持有不同观点的重要原因在于两者对本国文化的认同度不同。

林纾对本国语言以及以儒家伦理为核心的传统文化抱有坚定的信念,他在翻译中吸收外来文化时,虽然意识到本国文化存在的不足,但他并未因此对本国文化失去信心,而是借助外来文化积极修正本国文化的不足,同时宣扬本国文化的"精华"。鲁迅主张"宁信而不顺",为求"忠实"宁愿舍弃"顺"。与林纾一样,鲁迅希望借助外来文化启迪民智,然而,受阅读能力约束,普通的读者难以理解其晦涩拗口的译文。鲁迅因过分迁就外国的语言习惯,而失去读者。对读者来说,"拿来"都成了困难,又谈何"使用"呢?鲁迅的翻译策略对当时的本国读者并不友好。不论是对国民"奴性"的批判,还是主张"打倒"文言文和旧文学,都流露出了鲁迅对本国文化的不满。"译者对本国文化的不满会表现为对外来文化充满信任和期待,在翻译时采用直译的方式,以尽量保持外来文化的原质性"(雷亚平、张富贵,2000:33)。译者的心理和对外来文化的态度同样会通过译文传递到读者身上,影响读者的判断和态度。若译者在翻译时缺乏对本国文化的认同,以外来文化为尊,缺乏辨别能力的读者不免会被其译文影响,代入同样的心理。长此以往,翻译会在无形中消解本国文化在读者心中的根本地位。

在林纾所处的历史语境下,有选择的"归化"式翻译对本国处于弱势地位的文化起到了保护作用。然而,应当指出的是,林纾因缺乏外国语言与文化知识,他在译文中的"选择"过于狭隘,忽视了一部分可以吸收的内容。"归化"的翻译策略有利于保护我国处于弱势的文化,但片面倡导这一策略也容易走向另一个极端。因此,译者应当具备译者辨别能力。如爱尔兰翻译理论家克罗宁(Michael Cronin)所言,译者要懂得区分"起(单纯)吸收作用的翻译"和"起多元化作用的翻译",依据具体的翻译语境采取翻译策略,既要发挥好促进文化交流的桥梁作用,又要担起保护本国文化的使命。

5. 结语

林纾的译文产生于特定的历史语境,对于其翻译的评判也不应脱离这样的历史语境。在我国国势和文化都处于弱势地位的情况下,林纾对外国文学作品的"归化"维护了本国语言和文化的主导地位,体现了一个译者对文化危机应有的警觉。笔者无意挑起"归化"与"异化"间的对立,脱离语境和文本谈论翻译策略是空洞且不切实际的。不论是韦努蒂（Venuti）的异化翻译理论，还是巴西的"食人番主义"翻译理论都有其特定的语境。在《译者的隐形：翻译史论》(*The Translator's Invisibility: A History of Translation*) 中，韦努蒂希望通过选取边缘的、不符合本国主流诗学的外国文本进行异化翻译，以此瓦解美国主流话语的统治地位。这一理论是针对弱势文化走向强势文化提出的。由此可见，任何一种翻译策略都不具有普适性，片面地提倡某一种翻译策略是危险的。在当今全球化的背景中，译者应当意识到通过翻译引进外国文学的最终的目的是丰富民族文化，而非用其取代民族文化，助长英美文化的霸权。译者在从外来语言和文化中获取养分的同时，还应维护本国的语言文化，推动文化的多元化发展。

参考文献

[1] Bassnett S, Lefevere A. *Translation, History and Culture* [C]. London: Pinter Publishers, 1990.

[2] Lefevere A. *Translation History Culture: A Source Book* [C]. New York: Routledge, 1992.

[3] 曹国伟. 武侠、狐鬼、爱情：林纾小说的三大主题 [D]. 成都：西南交通大学，2019.

[4] 胡珂. 论林纾译介小说对西方文化的改写与接受 [J]. 文化学刊，2021（1）：80–84.

[5] 姜荣刚. "小说改良会"缘起及相关活动考论 [J]. 中国现代文学研究丛刊，2020（5）：112–126.

[6] 林纾. 畏庐漫卢：卷三 [M]. 上海：商务印书馆，1922.

[7] 鲁迅. 南腔北调集 [M]. 北京：中信出版社，2013.

[8] 朗晓玲. 十八、十九世纪中英鬼小说主题研究 [D]. 上海：上海师范大学，2004.

[9] 罗新璋. 翻译论集 [M]. 北京：商务印书馆，2009.

[10] 雷亚平，张富贵. 文化转型：鲁迅的翻译活动在中国社会进程中的意义与价值 [J]. 鲁迅月刊，2000（12）：25–37.

[11] 连燕堂. 林纾：译界之王 [M]. 辽宁：辽宁人民出版社，2015.

[12] 马龙. 被传统规训的叙事：重读林译小说《巴黎茶花女遗事》[J]. 西安石油大学学报，2020（6）：101–106.

[13] 欧阳健. 晚清小说史 [M]. 浙江：浙江古籍出版社，1997.

[14] 樽本照雄. 林纾冤案簿 [M]. 北京：商务印书馆，2018.

马礼逊《字典》中汉语口语素材英译析论

————————— 练瀚尹 [1] —————————

摘　要：马礼逊的《华英字典》是史上首部汉英英汉字典，该字典打破了此前中国辞书仅从传统文史经典中收集语料的传统，收录了大量汉语日常口语例句。本研究对《华英字典》第一部分《字典》中收录的汉语日常口语表达及其英译情况进行整理与分析。研究的初步发现和尝试性结论主要有以下三点。一是《字典》所收录的637条中文日常口语取材来源丰富，分别来自他的广泛阅读、日常生活积累，以及中国学者的搜集；二是马礼逊在这些口语表达的英译中灵活运用了直译、直译加意译、翻译加注释等方法；三是马礼逊收录口语素材的目的在于了解中国百姓的思维方式，更好地满足西方汉语学习者的需要，实现其传播基督教的目的。

关键词：马礼逊；《字典》；汉语口语；英译

1. 引言

　　马礼逊（Robert Morrison，1782—1834）1807年受伦敦传教会的派遣赴华传教。除去中途回英的两年，马礼逊在华共计25年。他的来华任务有两项：一是将《圣经》翻译成中文；二是编纂"一部比以往任何一部都更全面、更准确的汉语词典"（Morrison，1839a：96）。马礼逊在华期间，为《圣经》的汉译以及中国文献的英译做出了巨大贡献。不过，正如巴雷特（2015：707）所评价的，在马氏完成的所有作品中，"其编纂的字典必定是赞美其成就的起点"。这里所提到的字典就是《华英字典》。巴雷特的话指明了这本字典的重要性。这本字典由三部六卷组成。1815年出版的第一部《字典》按部首排列，是三部中最详尽的一部分。第二、第三部按字母顺序排列，分别为《五车韵府》和《英汉字典》。该字典有许多独创之处，其中之一是挑战中国传统字典编纂仅从经典古籍收录实例的传统，收录了大量的汉语口语表达。此举开口语引用之先河，极大地影响了词典的编纂，并为中国学习者提供了除文言之外的汉语日常表达来源。就内容和长度而言，《华英字典》的第一部分即《字典》最为重要。《字典》共有600多条汉语口语句例，涵盖了从日常生活到经典书籍的各个方面，生动展现了古人的生活，充满了趣味性。

　　迄今有关马礼逊字典的研究中，杨琳（2019）和徐时仪（2016）从编纂的角度阐明了《华英字典》的意义；夏晨（2019）和邓联健（2019）整体分析了该字典的翻译方法；朱凤（2005）研究了该字典所收录的大量成语和谚语。然而，却少有学

---

[1] 2016级翻译专业学生；邮箱：1076020481@qq.com；指导教师：邓联健教授。

者关注到该字典中包含的汉语口语日常表达以及马氏英译这些语料的方法。马氏的《字典》在吸收前人各种字典优点的基础上，又弥补了它们的缺陷。其收录的口语表达涵盖大量信息，从小说中的对话到日常生活场景的描绘，语料丰富且颇具趣味性。语言与思想文化密不可分。语言形式往往体现了一个民族的文化、思维方式甚至是民族精神。通过研究《字典》中日常用语收录的原因、渠道及其英译方法，可以窥见古代的民风民俗及社会风气，了解古人的思维习惯。此外，对外籍传教士马礼逊学习汉语的经历和经验的梳理，对他所编纂的汉语学习工具书的研究，我们可以多一个观察汉语和中华文化的角度，多一个借鉴汉语传播的途径。

本文主要考察该字典中口语表达的来源和分布，并分析马氏译录口语素材的原因及其所采用的主要英译方法。

2.《字典》对汉语口语表达的收录

19世纪以前，中国文人只崇尚文言文，认为口语表达只为庸俗之人而非博学之人使用，而"雅正的文言要比通俗的白话更具有不朽的价值"（姚达兑，2011：79）。在《字典》之前，中国没有词典收录口语素材。由于有很多词典可供参考，如果马礼逊遵循汉语词典编纂的传统，那将会轻松无比。然而，他拒绝了走捷径，而是费力地通过多渠道收集汉语口语表达。这绝对不是心血来潮，背后必有其深层次的原因。

2.1 收录原因

首先，马礼逊并不认同中国学者所谓的字典应该是什么样以及应该收录什么的观点。与其中国同行相反，在马氏看来，"中国人的俗话并不意味着'粗俗的表达'，只是与仅适合读书人的高雅、古典和晦涩的语言相反，是一种大众的语言"（Morrison，1839b：7）。马礼逊指出，"没有什么能比简单的语言更能传递新思想了。古典的措辞，简洁如文言文，能做的也只是复兴旧思想而已"（Morrison，1839b：7）。语言是思想、观念和政策的载体。如果语言晦涩难懂，无法为广大人民所理解，那么新的思想和措施就无法普及，更谈不上人类全面的进步。"白话之所以重要，是在于其容易承载和传播某种真理话语"（姚达兑，2011：81）。因此，马礼逊认为有必要促进白话文的宣传。这也许是他偏爱口语的最主要原因。用今天的眼光看，"马礼逊能够洞察各个语言的特点，站在客观角度看待各种语言间的差异，这种求实求真的学术态度，非常难能可贵"（杨琳，2019：65）。

其次，字典是一种工具书，其实用性必须得到强调。《字典》主要是根据《康熙字典》和《艺文备览》编译而成。尽管康熙皇帝要求《康熙字典》"无意不释，无音不含"，然而编纂者却"几乎完全忽略了口语"。因此，"仅仅翻译《康熙字典》远不能满足欧洲汉语学习者的需求,《康熙字典》是为中国人而不是外国人所设计的"(Morrison, 1815: X)。他的观点清楚地表明,欧洲学生对中国文化的兴趣不仅在于经典古籍,还在于口语表达。从这方面来说,口语因为富有生动性和即时互动性而比古文更有趣。收集口语表达可以赋予该字典实用性。因此,为了编写一本供外国人使用的汉语词典,马礼逊在每一个汉字下面都罗列了大量体现中国文化的口语句子。

再次,口语还有一个特点——朗朗上口。"很多对汉语学习者某个阶段的学习尤为重要的知识集中蕴藏在口语的特殊结构和语法中"(Morrison, 1839b: 75)。因此,口语在阅读和记忆方面优于文言文。"这部字典所希冀实现的,便不只是向欧洲人宣传和介绍中华文化,更是希望有越来越多的欧洲人学习汉语,以便促进文化的交流。"(李丽, 2018: 85)因口语简明,欧洲的汉语学习者能够从字面上理解口语,这可大大提高跨文化交际的效率。

最后,马礼逊这样做还有另一个原因。在他看来,所有人都是平等的。无论他们是什么阶级,他们都有权受教。在1814年10月2日写给米怜(W. Milne)的信中,他说道:"我现在遇到了一个很大的困难。不是学习普通话,也不是书写,而是被大多数人所理解。"(Morrison, 1839a: 163)19世纪的中国人大多生活穷困,普遍使用方言。马礼逊希望所翻译的《圣经》能够为数百万人所阅读,因此他认为自己必须研究这些口语表达,以便深入理解穷人是如何思考的,更好地完成《圣经》的翻译。

翻译是"译者价值观赋予的过程"(杨剑, 2006: 104)。口语是流行文化的一个缩影。《字典》收录汉语口语表达,不仅说明马礼逊认识到大众文化的重要性,还表明"马礼逊对汉语的感知和认识与汉语母语者有着明显的不同,特别是对文化因素的体验更为敏感"(岳岚, 2011: 88)。

2.2 素材来源

肩负着编纂汉英词典的重任,马礼逊来到中国后阅读并收藏了许多中国经典书籍。在给其同道的信中他写道:"你跟我提到的很多作品我早已收藏,内容包含古典、天文、地理、法律、历史、宗教、解剖学、医学等各个方面,共计1 299卷,外加一些小册子"(Morrison, 1839a: 268)。《马礼逊藏书目录》中的内容同样可以证明他博览群书。马礼逊在编纂词典时参考了这些书目,我们由此可以合理地推断,《字典》中一部分口语素材来源于他的广泛阅读。

马氏在华期间接触的是中国的普通百姓,这些百姓大致可分为三类:

> 第一是中国的官员,包括广州澳门当地的大小官员,以及他随阿美士德使节团到北京时遇见的京官与沿途各省官员。第二是为他工作的华人,包括佣仆、中文教师、抄书人、印刷工匠、信徒,以及他创办的学校的学生。第三类是十三行的行东与伙计、通事、各类店铺的店东或店员、寺庙的和尚等等。(苏精, 2000: 55)

混杂的人群为马礼逊提供了接触各种日常口语表达的机会。在这样的语言环境中，马礼逊可以和平民聊天，耳濡目染地习得汉语口语。即使是与当地人快餐一顿都有助于增进他对汉语的了解。因此，通过日常积累，马礼逊可以搜集到一定数量的汉语口语表达。

同时，马礼逊也明白，除了充分利用所有以往的词典和参考书之外，编写一本词典的最佳方法是得到当地学者的帮助。马氏曾经雇用这些助手来帮助其收集口语素材并明确其含义。《字典》编译工作内容"太过广泛，哪怕是极尽一个人漫长的一生，也难以完善"（Morrison，1839b：X25）。可见，借助中国学者的力量是明智之举，这大大提高了词典的编纂效率。本土学者对口语表达的收集功不可没。

2.3 口语表达统计分析

《华英字典》的第一部即《字典》，无论从内容还是长度来看，都是最重要的部分。因此，本文拟专门讨论《字典》中收集的汉语口语表达。

关于"汉语口语"的定义，著名语言学家赵元任（2018：12）认为，汉语口语是"用非正式发言的那种风格说出来的"。在陈建民（1984：2）看来，它是"人们在现想现说的情况下，借助各种辅助手段的口头语言，基本上是用非正式的讲话风格说出来的"。徐翁宇（1990：7）的观点大体上与陈相同。他指出，口语是"用口头形式（对话或独白），在非正式场合使用的，无准备、无拘束的言语"。在"口语"的三个定义中，一个共同的特点是"在非正式场合下、非正式使用"。因此，通过综合参考这些定义，笔者对"汉语口语"表达给出一个操作定义，即中国百姓在非正式场合的日常交往中所使用的语言。固定表达如习语和谚语不在本文讨论范围内。根据这一定义，《字典》中汉语口语表达的数量为637条，其中第一卷、第二卷和第三卷分别有573条、49条和15条。

口语表达的数量在第一卷中为最，而在第二和第三卷中的则急剧减少。究其原因，乃因在第一卷中，几乎所有的汉字都是常用字，而从第二卷开始生僻字比例显著提高。第二、第三卷中每个汉字下的解释、短语和例句与第一卷相比要少得多，有些汉字甚至没有注释。中国的文人墨客在创作高级文学作品时可能会用到这些生僻字，但这些字太晦涩，超出了大众的认识和理解范围，遑论在日常对话中使用了。因此后两卷中百页难逢一条口语表达。

在这些汉语口语表达中，有573项来自人们的日常生活，涵盖了传统问候、情感表达和事物描写等各方面。其余则引自中国各类作品，其中包括小说如《红楼梦》《三国演义》《好逑传》《五虎平南》《儿女英雄传》《金瓶梅》等，教育书籍如《传家宝》和《景行录》，官方文献如《圣谕广训直解》，中医经典如《千金方》，佛教经典如《五灯会元》等。这些参考资料或多或少都用到白话，尤其是小说，比如用"纯粹的官话写成的典范作品"——《红楼梦》（何群雄，2010：126），和"处于口语与文言的中间状态"的《三国演义》(何群雄，2010：126)。"语料库的广泛来源增加了实际应用，这有利于拓宽学生的视野，提高他们使用语言的能力"(岳兰，2011：89)。特别值得注意的是援引自《红楼梦》的口语表达。有近50句话来自其中的对话，是《字典》语料的重要来源。

3. 翻译原则与方法

虽然翻译并不是马氏来华的首要任务，但是他的翻译活动十分丰富。其翻译领域涉及"儒家典籍和蒙学读物、清廷各级官府文件、各类民间通俗作品和时事报道"(邓联健，2019：92)。马氏根据自己的翻译经验，同时借鉴他人的理论，形成了一套系统的翻译理论，其中他的翻译原则尤为突出。在《字典》的翻译中其综合、灵活地采用了多种翻译方法，包括直译、直译加意译、翻译加注释、逐字译和意译。这些译法都可以在《字典》中汉语口语表达的翻译中看到。

3.1 翻译原则

马礼逊认为，译者的职责有两个方面："第一，准确理解原作的意义，感受原作的精神；其次，翻译版本要忠实、清晰、地道地（另，如果可以的话，优美地）表达原作的感觉和精神"(Morrison，1839b：8)。他会选择常见词而不是罕见的古雅词，并避免使用专业术语。他相信忠实和清晰比优雅更重要，他"宁愿被认为不雅，也不愿难以被人理解"(Morrison，1839b：9)，"因为任何的雅都无法弥补对《圣经》的误解；而略带粗俗的风格却不会破坏《圣经》的意义"(Morrison，1839b：8)。翻译作品的真谛对马礼逊来说至关重要。追求译文的优雅不是译者的义务，而是译者的能力。译者最好有天赋和能力在忠实和普及的原则上优雅地翻译作品,但如果没有，他只需要使译文易于理解即可。不完美的写作风格是可以容忍和忽视的。因此，翻译的必要性在于忠实和明晰。从一定程度上来说，马礼逊的翻译理论体现的是一种折中主义的翻译策略。

其翻译原则可以理解，因为他是为大多数对中国国情和文化好奇的欧洲人翻译作品，而不是针对专家或学者。"他十分清楚，目标读者们其实需要的不是辞藻华丽却可能晦涩难读的花样文章，而是信息丰富、语言明白晓畅的质朴读物"(邓联健，2019：95)。

3.2 翻译方法

3.2.1 直译

直译即准确翻译每个单词，而不是以更自然流畅的方式给出一般含义的翻译，直译是马礼逊最常用的方法。这不难理解，因为马礼逊强调忠实是翻译的最高标准，

"他认为只有直译才能确保译文的忠实、准确,才能保留中文原文的语言风格"(邓联健,2019:95)。在《字典》所收录的所有汉语口语表达中,有一半以上采用直译。以下是一些典型示例:

(1)主意不在我 The decision does not rest with me. (Vol.I: 30)

(2)就把我的心剖一剖 I will now take and lay open my heart to you most fully. (Vol.I: 241)

(3)我是你们眼里的刺 I am a thorn in your eyes. (Vol.II: 649)

(4)凤姐吓一身冷汗出了 Fung-tseay was so frightened that a cold sweat burst forth all over her. (Vol.II: 451)

(5)这是为盗为娼的材料了 This is a material fitted to make a robber or a prostitute. (Vol.I: 654)

(6)我要剥你那层皮下来 I'll flay the skin off you. (Vol.I: 243)

从这些例子,我们可以看出,由于句子结构的相似性以及中英文某些短语的语义对等性,原文和译文基本上可以匹配。例如,"在"在例(1)中,含义等于"rest with","冷汗"在例(4)中,与"cold sweat"所指相同。但是,没有任何解释的直译仍然会造成一些语义上的损失和错误。例如,马礼逊在例(5)中将"材料"、"盗"和"娼"分别直译为"material"、"robber"和"prostitute",而"材料"在这里的意思是"人","盗"和"娼"意指"不良行为和思想极其肮脏、颓废"。对于例(6),其译文非常表面,没有注明中国人会用什么样的语气来说这句话,丢掉了语言的气势。

显然,马礼逊只是翻译了这些词的字面意思,却忽视了对其内在含义的解释,这可能会在一定程度上使字典的使用者感到困惑。诚然,直译可以保留语言风格,但它会撇去隐含意思,这与马氏"准确理解意义,感受原作的精神"(Morrison, 1839b: 8)的初衷相矛盾。因此,直译并不完全可取。其实马礼逊很清楚这个缺点,但他认为如果一个人想要感受一门语言的美和精髓,他就必须亲自阅读原著而不是完全依赖翻译。

为了充分体现汉语表达的特点,在英译这些口语表达时马氏还采用了逐字译这一极端直译的方法。以下是一些典型示例:

(7)左思右想叹一口气道 On the left thinking, on the right considering, he sighed out a mouthful of breath and said. (Vol.I: 425)

(8)每日午时过去至爱朋友处谈谈一回 Daily, at noon go over to some very intimate friends' to chat a while. (Vol.I: 301)

(9)众小厮们已经在外面伺候 All the servant boys were already without side waiting. (Vol.I: 330)

逐字译完美地保留了句子的语序,却可能会导致一些问题。例如,在例(7)中

"左思右想"在汉语中是"反复思考某事",马礼逊仅保留了语言的形式,却没有任何注释。这种译文恐难被外国人理解。在例(8)中,原句并不是祈使句,但译文也没有补充必要的主语,使得译文显得奇怪。因此,仅逐字翻译汉语口语表达更不可能再现汉语的精髓。

3.2.2 意译

对于某些句子,马礼逊采用了意译的方法。

(10)他夫人有喜 His wife is in the family way. (Vol.I: 410)

(11)东不成西不就 Nothing effected; nothing right. (Vol.I: 14)

(12)那个小孩子伶俐应对 That little child is clever, and answers like a flowing stream. (Vol.II: 6)

在例(10)中"有喜"是汉语中的旧式用法,意思是"怀孕"。马礼逊选择了"in the family way"这一传统措辞来表达这个意思。无论形式、意思或隐含意,都可以与源语言对应。例(11)的要点在于"成"和"就",意思是"成功的"。"东"和"西"在这儿的意思是"在各个方面或领域"。马氏没有将它们翻译成字面意思——"东方"和"西方"。对于例(12),马礼逊两次翻译了"伶俐",即"clever"和"like a flowing stream"。前者描述孩子的性格,后者修饰他的行为。

3.2.3 直译加意译

除单独采用直译和意译外,马氏有时还将直译与意译相结合来翻译汉语口语表达。这种方法既保留了汉语的风格,又符合英语的言语规范,可以视为一种平衡方法。兹举三例。

(13)不二价 Not two prices. Every person is charged the same. (Vol.I: 47)

(14)你做了初一,我就要做初二了 Do you do the first, and I'll do the second, is the language of threatening. My conduct will be regulated by yours; as you behave to me, I'll behave to you. (Vol.I: 226)

(15)忽然住了口 Suddenly stopped the mouth; i.e. ceased to speak. (Vol.I: 89)

马氏将直译与意译并置,既能保留原句的形式,又能充分传达其含义。例如,例(14)的意译生动地向我们展示了说话者的态度,从中我们可以直接感受到他的情绪。在例(15)中"住"和"口"一起组成动词短语"住口",意思是"不要说话"。如果马礼逊只是逐字翻译,就会变成"停下嘴巴",英语读者可能会感到困惑。因此,直译和意译相结合更适合中英文之间的语言和文化转换。

3.2.4 翻译加注释

"由于中英两种文化背景、思维方式和语言表达的巨大差别,有时纯粹的直译无法做到正确清晰地传达原文意义"(李伟芳,2015:89)。因此,马礼逊有时会采用在直译基础上加注的策略,以提供相关的背景知识或语义来源,帮助其读者更好地理解字典释义。具体而言,"翻译加注释"是指在翻译完句子后加一个额外的解释。以下是一些示例:

(16)放屁 To let out wind backwards, to fart; applied in vulgar abuse to what another person says; as is also Kow pe 狗屁 a dog's fart. (Vol.I: 17)

(17)坐一乘亮轿 Sat in a open chair. Is a chair without any covering for the head, and which is carried on men's shoulder. (Vol.I: 57)

(18)你随便 Follow your own convenience; do as you please. It is understood well or ill, according to the temper and tone in which it is uttered. (Vol.I: 109)

(19)一天买一升一斗的米 To buy a Shing or a Tow of rice per day, implies poverty. (Vol.I: 301)

该方法呈现了口语表达的外壳,并阐释了汉语表达的一些独特文化意义。就像在例(17)中马礼逊解释了"亮轿"的含义,以便英语读者能够理解。关于例(16)中的"放屁"和例(18)中的"你随便",马礼逊的注释介绍了如何使用以及在什么样的语境下使用它们。例(19),他解释了这一做法的隐含之意。

需要指出,马礼逊对汉语口语表达的翻译存在一些明显的错误之处。例如,他将"这句话可圈可点"译为"Should this sentence be marked with a round period or a sharp pointed dot(这句话该用圆圈还是尖点标记出来呢?)"(Vol.I: 469),将"他好字画"译为"He writes and draws well(他写字和画画都很好)"(Vol.I: 718),将"另有主意"译成"At another time, a decision will be given"(在另一个时间会有另一个决定)(Vol.I: 348)。上述误译再次说明,只是照搬原文字面意义,有时远不能表达出句子的隐含之意。但这些错误是可以理解和原谅的,因为毕竟马礼逊是在来华不久后就着手编纂《字典》的。

总之,根据他的翻译原则,对于不同风格和语境的句子,马礼逊在汉语口语表达的翻译中采用了多种翻译方法。直译法运用最多,因为它具备忠实和简洁的特点,而这也符合马礼逊对译文能够重现源语言风格和精髓的期待。此外,直译加意译、翻译加注释也经常使用,但较少单独使用意译。无论马礼逊采用何种翻译方法,都包含着他的思考,体现出那个时代罕见的中英翻译才能。

4. 结论

作为历史上第一部汉英英汉词典,《华英字典》在多个方面为汉英双语辞书编纂树立了榜样。马礼逊首次在字典中收录汉语口语表达,打破了中国辞书仅从经籍收录内容的传统,显示了马氏的远见和睿智。虽然马礼逊汉语知识和中国文化修养有限,甚至称不上是一名专业的翻译家,但他根据自己的翻译原则,在翻译《字典》中的汉语口语例句时运用了多样化的翻译方法，首次将中国民间的鲜活表达呈现给西方读者，为中国文化西传做出了重要贡献。

参考文献

[1] Barrett T H. A Bicentenary in Robert Morrison's Scholarship on China and His Significance for Today [J]. *The Royal Asiatic Society.* 2015, 25 (4): 705–716.

[2] Morrison, E A. *Memoirs of the Life and Labours of Robert Morrison:* Vol.1 [M]. London: Longman, Orme, Brown, and Longmans, 1839a.

[3] Morrison E A. *Memoirs of the Life and Labours of Robert Morrison:* Vol.2 [M]. London: Longman, Orme, Brown, and Longmans, 1839b.

[4] Morrison R. *A Dictionary of the Chinese Language* [M]. Macao: East India Company's Press, 1819–1823.

[5] 陈建民. 汉语口语 [M]. 北京：北京出版社，1984.

[6] 邓联健. 翻译家马礼逊汉籍英译事业评述 [J]. 外语教学，2019（6）：92–97.

[7] 何群雄，阮星，郑梦娟. 19 世纪基督教新教传教士的汉语语法学研究：以艾约瑟为例 [J]. 长江学术，2010（1）：124–131.

[8] 李伟芳. 马礼逊《华英字典》日常用语和俗语收译研究 [J]. 跨语言文化研究，2015（0）：85–92.

[9] 李丽. 马礼逊《华英字典》及其对中华文化的解读与呈现 [J]. 国际汉语教学研究，2018（1）：83–90.

[10] 苏精. 马礼逊与中文印刷出版 [M]. 台北：学生书局，2000.

[11] 王雪娇. 从马礼逊《华英字典》看《红楼梦》在英语世界的早期传播 [J]. 红楼梦学刊，2013（4）：309–325.

[12] 王燕. 作为海外汉语教材的《红楼梦》：评《红楼梦》在西方的早期传播 [J]. 红楼梦学刊，2009（6）：310–315.

[13] 徐翁宇. 俄语口语语法概论 [M]. 上海：上海外语教育出版社，1990.

[14] 岳岚. 新教传教士第一部汉语口语教材：马礼逊的《汉语对话和散句》刍议 [J]. 国际汉语教育，2011（3）：86–90.

[15] 杨琳. 马礼逊《华英字典》编纂及启示 [J]. 南昌师范学院学报，2019，40（4）：64–67.

[16] 杨剑. 论翻译价值取向 [J]. 黑龙江社会科学，2006（6）：140–142.

[17] 姚达兑. 圣书与白话：《圣谕》俗解和一种现代白话的夭折 [J]. 同济大学学报，2012（1）：79–88.

[18] 赵元任. 汉语口语语法 [M]. 北京：商务印书馆，2018.

近代英文农业文献汉译反思：
以《中国及非洲甘蔗论文集》为例

聂晨啸[1]

摘　要： 将1857年出版的《中国及非洲甘蔗论文集》译入中文，一方面可弥补中文相关史料之不足，另一方面可裨益中美早期农业交流史研究。本文以该书第一章的翻译为基础，对词、句、篇三个层面翻译难点进行案例分析，探讨对于此类型文本可行的翻译技巧。词汇层面具体涉及专名和术语、多义词、原文错误。句子层面涉及长难句和特殊复杂句。语篇层面涉及语篇连贯性和语篇意识问题。

关键词： 学术文本；交际翻译；《中国及非洲甘蔗论文集》

1. 引言

亨利·斯蒂尔·奥尔科特（Henry. Steel Olcott）是美国农学家，其《中国及非洲甘蔗论文集》(*Sorgho and Imphee, the Chinese and African Sugar Canes*) 首次出版于1857年，是一部关于中国和非洲甘蔗的起源、品种和栽培的著作。书中探讨了甘蔗作为饲料作物的价值，以及用它们制造糖、糖浆、酒精、葡萄酒、啤酒、苹果酒、醋、淀粉和染料的方法。文集第一章主要介绍两种不同的糖料作物——中国甘蔗与非洲甜高粱。作者简述中国甘蔗与非洲甜高粱的种植、传播、培育历史，对将这两种作物引入欧洲种植的有关人士进行评价，最后呼吁本国农民积极种植外来作物，其中包含大量有关中国甘蔗的史实。根据在亚马逊网站的检索结果，本论文集在过去十年里多次重印，说明它在西方仍然受到很大的关注。同时，该文集目前尚未有中文版本，在中国知网以 *Sorgho and Imphee, the Chinese and African Sugar Canes* 为主题进行"参考文献"检索，查无结果；以同样的主题进行全文检索，仅得一条结果。由此可以说明，国内几乎无人关注该文集。《中国及非洲甘蔗论文集》作为一部对中国甘蔗各个方面进行详尽论述的文集，在西方受到重视，在国内却长期被忽视。将其译入中文，一方面可弥补中文相关史料之不足，为国内研究19世纪中国甘蔗种植状况和技术水平提供参考；另一方面，中译本对于研究中美早期农业交流史，特别是中国甘蔗种植、加工技术海外传播情况，更是具有不可替代的意义。

"科技英语的显著特征是重叙事逻辑上的连贯及表达上的明晰与畅达；避免行文

---

[1] 2018级翻译专业学生；邮箱：1165319839@qq.com。

晦涩，作者避免表露个人感情，避免论证上的主观随意性。"（刘宓庆，1998：33）作为科技型文本的一种，源文本也具备以上特征。此外，源文本专业性较强，翻译难度较高，主要表现为两点：第一，包含大量术语和专名。原文作者研究甘蔗在中国和非洲的传播历史，并介绍当时做出杰出贡献的实验者，不可避免地涉及大量的人物和不常见的地名。第二，语言正式且严谨。在词汇层面，整部作品包含大量的名词结构；在句法层面，原文中有许多长难句，也有大量复杂的从句结构，作为科技型文本特点的被动结构也频繁出现。因此译者在翻译时需要着重保证意义传递准确无误，译文简洁易懂，行文逻辑严谨通顺。有鉴于此，本文针对《中国及非洲甘蔗论文集》第一章汉译在词汇、句法、语篇三个层面的难点进行案例分析，探讨近代英文农业文献在这三个层面上的语言特点，寻求可行的翻译技巧，以期为同类型的翻译实践提供借鉴。

2. 词汇层面

在词汇层面，源文本的难点主要体现在两个方面，其一为专名和术语的翻译，其二为多义词的翻译。笔者对这两方面的内容进行案例分析，以寻得可行的解决方法。

2.1 专名和术语的汉译

如杨春华（1986：20–22）所言，译者在翻译术语时经常犯错误。很多术语既没有字典可以查找，也没有统一的规则可以遵循，通常只能通过译者积累的材料和知识来解决。如果这些术语是一些药物名称或重要的工程名称，则其名称的准确性将产生更大的影响。《中国及非洲甘蔗论文集》作为英文农业文献，包含大量的专名和术语，有历史人物的名字，如"Father Du Halde"；有机构名称，如"Vilmorin, Andrieux, & Co."；有物种名，如"imphee""Chinese sugar cane"等。这些专名有的已有特定的汉译，有的则几乎未见于中文文献，因此需要译者区别对待，谨慎处理。

例（1）：**Vilmorin, Andrieux, & Co.**, seed merchants at Paris

译文：巴黎的**威马种业公司**

初看原文，根据公司名称的一般翻译原则，我们很容易将加粗部分直接译成"维莫林安德烈公司"。然而，如果在互联网上进行检索，很容易发现 Vilmorin, Andrieux, & Co. 已经有了中文名称"威马种业公司"，正确的译文由此而确定。

例（2）：It is supposed by **Dr. Sicard** that this is the same plant which has been brought to Europe. **Leon de Rosny**, a distinguished philologist of France, … speaks as follows concerning the Chinese Sugar Cane or Sorgho.

译文：**西卡尔**（Sicard）博士认为这种甘蔗就是当年被带到欧洲的作物。法国杰出的文献学者**莱昂·戴罗斯尼**（Leon de Rosny）就中国甘蔗和中国甜高粱做出了以下评论。

按照杨春华（1986）提出的人名翻译方法，译者首先要查询《世界名人录》《当代国际人物词典》等书籍，如果找不到任何结果，就要遵循"名从主人"的原则，根据语言特点和拼音规律进行翻译。本例中，笔者在查阅了各种资料后，没有发现任何现存的中文译文，因此遵循了"名从主人"的原则，即译名需要根据原名本来的实际读音，选用与该读音尽可能贴近而意思得当的汉字来转写。根据上下文，本例涉及的人物均为法国人，因此不能根据英文发音将之翻译为"西卡德"或"里昂·德·罗斯尼"，而是遵循法语发音规则，将它们分别翻译成"西卡尔"和"莱昂·戴罗斯尼"。

例（3）: Somewhat later Mr. Leonard Wray gave to it the name of **Imphee**.

译文：一段时间后，伦纳德·雷先生将它命名为**非洲甜高粱 Imphee**。

本例中的 Imphee 是作物名，但没有任何现成的中文翻译。根据周煦良（1980）的说法，当我们翻译英语术语时，不能简单地复制源文本，而是要么音译，要么意译，要么两者兼顾。出于对交际翻译策略的考量，笔者选择翻译该术语的含义。根据源文本的上下文，Imphee 指的是非洲东南海岸的一种甜高粱，因此笔者将之译为"非洲甜高粱"，并附上英文名称以供参考。

例（4）: His labors were rewarded by a plant of good size, strong and vigorous, from the roots of which sprang up six **ratoons** or **suckers**.

译文：罗伯特先生的努力得到了回报——种子长成了一株健壮的植物。**将植物的茎截去后**，根部又长出了六根**新苗**。

本句中 ratoon 一词为园艺术语，在该专业相关书籍中常被翻译成"截根苗"，但中国普通读者很难理解"截根苗"的含义。维基词典中，ratoon 的定义为："一种收获作物的方法，即保留作物的根部和下半部分，以产生截根苗。"根据 Peter Newmark（Newmark, 2001: 46）的观点，在一个信息型文本中，对于包含建议、说明、价值判断等部分的内容，译者应采取交际翻译的策略。因此，笔者在译文中加入了必要的解释，以帮助目标读者更好地理解文本。

基于以上案例，我们可以得出结论：在翻译英文农业文献中的专有名词和术语时，我们应该首先寻找现有的译文。如果没有约定俗成、广为接受的译词，则自行翻译。自行翻译时坚持以下原则：对于人名，坚持"名从主人"原则；对于专有名词和术语，选择音译或者翻译其含义，并做适当的解释补充，以便它们能更好地被目标读者理解。

2.2 多义词的汉译

多义词虽同时具有多个含义，但在特定的上下文中，通常只有一种含义，因此翻译者通常可以通过上下文确定其意义。（谷吉梅，2018: 88-94）基于这一观点，笔者通过以下实例总结多义词的翻译方法。

例（5）: That mysterious country whose name it bears, and whose agricultural products are only by slow degrees **being placed in the possession of** the civilized nations of the world.

译文：过了很长时间，世界上的文明国家才渐渐**知晓**那个国家的名字，才逐渐**拥有**那个国家的农产品。

根据通常的翻译规则，诸如"take the possession of"或"in the possession of"之类的名词结构可以翻译为"拥有"。（李丙午、燕静敏，2002）但根据上下文，一个国家显然不能"拥有"另一个国家的名字。因此，笔者在这里将一句话分为两句。在前一句中，"in the possession of"结构被处理为"知晓"；在后一句中，该结构被译作"拥有"。此例中对于多义词的"一词二译"方法，可以有效避免翻译中的逻辑问题。

例（6）: It is a curious instance of how upon the slightest **thread** depend most momentous results when we consider that, of the package of seeds sent by the Count de Montigny to the Geographical Society of Paris, one only, one single seed, germinated in a garden at Toulon.

译文：这是一个奇妙的例证，证明了影响最深远的结果也依赖于**最偶然的事件**。如果我们仔细回顾，就会发现，在蒙蒂尼先生寄给巴黎地理学会的一包种子中，仅仅有一粒在土伦的花园中发芽。

"thread"作为名词，具有以下几个常见的含义：一、用于缝纫或制作布料的棉、羊毛、丝绸等细线；二、线索，脉络，思绪，贯穿的主线；三、线状物，细细的一条。根据上下文，我们可以发现"thread"被作者用来强调"甘蔗传到欧洲是一个巧合"。因此，笔者做了一些调整，将"thread"翻译成"最偶然的事件"。

基于前面的示例，我们可以总结出翻译多义词的方法。即了解单词的所有释义，并根据上下文选择合适的释义。如果字典中某个单词的所有定义都不适合上下文，我们可以进行适当的调整，以确保译文的自然连贯。

2.3　处理原文错误的方法

我们发现，源文本中有时候存在错误表述。兹举二例。

例（7）: Leon de Rosny speaks as follows concerning the **Chinese Sugar Cane** or **Sorgho**.

译文：莱昂·戴罗斯尼就**中国甘蔗**＊做出了以下评论。

例（8）: the work was published by him in 1854, under the title of "Researches upon the **sorgho** Sucre or **Chinese Sugar Cane**."

译文：他在1854年发布了该作品，作品名为《**中国蔗糖研究**》＊。

　　＊原文作者似乎混淆了中国甘蔗与甜高粱两种作物。

"Chinese Sugar Cane"和"sorgho"这两个术语在源文本中多次被提及。根据字典释义，前者的意思是"中国甘蔗"，而后者，根据柯林斯词典，意为"甜高粱"（一种含有甜味汁水的高粱，通常作为饲料、青贮饲料或糖料作物种植）。在原文中，作者多次用"Sorgho"代替"Chinese Sugar Cane"或用"Chinese Sugar Cane"代替"Sorgho"，这一点在例（7）和例（8）中尤为明显。所以，笔者认为，原文作者可能混淆了中国甘蔗和甜高粱这两种不同的作物。换言之，原文作者犯了一个错误。李长栓（2004）指出，对于源文本中的错误，译者可以纠正错误并在翻译中附上解释，或者将错误照样译出并添加解释，或者直接翻译，不加解释。最好的处理办法，是指出并更正源文本中的错误。因此，为了方便中文读者理解，笔者将所有混淆的Sorgho翻译成"中国甘蔗"，并在翻译后加注，指出源文本中的错误。

基于以上案例，译者在面对源文本错误时，首先应当结合相关资料进行确认，若错误确实存在，则应当纠正错误并在译文后添加注释。

3. 句法层面

源文本作为科技文本，包含大量的长难句和复杂句，它们均为科技文本中普遍的翻译难点。笔者拟基于以下案例，寻求解决以上难点的方法。

3.1 长难句的汉译

对于长难句，笔者认为党争胜（2006）提出的结构分析翻译法具有重要的参考价值。其翻译方法为：第一步，把握句子主干；第二步，移除所有插入语；第三步，找出各分句的动词；第四步，以若干个意群组为单位对全句进行句意分析从而译出一些独立的汉语句子，同时把插入语也作为一个意群进行翻译；第五步，分析每一个意群；第六步，合并所有意群，把握句子的整体含义，摆脱原文束缚，按照汉语规范写出最终翻译结果。笔者参考这一方法，分析以下长难句的翻译处理。

例（9）：Its first appearance in Europe dates back no further than the year 1851, at which time the Count de Montigny, being at that time Consul of France at Shanghai, in China, sent, in compliance with official request, to the Geographical Society of Paris, a collection of plants and seeds which he found in China, and which he thought would succeed in his own country.

第一步，抓住句子主干，即"its appearance dates back earlier than 1851"；第二步，移除所有插入成分；第三步，定位各分句动词："sent""found""thought"；第四步，分别翻译所有从句和插入成分。

句1：甘蔗在欧洲的首次亮相可以追溯到1851年

句2：德·蒙蒂尼伯爵（Count de Montigny），向巴黎地理学会发送了一系列植物和种子

句3：他在中国发现了这些植物和种子
句4：认为这些植物和种子将在他自己的国家取得成功
插入成分1：法国驻中国上海领事
插入成分2：根据官方要求

最后，重组意群，将整句译成中文，同时保证译文符合中文语用习惯。于是得到如下译文。

译文：甘蔗在欧洲的首次亮相可以追溯到1851年，当时法国驻中国上海领事德·蒙蒂尼伯爵（Count de Montigny）根据官方要求，向巴黎地理学会发送了一系列植物和种子。他在中国发现了这些植物和种子，认为这些植物和种子将在他自己的国家取得成功。

基于以上例子，我们可以初步总结翻译长难句的方法。首先，将句子分成主干和插入成分；其次，将两者分别翻译；最后，重组整个结构。除去这三个步骤，译者还需要更加关注两个方面，即对整句含义的把握和译文的连贯性。

3.2 个别复杂句的译法

奈达的功能对等翻译观认为："译文的读者应该能够和原文的读者一样理解和欣赏译文。"（Nida，1993：118）科技文本的写作目的是向公众介绍科学知识，所以译者也有义务保证译文贴近读者，清晰易懂。

例（10）：With these historical facts in view, how shall we be authorized in the assertion that the Chinese Sugar Cane should have of right been known to us before?

译文：鉴于这些历史事实，我们应当明白，过去我们不知道甘蔗的存在，这是很正常的。

如果对原句后一个分句进行直译，译文将是"我们怎么能有权力断言，中国甘蔗在过去就为我们所知呢？"。这样的翻译不仅不符合中文多短句的特点，更重要的是不利于读者迅速理解其含义。所以，笔者选择抛开原句结构，使用简单的陈述句，直接向读者传递句意，即"过去我们不知道甘蔗存在，这是很正常的"。这样一来，我们相信目标读者可以获得与源语读者相同的理解和感受。

例（11）：The introducer of each plant may be duly credited without in the least depriving the other of appropriate honor.

译文：两种植物的引入者各有功劳，无须厚此薄彼。

稍做分析，我们就很容易理解原句含义，即"他们都有功劳，没有必要剥夺其中一人的荣誉"。然而，中文里有一个非常恰当的表达，即"厚此薄彼"。所以，为了遵循交际翻译为主的策略，笔者决定以之为译文，以更符合中国读者的习惯，并稍增添译文文采。

4. 语篇层面

根据许宏（2003）的观点，翻译的质量在很大程度上取决于译者是否把译文看作一个整体，即译者是否有语篇意识。译者的语篇意识在很多方面都有体现，最为突出的，就是译文中衔接手段的运用。

源文本在语篇层面主要有两个难点。第一，有时指代不明。在源文本中，作者频繁使用"it"等代词，然而这些代词所指代的对象有时并不清晰。在翻译过程中，笔者必须明确代词所指的对象，否则翻译就会含混不清，并可能发生误解。第二，句子之间有时缺乏语义连贯性。源文本中的一些复合句过于零碎，如果不适当增补连接词，读者将很难理解其逻辑关系。

4.1 强化语篇连贯性的方法

例（12）：Whilst **it** was in course of publication, I corresponded with persons in different parts of the United States, desiring to call their attention to its merits.

译文：在译本出版过程中，我与美国不同地区的人们通信，希望能让他们认识到它的优点。

在原文的前一段中，作者已经明确提到，他已经将 Vilmorin 的《甜高粱糖研究》一书翻译成英文。此句中的"it"，所指即为英文版《甜高粱糖研究》一书。所以在这种情况下，代词"it"译成实词"译本"当为恰切译法。

例（13）：The learned Dr. Turel, Secretary of the Cornice of Toulon—struck with astonishment at the wonderful results which the sorgho can give in alcoholic products, its vast importance as filling a void made by the failure of the grape crop, and the governmental prohibition of the distillation of cereals—even goes so far as to claim that to the Count de Mortigny is due as much honor as is awarded to Jenner for his glorious discovery of Vaccination.

译文：博学的土伦市秘书图雷尔博士（Dr. Turel）为甘蔗的优点惊诧不已，**因为**甘蔗能够产出酒精，**从而**填补葡萄作物歉收和政府禁止谷物酿酒造成的酒精空缺。**所以**，图雷尔博士高度评价蒙蒂尼伯爵，甚至认为蒙蒂尼伯爵的荣耀能够同发明接种免疫法的爱德华·加纳相媲美。

该句可以拆分为四个意群：（1）图雷尔博士高度赞扬蒙蒂尼伯爵；（2）图雷尔博士对甘蔗的优点感到惊讶；（3）甘蔗能产生酒精；（4）甘蔗能填补酒精缺口。但是，源文本中缺少明显的连接词，如果仅仅是直译，不做任何增补，目标读者将会对句意感到费解。通过仔细观察句间关系，可以发现意群（2）、（3）和（4）与意群（1）有因果关系，意群（2）和（3）存在因果关系，意群（3）和（4）也存在因果关系。因此，笔者在译文中增加了逻辑连接词"因为""从而""所以"，加强了逻辑关系，便于目标读者理解。

4.2 借用语篇意识帮助翻译

朱长河、朱永生（2011：35）认为，语篇是人们为传递信息而实际使用的自然语言，是一个意义上连贯的整体，通常由两个以上的句子构成。因此，通过提高语篇意识，我们可以精进原文理解，翻译一些难度较高的句子。

例（14）：The treatises on agriculture, and various other works, in the Chinese and Egyptian department of the Imperial Library, contain several chapters exclusively upon the sorghos; but their authors do not seem to have divided the varieties in such a manner as to make them correspond with those which we recognize in Europe. Besides the common Chinese and Japanese names, **sorgho is attached successively to other graminea which should not be, according to our system, embraced in this species.**

本段最后一句话句子结构复杂，且含有"graminea""embrace""species"等术语，导致我们很难掌握其正确的含义。不过，由于语篇的意义是连贯的，我们可以首先掌握整个语境的整体含义，即"中国和埃及的作者使用了不同于欧洲的分类方法"。基于整体意义，我们可以抛开"graminea"、"embrace"和"species"之间复杂的生物学关系，用更简单的句子传达原本的含义。

译文：在帝国图书馆的中国和埃及部，有一些农业等领域的专著，这些书中有些章节专门介绍了甜高粱。但是各书的作者似乎没有按照和欧洲同样的分类方法，导致它们与我们在欧洲认识的品种不对应。除了通用的中文和日文名字，甜高粱被归在禾本科之下，但依照我们的体系，**这种分类方法是错误的。**

上述例证表明，在翻译农业文献时保持语篇意识至关重要。一方面，由于农业文献属于科技型文本，语篇的逻辑链条须清晰而完整，译者应当灵活运用多种技巧，如增补实词、增补连接词等，保证语篇层面上的连贯；另一方面，深入把握语篇，有助于译者理解原作者的意图，精进译文质量，最终提高整个翻译工作的水平。

5. 结语

基于上文的分析，笔者总结出关于近代英文农业技术文献汉译的三点经验。第一，译前准备工作必须做好。翻译材料属于科技型文本，其中频繁出现专有名词、历史人名和地名。因此，除必要的基本翻译方法准备外，须对背景知识进行全面调查，了解各类术语的翻译标准。同时需要准备纸质词典、电子词典、网络资源等各种工具，特别是当原文可能存在错误表述时，反复的查阅求证是纠正原作错误的关键。第二，译者必须对初稿进行反复审阅、修改和润色。有时需要运用多种渠道检查存在疑问的术语，反复检查和修改错译和漏译的部分，反复揣摩译文是否自然流畅。第三，灵活应用翻译策略和方法至关重要。在翻译过程中，译者必须综合考虑文章的实际案例、语境、背景、作者的意图，灵活运用翻译方法和策略。

参考文献

[1] Nida E A. *Language, Culture, and Translating* [M]. 上海：上海外语教育出版社，1993.
[2] Newmark P. *Approaches to Translation* [M]. 上海：上海外语教育出版社，2001.
[3] 党争胜. 结构分析翻译法初探：浅论英语长句的汉译 [J]. 外语教学，2006，27（4）：64–66.
[4] 谷吉梅. 英汉互译中多义词语义选择的制约因素：以"change"的汉译为例 [J]. 华东理工大学学报（社会科学版），2018，33（6）：88–94.
[5] 李丙午，燕静敏. 科技英语的名词化结构及其翻译 [J]. 中国科技翻译，2002，15（1）：5–7.
[6] 李长栓. 原文错误的识别与翻译方法 [J]. 上海科技翻译，2004（2）：26–27.
[7] 刘宓庆. 文体与翻译 [M]. 北京：中国对外翻译出版公司，1998.
[8] 许宏. 衔接手段与汉译英译文质量 [J]. 解放军外国语学院学报，2003，26（1）：63–67.
[9] 杨春华. 试谈专名的翻译 [J]. 中国翻译，1986（2）：20–22.
[10] 周煦良. 略论地名、人名的翻译 [J]. 外国语，1980（5）：31–33.
[11] 朱长河，朱永生. 认知语篇学 [J]. 外语学刊，2011（2）：35–39.

《中国评论》与中国历史著作英译

于思林 [1]

摘　要：《中国评论》被认为是西方世界第一份真正的汉学期刊，该刊所载《史记》《汉书》《三国志》《周书》等历史著作英译本在西方汉籍翻译史上地位较高。本文系统梳理《中国评论》所刊中国历史著作英译本，考察其中的代表性译本，归纳其翻译策略、翻译方法，特别是历史文化负载词的翻译。研究发现，多数译者采用归化策略以迎合西方读者的阅读习惯，但也有部分内容更侧重于"异"的表现。本文同时对西方译者所支持的评价标准和价值取向做出尝试性探索，发现他们注重对中国社会的深层次展现，并挖掘出中国历史典籍背后隐藏的道德伦理教化功能，表达了对中国古代人生修养境界的向往。

关键词：《中国评论》；英译；翻译策略；中国历史著作

1. 引言

　　《中国评论》（*China Review*）于晚清在香港出版，它是西方世界中首本以汉学研究为主的期刊，也是19世纪后半叶"侨居地汉学"的重要代表。以往学术界对《中国评论》的研究主要集中在中国文化研究、法律文本研究以及汉语语言研究等方面，而对其中的英译研究也同样侧重于特定的领域，如文学经典翻译研究。此前的部分研究对该刊所引用的中国经典文学著作进行了统计，并对一些方面做出较为简单的评论。法国著名汉学家高第（Henri Cordier）将《中国评论》中发表的近代汉学家专著和书评收录在其编纂的《中国书目》（*Bibliotheca Sinica*）中，促进了西方对汉学的认识和研究。日本学者石田干之助（Ishida Ozuke）在其所著《欧人之汉学研究》（*Sinology Study of Europeans*）中也对《中国评论》做了简要介绍。可以看出，20世纪中叶以前，对《中国评论》的研究主要限于编目和简单介绍等基础研究，缺乏专门详尽的考察。2006年，段怀清、周伶俐的《〈中国评论〉与晚清中英文学交流》出版，本书论述了《中国评论》与中国文学的关系。全文分为序和专论两部分。引言部分介绍了《中国评论》和晚清的中英文学交流，论述了维多利亚时代汉学家解读中国的动机，并对《中国评论》中发表的中国文学、中国小说、中国诗歌、中国民间文学和中国戏剧进行了分析和阐释。该书的专论主要介绍了汉学家和中国文学，并详细讨论了中文著作的译本和翻译的代表人物。（段怀清、周伶俐，2006：

---

[1]　2017级翻译专业；邮箱：937549288@qq.com。

35）2010 年，王国强在其《〈中国评论〉(1872—1901) 与西方汉学》中对《中国评论》中的汉学研究做了详尽介绍。该书第三章对《中国评论》的中文书籍英译本进行了精确统计。（王国强，2010：20）遗憾的是，目前仍缺乏对该期刊内中国历史著作的英译本研究。因此，本文拟全面系统地考察《中国评论》译录中国历史典籍情形，尝试弥补这一缺憾。

2.《中国评论》对中国历史典籍的译录

在 19 世纪，为了加强对东方的殖民扩张，西方国家重视对亚洲国家的了解和考察，这催生了一批以中国和亚洲为主题的英文期刊，《中国评论》为其重要代表。

2.1 《中国评论》简介

《中国评论》是一本综合性的英文汉学杂志，于晚清时期在香港出版。存续时间从 1872 年 7 月到 1901 年 6 月，历时 29 年，共出版 25 卷 150 期。该刊是一本具有学术性和信息性的综合性杂志，内容极其丰富。其虽然也涉及日本、朝鲜等东方国家和地区的内容，但所占比例很小。因此，它主要是一本关注中国的杂志。其出版的主要内容包括以下四个方面：一是中国的语言文学。《中国评论》十分重视汉语研究，涵盖了一般理论、比较研究、词典学、汉语方言等方面。同时，西方人对中国丰富的文学作品有着浓厚的兴趣。历史经典、小说和诗歌已经成为西方人了解中国的重要媒介。二是中国的科学与艺术。中国古代科学因其注重实践而引起西方的注意。中国古典艺术源远流长、风格鲜明，在世界艺术史上独树一帜，它的独特魅力不断吸引着西方世界的目光。三是中国的风俗习惯。在中西文化交流中，风俗习惯作为一个民族文化形态的象征，已成为西方人了解一个民族的重要载体。四是中国的历史地理。西方人仍然缺乏对中国历史地理的了解。因此，中国历史地理知识的介绍成为其中内容的一个重要组成部分。

2.2 译录中国历史典籍特点

晚清来华的传教士、外交家等"业余汉学家"对中国历史典籍十分重视，对这些典籍的译介成为《中国评论》的重要组成部分。

期刊具有即时和快速流通的特点。《中国评论》杂志充分发挥这一优势，较好地弥补了此前中国历史典籍难以得到完整翻译的缺憾，许多在华西人通过节译、缩译、编译等方法，让大量中国历史著作进入西方读者的视野。据我们统计，《中国评论》共译录《史记》《汉书》《三国志》《周书》《北史》《隋书》《旧唐书》《新唐书》《元史》《明史》等 10 部正史，其中有关历史的专文及释疑内容为 193 篇，见表 1。

表1《中国评论》所载中国历史典籍英译一览表

原著名	英译名	译者	卷/期/页
《元史·爪哇传》	The Expedition of the Mogols Against Java in 1293 A. D	W.P. Groeneveldt	vol. 4 (4), 1875: 246-254
《明史》	Chinese Intercourse with the Countries of Central and Western Asia during the Fifteenth Century	E. Bretschneider	vol. 5(1), 1876: 13-40; vol. 5(2), 1876: 109-132; vol.5(3),1876: 165-182; vol. 5(4), 1877: 227-241
《史记·大宛列传》	Names of Western Countries in the Shiki	J. Edkins	vol. 13(4), 1885:251-255
《汉书·艺文志》	The History of Chinese Literature, illustrated by Literal Translations from Chinese Texts	E.J. Eitel	vol. 15(2), 1886:90-96
《后汉书》《魏书》《魏志》	The History of the Wu-wan or Wu-hwan Tunguses of the First Century. Followed by that of their Kinsmen the Sien-pi	E.H. Parker	vol. 20(2), 1892:71-100
《汉书》卷94（匈奴传）	The Turko-Scythian Tribes	E.H. Parker	vol. 20(1), 1892:1-24; vol. 20(2),1892:109-125; vol. 21(2), 1894: 100-119; vol. 21(3), 1894: 129-137
《后汉书》卷89（南匈奴列传）	Turko- Scythian Tribes—After Han Dynasty	E.H. Parker	vol. 21(4), 1895:253-267; vol. 21(5), 1895:291-301
《周书》卷50	The Early Turks. (From the CHOU SHU)	E.H. Parker	vol. 24(3), 1899:120-130
《北史》卷99《隋书》卷84	The Early Turks. - (From the PEH SHI and SUI SHU)	E.H. Parker	vol. 24(4), 1900:163-172
《新唐书》列传第25	The Early Turks. - (From the TANG SHU)	E.H. Parker	vol. 24(5), 1900:227-234
《旧唐书·回纥传》	The Early Turks, - Part IV. (From the Old Tang Shu)	E.H. Parker	vol. 25(4), 1901:163-174
《旧唐书·回纥传》《新唐书·回鹘传》	The Early Turks, -Part V. (From the Old Tang Shu, and the New Tang Shu)	E.H. Parker	vol. 25(6), 1901:265-271

《中国评论》所译录的中国历史典籍，除数量众多外，还具有题材多样、门类齐全的特点。就官方历史书籍而言，该刊物内就包含10本之多。表1说明，《中国评论》所选中国历史典籍不再是明清时期的通俗史书，也不限于《史记》这部在西方已获较高知名度的典籍，而是较广泛涵盖了古代经典史学著作。这些历史文献在中学西传史上具有一定的地位。以《史记·匈奴列传》为例，其译本见诸《中国评论》之前，已有伟烈亚力（Alexander Wylie）的译本于1874年和1875年先后发表在《大不列颠及北爱尔兰民族学研究所学报》（Journal of Institute of Ethnology of Great Britain and Northern Ireland）上，但是翻译质量远未达到专业水平。（Shoshana，2004：87）"原文易于理解的部分，译文也是正确的；然而，对于其中晦涩难懂的内容，大多数译文存在错误。历史学家不会信任这样的翻译。"（Nienhauser，2010：57）在当时的汉学家中，伟烈亚力称得上是博学多闻之士，并且是研究匈奴部落的专家之一。由此可见翻译这部历史经典的难度。1890—1895年，帕克（E. H. Parker）翻译的《史记·匈奴列传》发表于《中国评论》。虽然"它仍然模棱两可，难以理解，与更有组织、更简洁的原文相比相形见绌，后人也因此有责任对其进行重译"（于美晨，2013：10），但较之于此前的伟烈亚力译本已是不小的进步。又如，由葛路耐（W. P. Groeneveldt）翻译的《1293年蒙古人对爪哇的征伐》（The Expedition of the Mongols Against Java），1876年发表于《中国评论》后，时至当代仍被《剑桥中国史第6卷：辽西夏金元史907—1368》（The Cambridge History of China, Vol 6: Alien Regimes and Border States 907–1368）列为参考文献之一。

由于版面的限制，《中国评论》一些篇幅较大的历史典籍译文无法在同一期上发表。因此，该刊常将译本分成几个部分分期连载。例如，《旧唐书》的英译本连载于《中国评论》的第25卷第4期到第25卷第5期。布勒士奈得（E. Bretschneider）所译《十五世纪中国对中亚及西亚邻邦的政策》（Chinese Intercourse with the Countries of Central and Western Asia in the Fifteenth Century）分为四个部分，分别载于《中国评论》第5卷第2期至第4期。这种分期连载方式，使得中国历史典籍的英译本在杂志上发表更为可行，历史典籍的英译本数量也随之大大增加。期刊具有系统性且栏目固定，《中国评论》在发表中国历史典籍的英译本时，通常会设立一个相对明确的主题，将同类译本置于相同主题之下，体现出主题集中系统的优势。

3. 翻译策略与方法

韦努蒂在《译者的隐形：翻译史论》一书中区分了归化和异化两种翻译策略。在《中国评论》译录的中国典籍文本中，不同译者对归化和异化策略均予采用，并且有不同的方法来服务于这两种策略的使用。

3.1 归化策略

韦努蒂发现，大多数英美译者倾向于归化，因为它对译文读者友好。他认为，译者通过归化将英美价值观强加给译文。（Venuti，1995：6–7）然而，由于中英文作品在语言、文化和审美形式上存在着明显的差异，译者为了迎合读者的文化心理和风俗习惯，还需根据原文的表现形式采取不同的翻译方法。

第一种实现归化策略的方法是文化意象的替换。由于社会环境、生活方式和文化传统的差异，不同民族往往会形成自己独特的文化意象。所谓文化意象，是不同民族在漫长的历史长河中形成的一种文化符号，被称为"凝聚各民族智慧，历史文化的结晶"（Hardy，2015：107）。文化意象以简洁的语言传达着深刻而有意义的文化内涵，往往渗透着一个民族的文化特征和思维方式。在文化意象处理方面，《中国评论》中历史典籍的译者有些选择西方文化中相应的意象进行代替。在原意的基础上，译者逐渐向本土文化靠拢。这种翻译策略虽然没有改变句子的原意，却造成了原作中具有民族特色的文化意象的流失，导致了文化信息传递的偏差。如《史记·大宛列传》中"大宛之迹，见自张骞。张骞，汉中人，建元中为郎。"一句译为"Dayuan was discovered by Zhang Qian. Zhang Qian, a native of Hanzhong, served as an official during the Reign of Emperor Wu of the Han Dynasty."（Edkins，1885：15）此处原文中的"郎"，意为"郎官"，郎官是古代官名，古代盖为议郎、中郎、侍郎、郎中等官员的统称。译者艾约瑟（J. Edkins）选择用"official（官员）"一词进行替代，"official"于西方读者而言是其十分熟悉的词汇，虽然翻译后并没有失去原意，但导致了原文中"郎官"一词的文化内涵之缺失。又如《三国志》中"周礼冢人掌公墓之地，凡诸侯居左右以前，卿大夫居后，汉制亦谓之陪陵。"一句译文为"According to the Rites of Zhou, the tomb men were in charge of the national cemetery, and all the princes were buried in the front of the king's tomb on the left and right, while the nobles were buried in the back. The Han system was called accompanying burial."（Parker，1892：33）原文中的"卿大夫"是中国古代文化里特有的身份名称，是西周、春秋时国王及诸侯所分封的臣属。先秦贵族根据嫡庶严谨区分大小宗，由此形成了地位高低不同的贵族。周天子、诸侯、卿大夫、士——此乃贵族的四个等级。汉代分封制瓦解后，除了皇帝（天子）及其家族保留贵族身份外，其余三个等级都变成了平民。译文中"the nobles（贵族）"采用西方文化中现有词汇进行文化意象的替换，简单地从词汇意义对等的层次上说该译文并无差错，但其损失了中国文化特有的文化意蕴，导致读者接收信息的不完全对等。

第二种具体方法是文化的改写。史学翻译不仅关乎语言转换，更涉及深层的文化交流。不同的民族有着不同的发展空间和历史文化，他们的生活方式和民俗仪式展现出了各自的特点。西方译者作为文本与译文之间的中介，常常有选择地改写作品，以满足其读者群的文化心理和文化期待。在翻译过程中，译者经常使用西方的表达习惯，并将西方的语言和生活习惯融入书籍中，使译文更接近西方文明。在中国古代，用以记录时间的符号是十二地支，例如午夜23点至1点为"子时"，午夜1点至3点为"丑时"。然而，这种计时方法对西方读者来说难以理解，因此译者经常将其改写为西方常用的24小时计时方法。例如《史记·匈奴列传》中的"昏"译成"about nine o'clock（大约九点）"，"辰时"翻译成"8 A. M（上午8点）"，"午时"译为"10 A. M（上午10点）"，未时译为"2 P. M（下午2点）"，"二更时分"则译为"about 10 P. M（大约晚上10点）"（Parker，1892：24–30）。在涉及东西方宗教文化的内容上，译者也常对原作中的宗教文化名词进行改写。例如，在《旧唐书·回纥传》中"初，回纥至东京，以贼平，恣行残忍，士女惧之，皆登圣善寺及白马寺二阁以避之。"一句的译文为"When Huihe came back, people were afraid of him because of his ruthless efforts to calm down the rebels. They fled to two big temples to avoid him."（Parker，1900：12–13）从译文中我们可以看出，译者庄延龄（E. H. Parker）运用了改写手法，将圣善寺及白马寺的具体译名省去，合并为"two big temples"。对于信奉佛教的中国人来说，白马寺的地位举足轻重，是中国第一古刹。然而，对于信仰天主教的西方读者来说，想必读来难以产生共鸣。该句译文为便于西方读者理解，删去了具有东方宗教色彩的词汇，保证了译本的接受度，但也导致了东方文化的损失。这种"归化"的翻译策略，在不改变原文情节、尊重原文的基础上，迎合了西方读者的文化心理和接受习惯，弱化了读者与原文之间的隔阂。然而，原作所承载的文化差异和文化特征会在一定程度上丢失。

3.2 异化策略

汉语和英语属于两个不同的语言系统。在漫长的历史长河中，两者各自形成了自己的民族文化特色。特定的文化现象往往会在语言中牢牢地烙印下其独一无二的象征，尤其是在词汇层面。我们发现，《中国评论》所译录的中国历史典籍中，一些译者在翻译文化负载词时不仅注意语义转换，还注意将异国情调的风俗引入英语文化。

在处理一些具有中国文化特色的成语、谚语和俗语时，有些译者注重直译，尽量保留汉语词汇的民族色彩和生动形象。例如，《旧唐书·严震传》中的"刀耕火耨"被译为"through cutting and burning cultivation（通过砍伐和燃烧的种植方式）"（Parker，1900：12–13）。由于人类对自然环境和社会环境有一些共同的体验，这些思维的共同性使得直译不会引起误解，而是可以完全保留源文化的民族色彩，使读者能够体验新鲜感，提高阅读兴趣。

同时，中国和西方属于不同的文化体系。在阅读中国历史名著时，英文读者可能有接受异国风情的心理期待。因而，在翻译过程中，译者若能"保留源语言文化的'差异'以及原文的语言和文化差别，带着陌生感和异化感翻译文本"，将能"带给目标读者不同的阅读体验"(Roig-Sanz，2018：34)。

中国素有"礼仪之邦"之称，其礼仪文化具有自身体系，与西方礼仪相去甚远。在翻译中，大多数译者保留了中国历史典籍中的一些礼俗，忠实地向西方读者传达了中国古代的文化特征。例如，《新唐书·列传第二十五》中详细记载了古人复杂、琐碎、等级森严、隆重的祭天仪式：

> 大业三年，帝有事恒山，西方来助祭者十余国。矩遣人说高昌、伊吾等，啖以厚利，使入朝。帝西巡燕支山，高昌等二十七国谒道左，皆使佩金玉，服锦罽，奏乐歌舞，令士女盛饰纵观，亘数十里，示中国强富。

这一段内容被直译为：

> In the third year of Daye, Emperor Yang went to Mount Hengshan to offer sacrifices to heaven. More than 10 countries in the western regions came to offer sacrifices. Pei Moment sent people to lobby the king of Gaochang ju Boya, Yi Wu Tutunset, etc., with generous interest to lure them to Sui Dynasty. When Emperor Yang visited the Yanzhi Mountain in the western border area, the leaders of 27 states, including Gaochang, visited them on the roadside and asked them to wear gold, silver and jewelry, wear silk and woolen gowns, play music, sing and dance. He ordered the young men and women to wear gorgeous clothes and enjoy themselves. It stretched for dozens of miles around, showing the prosperity of China. (Parker, 1890：8–17)

由译文可看出祭奠安排细致，贡品种类繁多，参与仪式人员着装华丽，反映了祭奠的辉煌，向西方读者展示了皇室独特的祭祀仪式，让西方读者领略到不同的风俗。

4. 结论

《中国评论》作为一本近代英文期刊，在中西文化交流史上具有不可替代的地位。晚清来华汉学家把《中国评论》作为译介中国历史典籍的重要载体，大量中国经典作品进入了西方世界。它不仅为西方读者提供了中国历史经典的直接样本，还为西方人了解中国人的生活习俗和道德观念提供了重要参考。诚然，由于中西文化的异质性，一些文本的翻译存在一些缺陷，但这并不能掩盖西方人对中国历史的敏锐洞察力和鉴赏力。中国历史典籍承载着许多中国文化，这些典籍的翻译实践反映了中西文化的对立与认同、冲突与融合，使越来越多的学者和公众认识到中西文化的差异和文化融合的可能性。这一举措打破了中西文化的隔阂，促进了中西文化的相互交流和共同繁荣。当今世界，在全球化的大形势下，文化交流越来越密集，文化碰撞也越来越多。各国文化交流也应坚持这一理念，在理解文化差异的基础上，进行双向交流，共同发展。

参考文献

[1] Edwin G. *Translation and Identity in the Americas: New Directions in Translation Theory* [M]. London: Routledge, 2008.

[2] Edkins J. Names of Western Countries in the Shiki [J]. *China Review*, 1885（4）: 5–17.

[3] Eitel E J. The History of Chinese Literature, illustrated by Literal Translations from Chinese Texts [J]. *China Review*, 1886（2）: 6–16.

[4] Hardy G. The Grand Scribe's Records, Volume X: The Memoirs of Han China, Part III by Ssu-ma Ch'ien (review) [J]. *The China Review International*, 2015（2）: 107–119.

[5] LaCouture E. Translating Domesticity in Chinese History and Historiography [J]. *The American Historical Review*, 2019（4）: 35–50.

[6] Marais K. *Complexity Thinking in Translation Studies: Methodological Considerations* [M]. London: Routledge, 2019.

[7] Nienhauser W H. *The Grand Scribe's Records* [M]. Bloomington: Indiana University Press, 2019.

[8] Parker E H. The Early Turks (From the TANG SHU) [J]. *China Review*, 1890（5）: 8–17.

[9] Parker E H. The Turko-Scythian Tribes [J]. *China Review*, 1892（1）: 24–30.

[10] Parker E H. The Early turks, Parts IV. (From the Old T'ang Shu) [J]. *China Review*, 1900（4）: 12–19.

[11] Parker E H. The History of the Wu-wan or Wu-hwan Tunguses of the First Century [J]. *China Review*, 1892（2）: 30–39.

[12] Roig-Sanz D. *Literary Translation and Cultural Mediators in "Peripheral" Cultures: Customs Officers or Smugglers?* [M]. Gewerbestrasse: Palgrave Macmillan, 2018.

[13] Shoshana K. Brief Introduction of Advisors and Members of Editorial Board Journal of Ethnology [J]. *Journal of Institute of Ethnology of Great Britain and Northern Ireland*, 2004（4）: 87–99.

[14] Venuti L. *The Translator's Invisibility* [M]. London: Routledge, 1995.

[15] 段怀清，周伶俐.《中国评论》与晚清中英文学交流 [M]. 广州：广东人民出版社，2006.

[16] 刘瑾玉，王克非. 岂一个"富"字了得:《国富论》百年汉译史述论 [J]. 上海翻译，2020（2）: 62–67.

[17] 罗选民. 翻译与中国现代性 [M]. 北京：清华大学出版社，2017.

[18] 罗选民，杨文地. 文化自觉与典籍英语 [J]. 外语与外语教学，2012（5）: 63–69.

[19] 吕世生. 中国"走出去"翻译的困境与忠实概念的历史局限性 [J]. 外语教学，2015（3）: 100–106.

[20] 王国强.《中国评论》(1872—1901)与西方汉学[M].上海：上海人民出版社，2010.
[21] 文军.附翻译研究：定义、策略与特色[J].上海翻译，2019（3）：1–7.
[22] 于美晨.建国60年中国古代文化典籍外译书目研究[D].北京：北京外国语大学，2013.
[23] 赵长江.19世纪中国文化典籍英译研究[D].天津：南开大学，2014.

三、符号修辞与外宣翻译

论日本漫画中拟声拟态词的汉译：
《鬼灭之刃》个案研究

—— 周子依[1]　卜朝晖[2] ——

摘　要：日本漫画的对话框外常出现大量拟声拟态词，它们对增强漫画表现力起着至关重要的作用。然而，通过实际调查发现，在许多日本漫画的汉译本中，这类拟声拟态词被误译、甚至被忽略不译的现象十分普遍。本文以集英社漫画《鬼灭之刃》（第1、2卷）中出现的拟声拟态词为例，考察漫画中拟声拟态词的汉译情况，从"译出"和"不译"两部分进行探讨，详细阐述了"翻译不当""翻译错误""不译"等现象出现的原因；认为译者应增强对拟声拟态词的重视，探索更加准确、多元的翻译策略。

关键词：拟声拟态词；日本漫画；汉译

1. 引言

拟声拟态词是一种用于描述声音、感觉、状态等的词汇。（张文碧，2019：219）《拟声词拟态词辞典》（天沼宁，1982：1）将日语中的拟声拟态词分为"拟声词"和"拟态词"。拟声词是指模拟人、动物或者自然界声音的词汇，拟态词是指描述人物、事物的各种表象特征的词汇。丰富的拟声拟态词正是日语表达的一大特色，生活中的各种声音、样态通过拟声拟态词勾勒出来，使语言更加生动简练。

日语中的拟声拟态词数量庞大、应用广泛，在漫画作品中尤为常见。夏目房之介（1999）认为，拟声拟态词的文体功能在于加强语言的直观性、形象性和生动性，给人以身临其境的感觉；它能刺激人的听觉，促使人们对语义产生象征性联想。除了对话框内作为台词的拟声拟态词，漫画的对话框外也常会出现大量作为效果音的拟声拟态词，它们大多以假名的形式融入画面，赋予"无声静态"的漫画以动态效果，使其变得生动形象、引人入胜。

日本漫画作为日本文化的重要载体，在国际文化传播与交流中发挥着举足轻重的作用。20世纪80年代起，以《铁臂阿童木》为代表的日本漫画大量传入中国，国内随即出现了日本漫画的汉译风潮，对日本漫画的汉译研究也自此发展起来。近年来，中国引进版权的日本漫画数量激增，中日两国漫画的交流变得更加密切，日本漫画的汉译理应愈发完善和成熟。然而，笔者注意到，受诸多因素的影响，对漫画

---

[1]　2018级日语专业学生；邮箱：844322203@qq.com。
[2]　教授；博士；研究方向为日语语言研究、中日翻译研究等。

作品来说至关重要的拟声拟态词在汉译时被误译或以原本的形式被存留在译本中的现象十分普遍。这一现象不仅影响漫画译本的翻译完成度，还会给不懂日语的中国读者带来阅读障碍，使漫画的魅力无法全部传达给读者。为改变这一局面，笔者认为，在翻译日本漫画作品时，译者应提高对拟声拟态词的重视，探索更加准确、多元的翻译策略。在此考察分析日本著名漫画《鬼灭之刃》中拟声拟态词的日汉翻译情况，以期为漫画作品拟声拟态词的翻译提供一些参考。

2. 漫画《鬼灭之刃》

《鬼灭之刃》是日本漫画家吾峠呼世晴所著的少年漫画。以日本大正时期为背景，漫画讲述了一位名叫炭治郎的少年，为拯救异变成鬼的妹妹而踏上旅途，加入猎鬼人组织"鬼杀队"并和同伴齐心协力与鬼战斗的故事。

原作于 2016 年开始在漫画杂志《周刊少年 JUMP》上连载，于 2020 年完结。以 2019 年 4 月开始播放的 TV 动画为契机，《鬼灭之刃》的热潮迅速席卷整个日本。连续两年在"Oricon 年度漫画排行榜"中位居榜首，系列销量累计超 1 亿部，成为 JUMP 历史上第 8 个破亿的作品。随着 2020 年 10 月 16 日上映的剧场版《鬼灭之刃无限列车篇》票房突破 403.2 亿日元，《鬼灭之刃》成为日本历史上总票房最高的电影，"鬼灭之刃"一词也作为社会流行文化的象征被选入 2020 年日本流行语大赏。

不仅在日本，放眼中国乃至全世界，《鬼灭之刃》毫无疑问是近几年最火爆的漫画作品之一。《鬼灭之刃》为何如此受欢迎？漫画作品的故事设定、角色魅力等自然起到了功不可没的作用，但引起笔者注意的是，漫画中出现的拟声拟态词同样也在日本的社交媒体上引起了广泛的讨论，不少读者提及拟声拟态词之独特带来的别样趣味。反观《鬼灭之刃》的汉译本，笔者却发现这些拟声拟态词的翻译完成度极低，大部分甚至没被翻译出来，阅读这一版本的中国读者自然难以获得和日本读者同等完整的阅读体验。

3.《鬼灭之刃》中的拟声拟态词及其汉译分析

本文选取刊载在哔哩哔哩漫画等网络平台上的《鬼灭之刃》张旭译本（第 1、2卷），逐页对比日语原版后，将所有出现的拟声拟态词分成"译出"和"不译"两类，分别进行探讨。为考察《鬼灭之刃》中拟声拟态词的汉译情况及其合理性，笔者以"翻译的重点在于原文的理解力和译文的表现力"（武吉次朗，2014：3）作为原则，对翻译过程中经常出现的三种情形"翻译恰当""翻译不当""翻译错误"定义如下：

（1）翻译恰当：在正确理解和掌握日语原文意思的同时，中文译文的表达也很自然。

（2）翻译不当：翻译时未能充分表达日语原文的意思，或中文译文的表达生硬不自然。

（3）翻译错误：扭曲、误解了日语原文，未能正确表达日语原文的意思。

笔者将拟声拟态词的日语原文与中文译文一一对照后，基于以上定义，自行判断、分类了不同的翻译完成情形，并整理、总结如下。观察表1可以发现，该译本（第1、2卷）在翻译过程中，拟声拟态词"译出"与"不译"的比例约为1：3，极不平衡。在译出的拟声拟态词中，"翻译恰当"占比78.4%，"翻译不当"占比15.7%，"翻译错误"占比5.9%。在下文中，笔者将首先探讨被译出的拟声拟态词的翻译情况。

表1 《鬼灭之刃》（第1、2卷）中拟声拟态词的汉译情形分类

	总数	占比
翻译恰当	80	19.3%
翻译不当	16	3.9%
翻译错误	6	1.4%
译　出	102	24.6%
不　译	312	75.4%
合　计	414	100%

3.1 被译出的拟声拟态词

3.1.1 翻译恰当

表2 翻译恰当的拟声拟态词分析

	翻译模式	词例	译文
拟声词	象声词	タタタ	哒哒哒
		ポポポ	嘭嘭嘭
	动词	クンクン	闻闻闻闻
		チャッ	拔
拟态词	象声词	ゴゴゴ	隆隆隆
		パサリ	啪沙
	动词	ぺこ	鞠躬
		ぼろぼろ	飞散飞散

由表2可以总结出：（1）在日语中，无论是拟声词还是拟态词，汉译时翻译成象声词或动词的模式十分常见。

（2）大部分拟声词直接翻译成中文里可以表现类似声音的象声词。

（3）拟态词可以进一步细分为"动作性拟态词"和"状态性拟态词"。其中，状态性拟态词一般翻译成中文的象声词。与此相对，由于动作性拟态词原本就是表现动作声音的词汇，所以直接翻译成动词即可。

3.1.2 翻译不当

表3 翻译不当的拟声拟态词分析

序号	词例	不当译文	笔者译文	出场卷数及页数
（1）	キリッ	精神	自信/认真	Ⅱ（p.37）
（2）	うねうね	期待不已	上下摆动	Ⅱ（p.41）
（3）	ビキ	绷紧	发怒/生气	Ⅱ（p.76）

由表3可知：

（1）"キリッ"是表现人物严肃、自信的表情的拟态词，用来形容原作中炭治郎被叫到自己名字后眼神凛然、充满自信的模样。在此处被翻译成"精神"。中文里的"精神"一词一般作名词使用，在《现代汉语词典》（第7版）中被解释为"表现出来的活力；活跃；有生气"，与原作"キリッ"地跃跃欲试的炭治郎的态度意思有些出入，因此，笔者认为译者在翻译时选择"自信"或"认真"等词语更加贴切自然。

（2）"うねうね"原本是表现山脉等蜿蜒起伏的拟态词，但作者将"うねうね"固有的含义引申，用以描绘人物双手交替弯曲上下晃动的动作，表现出独特的幽默趣味，在此处被翻译成"期待不已"。很明显"期待不已"是译者理解漫画剧情后、更侧重于意思表达而选取的译文，虽表现了人物的心情，但全然忽视对人物动作的解释，必然不利于读者辨识画面信息，也无法体会到作者设置的小小幽默。因此，笔者认为翻译成"上下摆动"更为妥当。

（3）"ビキ"是从"ピキッ"变形而来，在日语中一般有两种释义：其一是形容头部或腰部突然刺痛的样子；其二是形容人物发怒时青筋暴起的情形。在此处被翻译成"绷紧"。但在中文里"绷紧"通常与"身体""肌肉"连用，形容"脸部绷紧"时不含特别的情绪倾向，笔者认为"绷紧"未能恰当充分地传递出原文的意思，改成"发怒"或"生气"为佳。

3.1.3 翻译错误

表4 翻译错误的拟声拟态词分析

序号	词例	错误译文	笔者译文	出场卷数及页数
（4）	トッ	跳	落	Ⅱ（p.56）
（5）	ゴボゴボ	冒出	沉入	Ⅱ（p.83）
（6）	どぷ	缩入	冒出/出现	Ⅱ（p.89）

由表 4 可知：

（4）"トッ"是拟声词，用于描写炭治郎追踪敌人时从地面跃起、随后轻落在屋顶上的声音，表现了炭治郎在进行任务的过程中小心谨慎的态度和身手不凡的能力。比起"跳起"，显然作者此时更加着眼于"落下的声音"。因此，此处翻译成"跳"应当是译者未正确把握发出声音的来源，是弄错了对象的翻译错误，应译为"落"。

（5）"ゴボゴボ"是描写水声的词语，释义是"在摇晃的瓶子中，水流动发出的声音、泡沫冒出的声音等"，一般听起来比较厚重沉闷。结合漫画上下文可以看出，在对战中落败后，意欲逃脱的敌人发出的这个声音绝不是从沼泽中"冒出来"，反而应该是"陷进去"的状况。因此，此处翻译成"冒出"是动作方向性的翻译错误，应译为"沉入"。

（6）与（5）一样，属于动作方向性的翻译错误。漫画中，主人公的妹妹祢豆子在听到炭治郎的呼唤后，不再继续与敌人缠斗，打算转身回到炭治郎身边。途中，敌人试图阻碍祢豆子返回，从泥沼中"どぷ"地伸出了双手。"どぷ"的原型是"どぶん"，一般用于形容重物掉入水中或人物跳入水中的声音及样态。但根据漫画剧情，可以推断出此处的"どぷ"并非是敌人"缩入"沼泽中，反而应该是敌人从沼泽中"出现"。此处误译与原文意思截然相反，必定会造成读者的理解不便，是作为译者应当避免的错误。

在传统的语言学层面上的翻译理论中，误译是一种应该努力避免的负面情况。（张文碧，2019：219）为避免出现这样的误译，译者应代入漫画角色，体会当下剧情的发展走向，在充分掌握日语拟声拟态词的原意的基础上根据实际情况灵活遣词造句、进行翻译，以保证译文严谨，使读者能正确把握漫画剧情。

3.2　未译出的拟声拟态词

在作为研究对象的《鬼灭之刃》（第 1、2 卷）中，未被译出的拟声拟态词占比高达 75.4%。漫画中近八成的拟声拟态词在汉译时被忽略不计，不仅仅是《鬼灭之刃》这一部作品，其他许多日本漫画的汉译本都有此倾向，足以显现该现象的普遍性和严重性。

一般来说，不译的拟声拟态词有两种常见的处理方式：其一是不做任何处理、将拟声拟态词原封不动地放置在画面上；其二则是利用技术手段将拟声拟态词从画面上消除。由于第二种方法需要更多的人力和物力成本，现阶段的漫画翻译一般采用第一种处理方式。

由此，笔者将继续探讨漫画中拟声拟态词"不译"现象普遍出现的两个主要原因。

3.2.1　中日拟声拟态词的不对等性

由于语言特征、文化习惯等方面的巨大差异，中国和日本的拟声拟态词在数量和性质上相差甚远。因此，在汉译日语拟声拟态词时，经常找不到精准对应的中文词汇，从而导致翻译困难。

从数量来看，小野正弘著《日语拟声词辞典：拟声词·拟态词4 500》（2007）中收录了4 500余条拟声拟态词，其中日本人生活中常用的拟声拟态词约为1 500个。反观野口宗亲著《汉语拟声词辞典》（1995）却仅收录了400多个中文词条，两者的差距可见一斑。

从性质来看，和世界上大多数国家的文字相同，日本的假名是一种表音文字，可以生动形象地描述人、事物的声音和样态。但中国的汉字作为典型的表意文字，相对来说不利于描述人、事物的声音和样态。即便中文里存在相当数量的"象声词"可以模仿动物叫声和大自然的各种声音，却几乎没有能直接对应日语中"拟态词"的词汇，哪怕在翻译拟态词时可以使用动词或形容词，但译者想要在中文里选择恰当的译词还是十分受限的。

另外，拟声拟态词所具有的创造性也使得其中文翻译困难重重。在创作的世界，尤其是漫画，作品独特的拟声拟态词会给读者留下深刻的印象，甚至让作品本身也变得具有独特意义。如以"ゴゴゴゴゴ""ズキュゥゥン"闻名的荒木飞吕彦《JOJO的奇妙冒险》、开创性地发明了"ざわ…"的福本信行《赌博默示录》等，一听漫画中出现的拟声拟态词就能知晓是哪部作品，此时，拟声拟态词不单是漫画作品的一大魅力，更化身成了作品的代名词。在漫画《鬼灭之刃》中也出现了很多作者为彰显自我个性而独创的拟声拟态词。其中，在粉丝之间大受欢迎的拟声拟态词之一是"ぽむち"。这个词语是对动作声音的描写，炎柱炼狱杏寿郎为了和刚成为霞柱的时透无一郎更好地相处，轻轻地拍了拍他的后背，发出了"ぽむち"的声音。通过这个有点特殊的效果音，读者们切实地体会到了炼狱杏寿郎身为兄长的体贴和责任，性格开朗活泼却有点天然的反差也使这个角色收获了大批粉丝。

3.2.2 技术和成本原因

漫画中的拟声拟态词不仅是作为文字在传达信息，它还具有作为绘画的一部分给读者带去视觉艺术感受的重要作用。"そもそもマンガのオノマトペは、音声言語としての側面と、描かれた文字＝絵としての側面を合わせもの。"（夏目房之介，1999：85）强调了拟声拟态词在漫画作品中的多重作用和效果。同时，为了使拟声拟态词更好地融入画面、渲染气氛，作者会根据剧情场景的变化而随之改变拟声拟态词的大小或形状。如在安静的情景下，背景中拟声拟态词的字体往往小而纤细，当作者的目的是表现巨大的声响或强烈的感情时，拟声拟态词的字体大多会变得粗大强烈。

因此，拟声拟态词的翻译并非是把拟声拟态词作为文字的部分翻译完就能简单了事的。为进一步说明，请看图1。

图 1 对拟声拟态词的画面处理

在处理这个分镜时，首先需要消除原作（左图）中"ポポポ"的部分，再将其更换为翻译后的中文"嘭嘭嘭"。为了尽量与原作保持一致、保证读者的阅读体验，在大多数情况下，译本（右图）会挑选使用与原作相同或相似的字体和排列方式。陈焰（2013：1）认为，由于这种处理方式需要精细修改每一个分镜，相比仅翻译原文的方式耗时更长、成本更高。基于这种处理对技术和成本有着较高的要求，在翻译日本漫画时翻译公司和译者往往都更倾向于只翻译漫画对话框内的台词，而将对话框外的拟声拟态词视为无物。

在以上两个原因中，随着电子出版行业的不断进步、漫画电子化的不断发展，后者（技术性原因）造成的困难会逐渐减少。例如，近年来哔哩哔哩漫画购入大量版权的韩国漫画就几乎都是板绘作品，翻译公司获取的原件也都是将背景画面、拟声拟态词、台词等逐一分成了不同图层，在翻译时画面的处理和修改也随之变得更加简单高效。另外，如果尚未达到如此完善的技术水平，笔者认为在分镜的空白间隙处添加注释也不失为一种解决方案法，既不会破坏原作的画面完整性，也能更加细致地传达作者意图。

与之相对的是，一般认为前者（由语言特征等引起的原因）在短期内仍然难以解决。如何更好地把握拟声拟态词的原文语义和漫画翻译的特殊性，在确保有利于读者理解的基础上探究各种各样的翻译手法和技巧正是译者亟待研讨的课题。

4. 结语

本文以漫画《鬼灭之刃》（第1、2卷）为例，对作品中的拟声拟态词进行了分类探讨，并对中文翻译的对应和局限性进行了考察。

该作中出现的拟声拟态词大致被分为"译出"和"不译"两类。在发现的"译出"

的拟声拟态词中除了"翻译恰当"的情况外，还存在许多误译现象。笔者挑选整理了6个具体词例，对"翻译不当"及"翻译错误"进行了详细的阐述。针对"不译"现象，本文从语言特征和技术成本两方面剖析了导致日本漫画中的拟声拟态词翻译难的原因并提出未来可能的解决路径。

综上所述，笔者认为在翻译日本漫画时，必须重视拟声拟态词的翻译，避免误译、不译。当然，不可否认的是，的确存在不少难以翻译的拟声拟态词。在这种情况下，为缩减译本读者与原作读者在阅读体验和剧情理解上的差距，译者应当在充分理解漫画的内容和作者的意图的基础上，使用合适自然的中文进行翻译，尽可能将漫画的魅力和趣味最大限度地传递给读者。

参考文献

[1] 井澤小枝子. 漫画におけるオノマトペの表現力 [J]. 言語文化研究，2018，26：41-47.
[2] 夏目房之介. マンガの力：成熟する戦後マンガ [M]. 東京：晶文社，1999.
[3] 侯仁鋒，松尾美穂. マンガにおけるオノマトペの中国語訳についての考察 [J]. 県立広島大学人間文化学部紀要，2019（14）：75-91.
[4] 猪瀬博子. マンガにみる擬音語・擬態語の翻訳手法 [A] // 通訳翻訳研究. 日本通訳翻訳学会，2010.
[5] 陳焰，白水菜々重，松下光範. 中国人を対象とした日本語コミックにおけるオノマトペの理解に関する調査 [C] // 2013年度人工知能学会全国大会（第27回），2013.
[6] 天沼寧. 擬音語・擬態語辞書 [M]. 東京：東京堂，1982.
[7] 田嶋香織. オノマトペ（擬音語擬態語）について [C] // 関西外国語大学留学生別科日本語教育論集（16），2006：193-205.
[8] 武吉次朗. 日中中日翻訳必携 実戦編 [M]. 東京：日本僑報社，2014.
[9] 吴恒. 漫画拟声拟态词的汉译极限 [D]. 成都：西南交通大学，2014.
[10] 张文碧，陈佳琦. 日语拟声拟态词的汉译策略探析：以小学馆漫画《湯神くんには友達がいない》为例 [J]. 上海理工大学学报（社会科学版），2019，41（3）：218-223.

南宁旅游产业网络外宣文本英译研究

— 汤欣妍[1]　覃柳环[2] —

摘　要：随着南宁国际旅游产业的不断发展，旅游宣传资料的英译版本日益受到重视。本文仔细查阅"广西南宁市人民政府门户网站"中旅游板块的英译文本，发现其存在用词不当、专有名词不统一、语法结构有误等问题。本文对南宁旅游网站英译进行系统分析，发现旅游外宣翻译常用的方法有增译、减译、改写等，这些翻译方法的灵活运用能有效提高旅游英语文本的翻译质量，有利于有效地传递旅游信息，从而吸引更多外国游客前来南宁观光旅游。

关键词：目的论；南宁旅游；网络外宣；旅游翻译；翻译策略

1. 引言

　　翻译目的论是德国功能学派的主要理论，兴起于20世纪70年代，主要代表人物有凯特琳娜·赖斯（Katharina Reiss）、汉斯·弗米尔（Hans J. Vermeer）和克里斯蒂安·诺德（Christiane Nord）等。这一理论认为翻译是一种具有目的性的活动，遵循的首要法则是目的法则（Nord, 2001：28）。弗米尔在1978年发表的《普通翻译理论框架》中强调，译者在进行翻译活动时应遵循目的原则、连贯性原则和忠实性原则（Vermeer, 2001）。目的论打破了传统翻译理论的桎梏，开辟了一条全新的翻译实践路径（王惠玲、张碧航，2006：158）。

　　南宁市是广西壮族自治区的首府，入境旅游业发展迅速，主要境外客源国有东盟国家、韩国、日本、美国、英国等。据南宁市文化广电和旅游局统计，2011—2019年南宁市入境旅游业保持较快增长，接待的入境旅游者从23.61万人次增长至68.99万人次。但受全球新冠肺炎疫情的影响，2020年入境旅游业受到空前的挑战。目前，要想进一步增强南宁旅游在英语国家的吸引力，旅游外宣文本的英译起着关键作用。但南宁作为一座非传统旅游城市，英文外宣资料不多，且目前旅游网站英译文本存在诸多问题。

　　在中国知网和Web of Science上以"目的论"和"旅游"为关键词进行检索，发现这些文献多以翻译目的论为指导，针对具体旅游场景进行探讨，并分析旅游文本的英译策略。其中，陈华杰和肖铖在翻译目的论的指导下，以西藏旅游文本为例，分析了其翻译策略与语言策略（陈华杰、肖铖，2018：195–199）；谢庚全以目的论为指

---

[1] 2019级英语专业学生；邮箱：740825163@qq.com。
[2] 讲师；硕士；研究方向为翻译理论与实践；邮箱：liuhuanq@foxmail.com。

导，分析了海南省旅游文本中的汉英翻译，并提出应采用的翻译方法（谢庚全，2015：100–104）；Tian Juan 以西安道教文化旅游为研究对象，在分析难点的基础上从功能目的论的角度提出了翻译建议（Tian，2019：82–87）。旅游产业外宣具有极强的目的性，但目前暂无论文从翻译目的角度，考察南宁旅游产业的网络外宣英译工作，实为可惜。

因此，为进一步提高跨文化旅游翻译质量，本文以翻译目的论为指导，以"广西南宁市人民政府门户网站"中旅游板块的英译文本为研究对象，描述南宁旅游网站的英译现状，分析不同翻译技巧的具体运用方法。

2. 网站英译存在的问题

南宁旅游网站的英译文本涵盖了交通、酒店、旅游攻略、景点介绍等方面的内容，其目的是帮助游客获得更好的旅游体验，并吸引更多游客前来游览，因此对语言表达的要求较高。但由于我国缺乏规范完备的旅游文本英译标准、有关部门监督管理及后期审定把关不到位、译者专业水平不足与文化底蕴相对匮乏（郑淑明、周鸿雁，2016：38–40），目前南宁旅游翻译存在一定的问题，主要集中在以下三个方面。

2.1 译词选用不当

翻译目的论认为翻译是以实现某一特定功能为目的，所有阻碍该功能实现的现象都属于翻译失误，其中用词不当通常是因译者对源语或译语语言掌握不够所致。（Nord 2001：74）这一现象的出现会影响原文信息的传递，阻碍读者顺利理解，难以实现译文的目的。例如将"广西药用植物园承担着传播中医药文化的重任"译为"Botanical Garden of Medicine Plant of Guangxi shoulders the responsibility of propagating Chinese medicine culture"（出自广西药用植物园介绍英译本）。其中"propagate"在英语中一般指的是政治宣传，含贬义，而此处"传播"指的是广泛流传，二者的语义并不对等，因此"propagate"在此处的使用不妥。

2.2 专有名词译名欠统一

旅游景点的名称受历史、文化、习俗等诸多因素的影响，逐渐形成富有文化特色的专有名词。但由于译者文化底蕴有所欠缺、思维方式有所不同，专有名词的译名出现了不一致的现象，可能会在一定程度上导致游客认知上的偏差。例如，"扬美古镇"的翻译有"Yangmei Ancient Town""The Ancient City of Yangmei""Yangmei Village"等；"大王滩风景区"的翻译有"Dawang Beach Scenic Area""Da Wang Tan Reservoir""King Beach Reservoir"等；"龙象塔"的翻译有"Dragon and Elephant Pagoda""Longxiang Pagoda""Longxiang Tower"等（出自扬美古镇、大王滩风景区和南宁青秀山风景区介绍英译本）。景点名称英译版本繁多，未统一译名，十分混乱。要让游客迅速记住景区名称，使用约定俗成的译名显然是一种更加合理的做法。以"龙象塔"为例，它的建造者肖云举在取名时，选取了佛经中"水行龙力大，陆行象力大"的说法，因此将"龙象"译为"dragon and elephant"显得更加合适；而塔体整体呈八角的形状，每一层都有一个翘角，这与"pagoda"的意义相符。综上所述，将"龙象塔"译为"Dragon and Elephant Pagoda"显得更为合理。可见，旅游景点专有译名的选择应取决于其自身特点和历史背景。

2.3 语法结构不当

在翻译过程中，译者有时用单词堆砌成句，照搬原文进行翻译。虽然翻译策略中包括"逐字翻译"的方法，但译文必须地道自然，符合目的论的连贯性原则。（陆国飞，2006：81）例如将"它是世界上唯一可以从上下左右四个方向观看的瀑布"译为"It is the one in the world that can be viewed from four directions: from top and bottom, front and back, left and right"（出自南宁凤凰谷景区介绍英译本）。在这句话的翻译中，译者在词汇选择方面不够严谨，使用了"and"去搭配"from"。译者为了使译文尽可能忠实于原文而采取了逐字翻译的方法，但没有对译文读者的可接受度进行考虑，在语法上不够通顺，因而不符合目的论的连贯性原则。

针对上述问题，本文希望通过引入翻译目的论，帮助译者在进行翻译工作时灵活使用不同的翻译方法，更有效地传递旅游信息。

3. 目的论指导南宁旅游网站英译实践探索

翻译目的论认为，任何一种翻译活动都是以实现一定的功能为目的，因此，译者必须思考怎样在目标语境中充分发挥译文的预期功能，从而实现交际目的。（曹立华、王文彬，2013：140）这一理论为旅游网站的英译提供了较为客观的原则，要求译文既能准确、充分地展现原文内容，又要保证译文的可读性，以便读者更好地理解原文传递的信息。在翻译旅游文本时，可围绕目的原则、连贯性原则和忠实性原则，根据不同语篇的目的运用不同的翻译方法。南宁旅游网站英译文本的目的在于传达景区相关信息，使读者产生亲身前往的想法。为实现该目的，译文需将译文读者的接受程度放在考虑的首位，而不必过度强调原文的结构与形式。为了让游客更好地阅读，在翻译的过程中应考虑有关的各个方面，采用变译的方法（主要包括增译、减译、改写等）进行翻译，从而实现作者意图与读者理解的统一。（李长栓，2009）

3.1 增译

旅游文本翻译的目的是吸引外国游客并传播中华文化。（崔娟、李鑫，2017：51）

旅游景点的介绍通常富含浓厚的文化色彩，故而英译时需运用相应的翻译技巧对其进行补充或解释。可根据文本目的进行适当的增译，补充相关背景知识，帮助读者更好地对文本内容进行理解，并领略中国文化的精彩之处。这体现了目的论的目的性原则和连贯性原则，提高了目的语读者对译文的接受度，并增强了译文的可理解性。

例如，"骆越王庙位于仙境之旅景区的中心，是骆越后裔朝拜祖先的圣地"被译为"The Luoyue King Temple (ancestors of Zhuang nationality) is located in the center of the fairyland tourist attraction, which is a holy place for Luoyue descendants to worship their ancestors"（出自南宁大明山景区介绍英译本）。这句话描写了仙境之旅的景色之美，其中"骆越王庙"指的是壮族民众祭祀祖先的圣地，而"骆越王"是包括壮族在内的20多个岭南居住民族的共同祖先，这是一个体现壮族本土民俗文化、具有鲜明民族特征的词语。外国游客无法领会汉语拼音蕴含的意义，若直接用"Luoyuewang"对其进行音译，不仅无法达到旅游文本的交际目的，还很容易引起歧义。而译文则采取了音译与解释相结合的方式，对"骆越王"所蕴含的文化内涵进行了补充，使译文具有更强的可读性。这既对景区的宣传起到了推动作用，又对中华文化进行了传播，使旅游文本翻译的目的得以实现。

因此，以目的论的视角来看，增译法可以增强译文的表现力，提高译文的可读性。在翻译一些带有头衔和职位的文化负载词时，一般均可采用增译法，如"王""皇帝""皇后"等，可考虑翻译为"king""emperor""empress"，并在其后用括号标注具体的身份特征。

3.2 减译

旅游景区的中文宣传文本往往具有语言精美、含蓄雅致的特点，常用排比结构和平行结构，文本对仗工整、错落有致，有时还会运用四字短语进行修饰。但一些旅游文本包含中国特有的文化产物，如果逐字逐句进行翻译，会使译文结构臃肿，不仅不能为读者的理解提供帮助，甚至会产生干扰。因此，翻译时要保持文本的原意，去除多余的信息，以确保译文语言简洁，与英语的表达方式一致，使游客可以没有障碍地、连贯地、顺利地理解旅游网站的英译文本。这是目的论的连贯性原则提出的要求。

例（1）："蜂蛹具有补气养血、宣肺润肠、提高免疫力等多种功效，是一种高蛋白的理想保健食品"译为"Honeybee Pupa is a kind of ideal health food with high protein, which is good for our blood, lung, intestines, immunity and so on"（出自南宁大明山景区介绍英译本）。这段文字是关于一道南宁的特产——椒盐蜂蛹，使用了"补气养血""宣肺润肠"这两个四字短语，体现了中国医学的特色。但若将其逐字译为英文，则会过于冗长，略显多余，且难以理解。而译文运用了减译的方法，将"补、养、宣、润"这些与中医相关的动词合并译为短语"be good for"，同时省略了"多种功效"

等信息，让译文读起来清晰流畅、简明扼要。该译文与读者的语言习惯一致，具有较强的可接受性，实现了文本的信息传递功能，达到了旅游文本翻译的目的。

例（2）："公园为免费开放公园、交通便利、设施齐全、文化内涵深厚，是家庭出游、登高踏青、感受文化、寓教于乐的理想之处"译为"The park is open for free, with convenient transportation, well-equipped facilities and the profound cultural connotation, which is an ideal place for family trip, experiencing culture, and learning with pleasure"（出自南宁市人民公园景区介绍英译本）。这句话的译文对"登高踏青"进行了减译，因为"出游"与"登高踏青"意思相近。如果全部译出，在一定程度上会有意义的重叠，显得冗余且反复，而采取减译的方法，译文更简洁易懂，利于读者接受。

综上所述，若原文包含英语文化中缺失的内容，且前后有相近或重复的意群，那么翻译时可以根据目的论的目的原则和连贯性原则，采用减译的方法，更利于目的语读者阅读和接受。

3.3 改写

旅游文本的英译目的是使外国游客认识旅游景点和了解中华文化。就语言而言，要求达到流畅通顺的效果。但是，中国人与西方人在思维方式和写作方式上有所不同：中国人倾向于螺旋式思维方式，善于使用归纳推理，先解释说明，再归纳总结；而西方人倾向于直线式思维方式，善于使用演绎推理，先归纳总结，再解释说明。因此在翻译旅游文本时，为了更好地将文本信息传递给西方游客，译者有必要对其进行结构上的调整，以适应他们的表达习惯。

例如"南宁海底世界是国家'AAA'级景区，位于南宁市人民公园内，占地5 000多平方米，是广西规模较大的游乐公园及水族馆之一，也是南宁地区的海洋教育中心及海洋动物保护区"译为"Located in Nanning People's Park, Nanning Underwater World is a national AAA class scenic spot. With an area of more than 5,000 square meters, it is one of the largest amusement parks and aquariums in Guangxi, and is also the sea education center and sea animal protection zone in Nanning"（出自南宁海底世界景区介绍英译本）。此处译文采用了改写的方法。在语言结构上，原文的逻辑性没有清楚地得以体现，因而译者需要为读者找到合适的写作形式，重新组织语言，关照其内在语义逻辑。因此，译文在结构上分为两个部分，第一部分介绍海底世界的地理位置和景区级别，第二部分介绍其占地面积和重要地位，这样对于译文读者来说便一目了然了。

综上，当原文的意群较多，且层次不分明或逻辑不清晰时，译者需要进行改写和编译。首先要在理解原文的基础上，将意群剥离出来，重新进行结构的分析和重组。翻译时，要把逻辑和层次清楚地表达出来，译语还要符合英语表达习惯和语法结构。可见，要将旅游文本译好并非易事，这项工作要求译者具备较强的翻译功底和较丰富的翻译经验。

4. 结语

本文以"广西南宁市人民政府门户网站"中旅游板块的外宣英译文本为研究对象，简要分析了南宁旅游网站的英译现状，并以翻译目的论为指导，以案例的形式具体分析了增译、减译、改写等翻译技巧在南宁外宣文本英译中的运用。但是，本文仅阐述了南宁旅游网站英译文本中的案例，未结合游客的真实感受进行分析。因此，在今后的研究中，可以通过问卷调查等定量研究方法，分析游客对旅游网站英译文本的接受程度，进而对外宣英译文本不断进行规范，从而增强对西方国家旅游者的吸引力，进一步弘扬中国特色旅游文化，推动我国旅游产业的繁荣发展。

参考文献

[1] Nord C. *Translating as a Purposeful Activity: Functionalist Approaches Explained* [M]. Shanghai: Shanghai Foreign Language Education Press, 2001.

[2] Tian J. *Research on Translation Strategies for Taoist Culture Tourism in Xi'an* [Z]. 3rd International Symposium on Educational Research and Educational Technology. Hefei：University of Science and Technology of China Press, 2019: 82–87.

[3] Vermeer H J. *A Framework for a General Theory of Translation* [M]. Shanghai: Shanghai Foreign Language Education Press, 2001.

[4] 曹立华，王文彬. 目的论视阈下跨文化语言交际规范之研究：以辽宁旅游景区宣传资料汉英翻译为例 [J]. 辽宁大学学报（哲学社会科学版），2013，41（6）：138–143.

[5] 陈华杰，肖铖. 目的论视角下西藏旅游文本翻译策略研究 [J]. 西藏大学学报（社会科学版），2018，33（4）：195–199.

[6] 崔娟，李鑫. 变译理论视角下的旅游文体英译研究：以《中国烟台旅游指南》为例 [J]. 鲁东大学学报（哲学社会科学版），2017，34（5）：50–55.

[7] 李长栓. 非文学翻译 [M]. 北京：外语教学与研究出版社，2009.

[8] 陆国飞. 旅游景点汉语介绍英译的功能观 [J]. 外语教学，2006（5）：78–81.

[9] 王惠玲，张碧航. 目的论在电影名翻译中的运用 [J]. 西北大学学报（哲学社会科学版），2006（5）：158–161.

[10] 谢庚全. 海南省旅游文本汉英翻译现状调查与对策 [J]. 社会科学家，2015（7）：100–104.

[11] 郑淑明，周鸿雁. 基于翻译目的论的景区牌示英译探析：以哈市中央大街为例 [J]. 中国科技翻译，2016，29（4）：38–40.

科技英语的修辞美及翻译技巧

梁冕[1]　李晨曦[2]

摘　要：科技英语作为科技交流的主要手段和媒介，其可读性和有效性影响到国际科技交流的效果。因为语言和文化的差异，英语原文的修辞美往往很难在译文中得到体现，从而影响译入语读者的阅读体验和理解程度。基于这个原因，本文在讨论科技英语修辞美的基础上，着重讨论实现科技英语修辞美的翻译技巧，以使译文读者与原文读者一样完整理解原文，并对修辞美的效果有大体一致的感受。

关键词：科技英语；美感；修辞美；翻译技巧

1. 引言

全球一体化进程不断推进，科学技术发展日新月异，作为目前公认的使用范围最广的语言——英语，在国际科技文化交流中扮演重要角色，而科技英语也逐渐成为一个重要的研究领域。科技英语有利于各国科学家交流分享科研经验，促进科学成果的分享与传播。然而，许多人认为科技文体正式且严肃，可读性低，对其望而生畏。这是因为，作为科技交流的主要手段，科技英语主要用于表述科技事实和专业概念，科技文体不仅正式，而且行文用词绝对的专业化，确实增加了文章的枯燥性，降低了读者的阅读兴趣。

然而，科技英语的作者出于增强表达效果和提升读者阅读体验等方面的需要，也赋予了科技英语"美"的一面。杨寿康先生指出"优秀的科技文章和翻译作品具有对称美、流畅美、逻辑美、完整美、简洁美和修辞美等特点"（韦薇、杨寿康，2015：14），在阅读过程中稍加体会和领悟，我们也能获得各式各样的美感体验。

本文将着重讨论其中一方面的"美"，即修辞美。对修辞美的欣赏，能让更多的读者打消对科技英语的畏惧和敬而远之的感受，而恰当的翻译，则有助于准确传播科技知识，提高人们的科学知识水平。

---

[1]　2019级翻译专业学生；邮箱：2297771791@qq.com。
[2]　2019级英语专业学生；邮箱：1499372366@qq.com。

2. 科技英语的特点与修辞美

2.1 科技英语的特点

科技英语是指在科学技术领域运用的英语语言，主要应用于学术会议、科技报告、学术论文、学术著作、其他应用文等，其范围覆盖自然科学和社会科学各领域。（陈旷，2018）科技英语涉及面广而杂，科技文献阅读难度大，给普通读者造成了巨大的阅读障碍。而目前，科学技术飞快发展，人们迫切希望了解先进的科学技术，对科技英语的需求也随之增加。作为科技文献和科技信息的载体，科技英语文体结构严谨、条理清晰、行文规范、描述客观，在词汇、句法和语篇特征等方面与其他英语文体有一定差别。（傅勇林、唐跃勤，2012：1）要想深入了解科技英语、探讨科技英语的美感，就要对其词汇特征、句法结构、语篇语用及修辞有一定的了解，把握其各自的特点。

2.1.1 词汇

词汇是读懂科技文献的基础。科技英语覆盖面广，科技词汇因此种类繁多、数量庞大且不同领域专业术语大有不同。科技英语中的词汇用语客观性且准确性较强，有着严密的逻辑思维（Liu, Zhang, and Cui, 2014），并具有四大特点。第一，专业性。科技英语服务于各种专业领域，因此涉及大量的专业词汇，比如说 acute angle（锐角）、heat resistant coating（耐高温涂层）、quality threshold（质量阈值）等。第二，开放性。科技英语词汇包括大量外来词，这些词主要来源于拉丁语、希腊语，在生物学、药学等领域尤为常见，例如 acupuncture（针灸）、phlebotomy（静脉切开放血术）。第三，多义性。在不同的专业之中，科技英语词语可能代表着不同的含义，比如说 "cell" 在生物学上意为 "细胞"，在化学上解释为 "电解槽"，在物理学上称为 "电池"；又如 dog 一词，在建筑学上可以翻译为 "铆件"，在机械工程专业方面又可以作为 "齿轮栓"。第四，构词的灵活性。科技英语词汇经常使用缩略词，一方面是采用首字母的缩略词；另一方面是将两个不同单词的首字母进行组合，形成新的词语。

2.1.2 句法结构

掌握句法结构，是阅读科技文献的重要步骤。汉语重意合，英语重形合，两者在句子特征上的差异直接造成了一定的阅读壁垒。科技文体主要用于表述客观事实、表达复杂概念、陈述科学原理，表达结构相对固定，在句法上常用固定句式、复杂长句、被动句以及名词化结构（名词化词组、名词化短语等）。固定句式体现了科技文献的专业性，对于专业人员来说容易记忆及使用；复杂长句有利于表达科学事实与实际事物之间的内在联系，陈述抽象概念；科技文献的客观性要求其使用大量的被动句式，减少掺入主观情感意识，减少主观臆测；科技文体讲究用最少的文字符号传达最大的信息量，因此名词化结构的使用成为其重要特征，具有言简意赅的功能。

2.1.3 语篇语用

科技英语作为正式文体，用词规范正式，在表达各种科技信息以及科学思维等方面，其词汇和句法结构各有特色，所传达出的意思明确、较为直白，让读者能在较短的时间内理解所写内容，因此形成了其特有的篇章风格。其次，在谋篇布局上，为使科技文献层次分明、逻辑清晰、衔接紧密，科技英语整个篇章内部成分紧密融合、结构紧凑，衔接方式和连贯手段独特。

2.1.4 修辞

了解科技英语少不了要理解修辞在其中的作用。一般认为，修辞是文学作品的专利。科技英语不是文学作品，不会采用修辞手段，因为科技文章要求准确、客观，容不得夸张，也不能掺杂主观意志和个人感情。（韦薇、杨寿康，2015：23）翻译家刘宓庆（2019：242）也指出科技英语"要尽力避免使用旨在加强语言感染力和宣传效果的各种修辞格，忌用夸张、借喻、讥讽、反诘、双关及押韵等修辞手段，以免使读者产生行文浮华、内容虚饰之感"。修辞给人的印象是活泼生动的，似乎与"枯燥乏味"的科技知识格格不入。

然而，修辞也是科技英语的一大特色，修辞手法的主要职责是提高表达效果，减少文本和读者之间的距离感。作者在科技文献中使用修辞手法，能在一定程度上中和科技文章的单调性，加入一些生气，增强可读性。

科技英语中的修辞手段主要分为词语修辞、结构修辞、音韵修辞三部分。词语修辞包括明喻、隐喻、拟人、仿拟、类比等；音韵修辞包括押韵、拟声等；结构修辞则包括反复、回文、排比等。修辞手法不同，所发挥的作用也不尽相同，但是对修辞的使用主要目的都是提升可读性，使抽象、复杂、难懂的各类科学过程、概念、事实变得"平易近人"，吸引读者。在科技文体中使用恰当的修辞，不仅不会减弱客观性，还能起到润滑剂的作用，减少晦涩，使行文流畅生动、形象易懂、富有美感。

2.2 科技英语的修辞美

不可否认，科技英语作为语言的一个分支，也有其独特的美学特质。大多数人认为科技英语的主要功能是传递科技信息、分享科技知识，是严谨周密、不含个人感情色彩的，在大部分时候注重平铺直叙。然而事实并非如此。哪怕没有华丽的辞藻，科技英语也有美的一面。因主题限制，本文仅讨论其修辞之美。

修辞之美，体现在逻辑上的条理清晰、辞格上的文采飞扬、听觉上的韵律和谐、视觉上的对仗工整。修辞的作用可以简单概括为生动形象、增加趣味、通俗易懂、启发想象等。修辞手法不仅仅会在文学作品中使用，在科技英语中也常见。在科技英语中巧妙运用修辞手法，不仅能使原文形象生动，增加趣味性，减少枯燥感，增强科技文章的可读性，还能顺利地传递原文信息，增强读者的想象力，增加美感体验。

例（1）：In the beginning, scientists believe there was an interstellar gas cloud of all the elements comprising the Earth. A billion or so years later, the Earth was a globe of concentric spheres with <u>a solid iron inner core</u>, <u>a liquid iron outer core</u> and <u>a liquid silicate mantle</u>.

这里使用了排比句式，读起来通顺、流畅、顺滑，给人一种强烈的美感体验。

例（2）：There has been a radical transformation of power. In traditional conflicts, states were <u>like boiled eggs</u>: War—the minute of truth—would reveal whether they were hard or soft. Today interdependence breaks all national eggs into a vast omelet. Power is more difficult to measure than ever before.

此处将国家的权力比作鸡蛋，相互影响的国际局势比喻成煎蛋饼，将国家权力的错综复杂深入浅出地阐述给了读者，类比生动形象，深刻幽默。

例（3）：Pine Island and Thwaites glaciers <u>sit in</u> a broad ocean basin <u>shaped like a bowl</u>, deepening toward the middle.

该句采用拟人和比喻两种修辞手法，表达简明直观，读者能够一下子了解到松岛和思韦茨冰川所处的位置及周围的环境，修辞效果显著。

3. 修辞美的翻译技巧

1969年美国语言学家尤金·奈达提出的"功能对等"理论说明"翻译时不求文字表面的死板对应，而要在两种语言间达成功能上的对等"，强调"翻译是用最恰当、自然和对等的语言从语义到文体再现源语的信息"（Nida，2001：86）。科技英语被要求用来传递科技信息，不管是在语义上还是形式上都要求尽量保持原来的面貌。因此，对科技英语的翻译应是基于功能对等的。

其翻译技巧包括直译法、意译法、转换法、顺译法等。

3.1 直译法

直译法指在翻译过程中既保留原文内容，又保留原文形式的翻译方法。这一方法最能保持原作的风格和特色，是翻译科技英语及其修辞手法常用的手段之一。

例（4）：But as nearby glaciers shed billions of metric tons of ice, the removal of that weight allowed Earth's crust to spring up <u>like a bed mattress</u>—pushing Lindsey and other nearby islands out of the water, a few millimeters per year.

但随着附近的冰川脱落了数十亿吨的冰，这些重量的减少使得<u>地壳像床垫</u>一样弹起——每年将林赛岛和附近的其他岛屿推出水面几毫米。

例（5）: Indeed, although wings allowed flight, they soon made sound production possible, too. Papery wing surfaces and pulsing wing muscles easily pump out sound waves, like loudspeakers driven by vibrating motors.

事实上，虽然翅膀可以飞行，但它们也可能发出声音。纸状的翅膀表面和脉动的翅膀肌肉很容易产生声波，就像由振动马达驱动的扬声器一样。

以上各例中，原文用明喻地直观表达了科学原理，表达了一种联想之美。因为译文读者对这样的明喻理解无障碍，故采用直译法翻译科技英语中的明喻，最大限度地将原文意思保留下来，既忠实于原文，也方便读者理解。

3.2 意译法

意译法指再现原文内容，而不保留原文形式的翻译方法。汉语和英语处于两种不同的文化背景之下，不仅有许多相同点，差异也数不胜数。在使用直译法不能够准确传达原文意思的情况下，通常会考虑使用意译法，以使译文能为读者所理解。

例（6）: A water-resistant laptop encased in a magnesium alley, the CF-27 is advertised by Panasonic as the Hercules of the portable computer.

CF-27是一款防水笔记本电脑，机壳采用镁合金，松下公司在广告词中将其比作为笔记本电脑中的大力神。

例（6）中的Hercules原指古希腊神话中的英雄赫拉克勒斯，天生力大无穷。出现在科技英语中，在翻译时使用其引申义"大力神"，哪怕对相关的背景知识不了解，通过其字面意思读者也不难读懂原文。

例（7）: The 2-seat EV1's wind-cheating ways are mostly a result of its smooth curves, rear-wheel skirts, a smooth underbelly and a true teardrop shape which dictates that the rear track be 8.9 inches narrower than the front.

双座EV1在减小风的阻力方面综合了许多因素的作用，包括其平滑的弧线造型、后轮挡板、光滑的底盘以及真正的流线型车体，这一流线型车体使得车身后部比前部窄了8.9英寸。

例（7）为科技英语在认知和概念领域的隐喻，如将rear-wheel skirts译作后轮挡板，是将skirts在服装领域的概念隐喻到车辆部件领域，裙子可遮挡避羞，而挡板亦可遮挡避污。而将teardrop译作"流线型"，而不是"泪滴"，意思清晰明了，生动形象。

3.3 转换法

转换修辞法指原文中的一种修辞手法在译文中难以得到再现，需要转换为另一种修辞，方能体现其原文的修辞美。科技英语中出现头韵和尾韵一般很难在汉语中翻译出来，这时候就需要转换修辞手法，力求再现原文的美感。头韵和尾韵一般转换为并列结构。

例（8）：Hair loss can be triggered by drug, disease and diet.

脱发可能由药物、疾病和食物所引起。

例（9）：When humans evolved from nomadic hunter-gatherers to settlers in fixed locations that became towns and cities, the primitive engineering activity of making basic tools, weapons, and forms of shelter evolved into one of conceiving, designing, building, operating, and maintaining systems of benefit to the larger society, either by providing sustenance or by supporting institutions.

通过提供食物或建立支持制度，人类从集中游牧－狩猎进化到定居在固定地点（后来演变为城镇），其制造基本工具、武器以及建立庇护所的方式演变为一种系统的构想、设计、建造、操作过程，有利于维护更大社会的活动。

例（8）中使用的头韵和例（9）中出现的尾韵很难在汉语中原样再现，然而译文采用并列结构，使得译文与原文一样通顺流畅，朗朗上口，读者依旧可以在译文中领悟到科技英语的流畅之感。

3.4 顺译法

顺译法指对原文的排列按顺序翻译的译法，这样对原文字词的排列顺序改动不大，有利于读者对照理解原文的意思。

例（10）：The team is also altering its automated computer programs, which scan the radio data and flag intriguing signals, to look for more longer-duration spin periods—or even weirder and more mysterious neutron star phenomena.

该团队还改变了其自动计算程序，该程序通过扫描无线电数据并标出有趣的信号，以寻找更持久的旋转周期——甚至更奇怪和更神秘的中子星现象。

例（10）使用排比句式，译文中也有所体现，原文中的非限定成分并未译为定语，而是用"该程序"指代前面出现的"自动计算程序"。采用顺译法，有利于对原文稍做改动。

例（11）：These characteristics demand that wicked scientists use a systems-thinking approach, be prepared for long-term engagement with wicked problems, and cultivate an attitude that good-enough-for-now solutions are worthy objectives.

这些特点要求"邪恶的"科学家使用系统思维的方法，为长期处理邪恶的问题做好准备，并培养一种态度，即目前足够好的解决方案是有价值的目标。

例（11）采用排比句式，直观地表明了对科学家的具体要求。采用顺译法，不改动词序，力求最大限度地保留原文的意思和形式。

除上述翻译方法外，还有很多适用于翻译科技英语的方法。如何选择到合适的翻译技巧？如何解决翻译不顺畅和语言表达不够恰当的情况？如何保证翻译的准确性和流畅性？（Meng, Lin, and Dong, 2013）若想要全面有效地解决这些问题，译者需要熟练掌握各类方法，这样才能在翻译时得心应手，最大限度地显现其修辞美，使科技文献的可读性更强，促进科技知识的传播与普及。

4. 结语

总之，科技英语的重要性显而易见。翻译本身就是一个再创造的过程，我们应当打破固有观念，在充分掌握相关翻译技巧的情况下，对科技英语的美感，尤其是修辞美予以足够多的重视。在翻译科技英语时，力求体现其修辞美，让普通读者充分领略其美感，以促进国外先进科学文化知识在我国的传播与发展，推动我国科学技术的发展。

参考文献

[1] Liu X, Zhang W Y, Cui J L. *New Exploration for the Characteristics and Skills of Scientific English Translation in Mechanical Engineering* [C]// International Conference on Engineering Technology, Engineering Education and Engineering Management, 2014.

[2] Meng Z, XU L, Dong B. Study on Skills of Chinese-English Translation of Tradition Chinese Acupuncture and Moxibustion Science [J]. *Journal of Practical Traditional Chinese Internal Medicine*, 2013.

[3] Nida E A. *Language and Culture: Contexts in Translating* [M]. Shanghai: Shanghai Foreign Language Education Press, 2001.

[4] 陈旷. 科技英语的特点及翻译技巧 [J]. 海外英语, 2018（12）: 110–111.

[5] 傅勇林，唐跃勤. 科技翻译 [M]. 北京：外语教学与研究出版社，2012.

[6] 刘宓庆. 文体与翻译 [M]. 北京：中译出版社，2019.

[7] 韦薇，杨寿康. 科技英语文体研究 [M]. 长沙：中南大学出版社，2015.

中国－东盟专题口译教材研究：
以《广西口译实务》为例

陈欣焕[1]　王文捷[2]

摘　要： 基于多位权威学者对教材的定义及教材评价的方法，从英语学习者的视角，采用程晓堂系统性评价教材的方法，以《广西口译实务》为例，对中国－东盟专题口译教材进行内部评价和外部评价。指出《广西口译实务》的优点和不足，基于评价结果提出建议，为中国－东盟专题口译教材的编写提供参考和借鉴。

关键词： 中国－东盟；口译教材；《广西口译实务》；评价

1. 引言

随着 RCEP 正式生效，中国－东盟合作不断深化，区域经济一体化趋势不断增强。由于东盟各国语言存在较大差异，英语作为一种通用国际语言，在中国－东盟合作中彰显出较大优势，进一步刺激了英语口译人才的需求，引起众多高校对区域国际化口译人才培养的进一步重视。口译教学涉及三大要素：教师、教材、学生（廖全，2009：1），口译教材的重要程度可见一斑。中国－东盟专题口译教材的研究对地方高校而言，有利于培养区域国际化口译人才，对围绕中国－东盟专题开展学习、服务活动的学生、译员而言，有利于其参考和借鉴相关资料。在本文中，笔者将以英语学习者的视角，基于程晓堂（2011：98–110）的系统性教材评价方法对《广西口译实务》（杨棣华，2006）从内部角度和外部角度进行分析和评价，旨在科学、全面地认识本教材的优缺点，为中国－东盟专题口译教材的研究提供参考和借鉴。

程晓堂（2011：96–98）综合国内外学者 Grant（1987：118–122）、Hutchinson & Waters（1989：144–157）、Cunningsworth（2002：14–18）、周雪林（1996：60–61）等的教材评价方法，提出了教材评价的两大原则：效果原则和效率原则。基于中国的特点，他还对教材评价进行了分类：随意的印象性评价和有系统的评价。在随意的印象性评价机制下，教师基于教学经验和直接感觉对教材进行评价，这种评价往往具有较大的主观性和随意性，不能对教材进行准确、系统、全面的评价。在系统性评价的机制下，产生了内部评价和外部评价两个分支。其中，内部评价是针对教材本身的评价，

---

[1] 2019 级翻译专业；邮箱：1716413683@qq.com。
[2] 资深翻译，主要研究方向为翻译理论与实践。

具体而言，是对教材的指导思想、教学方法、选材、语言真实性、组成部分及设计布局六个方面的评价。而外部评价则是针对教材能否满足学生学习和教师教学需要的评价，可通过分析需求的方式进行。具体而言，可就学生、教师、学校等的需求展开分析。

笔者认为，程晓堂有系统的教材评价法具有科学性和合理性，适用于《广西口译实务》的研究。此外，《普通高等学校本科外国语言文学类专业教学指南》（2020）作为当代英语类专业教学的重要指南，就普通高等学校本科翻译专业的培养目标和培养规格以及专题口译的教学目标和教学内容提出了明确方向。该指南亦可作为口译教材评价的依据。

目前，中国–东盟专题口译教材的发展速度比较缓慢。杨棣华于2006年8月出版的《广西口译实务》是中国–东盟专题口译教材的先驱。该教材曾获广西大学优秀教材一等奖。其后问世的是《中国–东盟自由贸易区英语口译实务》（杨棣华，2009）、《会展英语现场口译》（黄建凤，2010）以及《英语听译教程（东南亚口音）》（杨棣华、白佳芳，2020）。《广西口译实务》出版至今已有16年时间，后续更新和升级版教材《英语听译教程（东南亚口音）》出版至今已有2年时间。

随着中国–东盟的合作不断深化，对英语口译人才的需求不断增长。就笔者搜集的数据而言，现有的中国–东盟专题口译教材为数不多，难以满足客观需要。在这一形势下，为促进区域国际化口译人才的培养，研究中国–东盟专题口译教材的重要性毋庸置疑。

2. 从内部评价分析《广西口译实务》

2.1 教材指导思想

教材的指导思想指的是教材编写所遵循的某种教学思想，包含语言观、语言学习观以及语言教学观。《广西口译实务》的编者致力于促进翻译教学中的教学内容与社会需要相契合，帮助口译初学者提高口译能力。显然，该编者秉持一种侧重语言使用的教学思想。这种指导思想可帮助学生提升口译技能，增强跨文化交际意识和跨文化交际能力。总体而言，教材编写遵循了《普通高等学校本科外国语言文学类专业教学指南》（2020：25–26）就本科翻译专业的培养规格所提出的素质要求、知识要求和能力要求。

2.2 教学方法

教学方法指的是为教材选材、内容编排、教学活动安排等所提供的参照和依据。《广西口译实务》主要采用情境教学法和听说法。在情境教学法的指导下，该教材每一单元围绕特定场景创设不同情境的对话口译，涉及迎接宾客、宴请宾客、游览南宁等情境。对话内容简单实用、生动有趣。学生可在教师的指导下，通过角色扮演等方式深入情境，模拟口译实况。此外，在听说法的指导下，该教材每一单元设置句子精练环节，所选句子符合语言实际使用情况，具有较高的使用频率。通过句型操练可促进学生语言使用的自动化。

2.3 教材内容

内容评价指的是就教材所教给学生的知识进行评价。就教材内容的选择和编排而言，《广西口译实务》全书各单元内容大体按照外事活动整个过程的自然顺序编排，涵盖外事经贸口译活动的主要方面，遵循由浅入深、从易到难的原则。以提升学生的语言能力为宗旨，因地制宜，融合区域背景，富有区域特色，具有丰富的知识性和较强的针对性。设置了词语预习、口译小贴士、相关知识、词语拓展和补充阅读等环节，涵盖了大量中国-东盟友好往来内容、广西经济文化知识、编者自身的口译经验等。注重学生基础语言知识、基本语言技能、跨文化意识以及跨文化交际能力的培养，为语言能力的形成做好铺垫。例如，该教材在相关知识环节主要就不同专题提供背景介绍，涉及中国-东盟博览会、广西旅游、西方餐桌礼仪等内容，不仅有利于学生了解地区特色、丰富知识储备，还能激发学生的学习兴趣、增强跨文化意识。此外，该教材每个单元的设计具有较强的层次性，从对话口译到段落口译再到篇章，内容编排由易到难，循序渐进。这有利于帮助学生激发对口译的学习兴趣，树立学习信心。

2.4 语言真实性与地道性

教材语言的真实性、地道性评价主要看其语言材料是否符合该语言在现实生活中的使用方式。《广西口译实务》的编者均从事口译一线教学，拥有外事经贸口译工作经验，现场口译及口译教学经验丰富。此外，所选取的英语语言材料由两位美籍博士和一位澳大利亚籍讲师精心审阅，语言材料真实地道，符合英语在实际交际中的使用方式。例如，在第二单元的对话口译中，中方主人在宴请外宾时说："菜上来了，大家请别客气"相应的参考译文为："Please help yourself."这既符合该对话所发生的情景，又贴近英语在实际交际中的使用方式。

2.5 教材组成部分

教材组成部分是指对构成教材的所有材料的评价，包含对教科书配套使用的录音带、计算机软件、练习册等的评价。《广西口译实务》在教材的立体化程度上略显不足。该教材仅提供纸质教科书，并未提供配套的视频、音频等材料用以辅助学习。缺乏配套的语音材料，有可能在一定程度上给初学口译的学生带来不便，难以满足学生的学习需求。随着数字化、网络化的不断发展，教材立体化将是大势所趋。教材立体化有利于通过多维度、多媒介丰富学生的学习方式和学习途径，充分发挥学生的学习潜能。

2.6 教材设计布局

教材的设计布局是否合理主要受以下几个因素的影响：版面、篇幅、媒介、图文、颜色等。《广西口译实务》在图文形式和色彩搭配上比较单一。就图文形式而言，该教材以文字为主，并未提供与文字相关的图片辅助学习。例如，第十二单元以项目/产品介绍为主题，该单元的第一段对话口译围绕造纸厂的生产过程展开，涉及多个生产步骤和生产器具。对于不熟悉该生产工艺的英语学习者而言，该对话口译具有一定的难度。如果能在教材中配以介绍该生产工艺的图片或流程导图，则有利于激发学生的学习兴趣，培养学生的想象力，减轻学生的学习压力。就色彩布局而言，该教材除了在封面设计上运用了彩色以外，教材内容页面基本采用黑白设计，略显单调，不利于激发学生的学习兴趣。

3. 从系统性评价的外部评价分析《广西口译实务》

针对本教材学习者的具体情况，笔者借鉴了 Grant（1987：122-128）的教材评价表，展开外部分析调查。该评价表设计简洁，具有较大的实用性和较强的操作性。笔者针对本教材的实际情况和学习者视角评价的需要对该教材评价表进行了设计和调整（见表1）。

表1《广西口译实务》学生评价表

	《广西口译实务》学生评价			
1	你认为教材对你有吸引力吗？你是否乐于使用这种教材？	是	不是	不清楚
2	在文化方面，教材内容是否能被你接受和认可？	是	不是	不清楚
3	教材是否反映了学生的学习需要和学习兴趣？	是	不是	不清楚
4	教材的难度是否适当？	是	不是	不清楚
5	教材的篇幅是否适当？	是	不是	不清楚
6	教材的装帧设计是否合理？（比如：是否容易保存、是否耐用）	是	不是	不清楚
7	教材是否有足够的真实语言材料？ 你是否认为教材内容贴近现实生活？	是	不是	不清楚
8	教材是否有足够的时效性语言材料？ 你是否认为教材内容紧跟时代发展？	是	不是	不清楚
9	教材是否兼顾口译知识的学习和口译技巧的实际运用？	是	不是	不清楚
10	教材是否注重相关口译技能协调发展？是否有综合口译能力训练？	是	不是	不清楚

续表

《广西口译实务》学生评价			
11	教材是否包括足够的交际活动？教材是否注重培养学生独立使用口译技能的能力？	是	不是	不清楚
12	教材是否经过教育行政部门审定或由有关权威机构推荐？	是	不是	不清楚
13	教材是否遵循但不拘泥于《普通高等学校本科翻译专业教学指南》（2020版）规定的内容和要求？	是	不是	不清楚
14	教材内容体系的安排是否由浅到深、从简单到复杂逐步过渡？	是	不是	不清楚
15	如果教材内容超出《普通高等学校本科翻译专业教学指南》（2020版）规定的范围，超出的内容是否更有利于教学？	是	不是	不清楚
16	教材中的活动、内容和方法的设计与安排是否周密、合理？	是	不是	不清楚
17	教材的编写是否有明确的使用对象和教学目标？	是	不是	不清楚
18	教材的编写是否有利于学生在实际语言运用中发挥的正常水平？	是	不是	不清楚
19	教材是否合理地兼顾学生考试的需要和实际口译运用的需要？	是	不是	不清楚
20	教材是否有足够的运用练习？	是	不是	不清楚
21	教材是否有利于学生为进一步学习打下基础？	是	不是	不清楚

该评价表中问题1~11的设计旨在调查教材是否符合学生学习的需要，问题12~21的设计旨在调查教材是否符合《普通高等学校本科外国语言文学类专业教学指南（上）》（2020：25—26）中普通高等学校本科翻译专业教学指南的要求。本次问卷调查在广西大学使用本教材的2018级和2019级英语和翻译专业共8个班级进行，共计收到100份有效填写问卷。

针对问题1~11的调查数据显示：在100位参与调查的学生中，有90%的学生在文化方面认可本教材的内容。89%的学生认为本教材的难度适当，语言材料真实，贴近生活。87%的学生认为本教材的篇幅适当。86%的学生乐于使用本教材，认为其具有吸引力。85%的学生认为本教材兼顾口译知识的学习和口译技能的实际运用。82%的学生认为本教材配备综合口译能力训练，注重相关口译技能的协调发展；配备足够的交际活动，注重学生独立使用口译技能的能力。81%的学生认为本教材反映了学生的需要和学习兴趣。然而，关于教材是否有足够的时效性语言素材，内容是否紧跟时代发展的调查结果显示，持"是"态度的学生仅有57%，持"不是"态度的学生占到了36%。此外，关于教材的装帧是否合理的调查结果显示，持"是"态度的学生仅有67%，持"不是"态度的学生占到了22%。从以上收集的数据来看，《广西口译实务》在很大程度上满足了学生的学习需要，但在语言素材的时效性和装帧的合理性上仍有不足（见图1）。

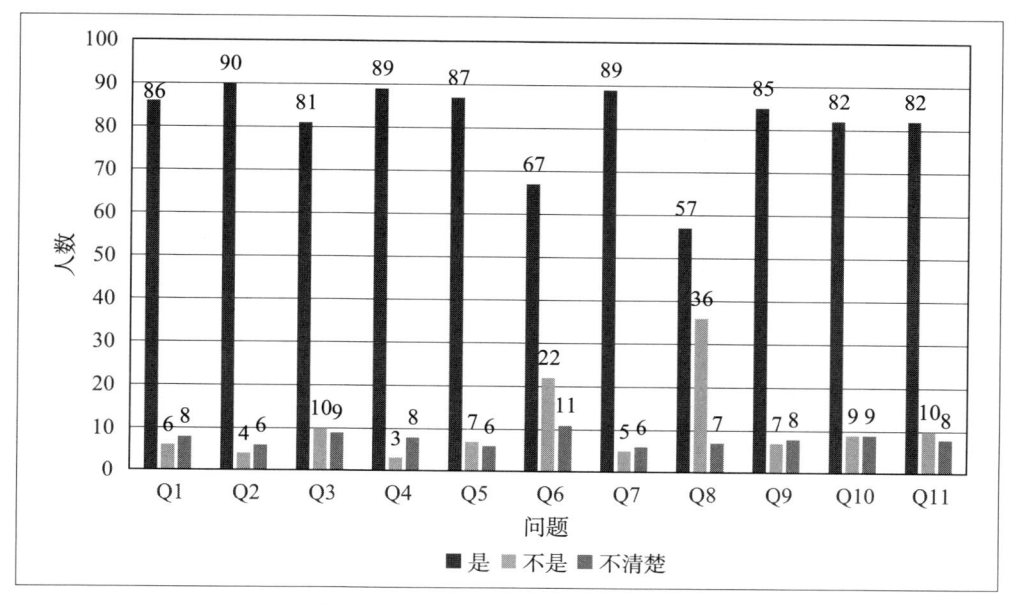

图 1 《广西口译实务》学生评价调查结果 Q1~11

针对问题 12~21 的调查数据显示：在 100 位参与调查的学生中，92% 的学生认为本教材有利于为进一步的学习奠定基础。89% 的学生认为本教材有利于其在实际的语言运用中发挥正常水平。87% 的学生认为本教材配备了足够的运用练习，教材的内容安排由浅入深。86% 的学生认为教材编写的使用对象和教学目标明确。85% 的学生认为教材合理兼顾学生考试需要和实际口译运用的需要。84% 的学生认为教材的活动、内容和方法的设计合理周密。72% 的学生认为教材遵循但不拘泥于《普通高等学校本科翻译专业教学指南》(2020) 规定的内容和要求。70% 的学生认为教材经由教育行政部门审定或由有关权威机构推荐。63% 的学生认为教材内容超出《普通高等学校本科翻译专业教学指南》(2020) 规定的范围，超出的内容更有利于教学，31% 的学生对该问题持"不清楚"态度（见图 2）。从以上收集的数据来看，《广西口译实务》在很大程度上满足了《普通高等学校本科外国语言文学类专业教学指南》中普通高等学校本科翻译专业教学指南的要求。具体而言，本教材严格遵循了普通高等学校本科翻译专业的培养目标和培养规格。注重学生口译专业知识、口译技能、实践能力、跨文化交际能力等知识、素质和能力的培养，适应国家和地方经济社会发展的需要。

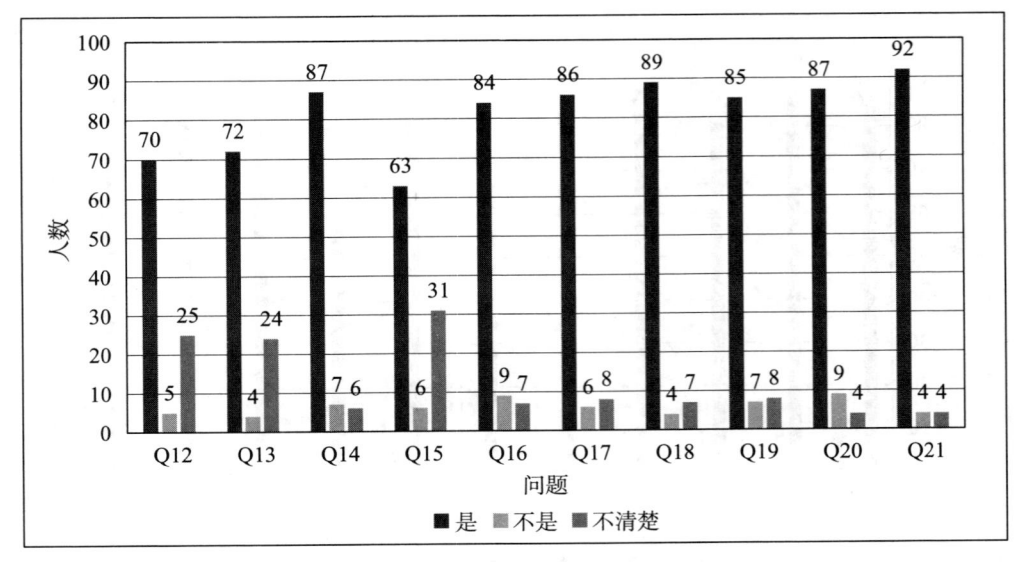

图 2 《广西口译实务》学生评价调查结果 Q12~21

4. 教材编写的建议

基于前文分析，笔者拟对中国－东盟专题口译教材的编写提出以下几点建议。（1）加快中国－东盟专题口译教材的编写工作。就笔者搜集的数据而言，当前市面上关于该专题口译的教材仅有 4 本。客观来说，随着 RCEP 的生效以及中国－东盟合作的日益发展，仅有的相关教材远远不能满足现实需要。因此，建议加快该专题口译教材的编写工作。（2）促进教材立体化发展。可以尝试开发配套的学习网站、小程序、应用软件等工具，紧跟时代发展，动态更新教材内容，适应数字化、网络化的不断发展。（3）按照口译教学规律编写系列口译教材。如:《广西口译实务》《中国－东盟自由贸易区英语口译实务》《英语听译教程（东南亚口音）》这 3 本东盟专题系列教材遵循了由浅入深、循序渐进的口译教学规律。作为指导学生口译入门的专题口译教材宜减少学生听力障碍，着重训练口译反应能力。高年级专题口译教材的编写，可充分考虑东盟地区英语存在变体的情况，增添具有东南亚特色的音频视频、词汇、语法等材料，在训练学生听辨能力的同时，促进学生口译技能的提升。（4）增加教材版面设计的吸引力。中国－东盟专题口译教材涉及许多区域背景知识，仅靠文字材料无法最大限度地激发学习者的学习兴趣。在教材布局设计方面，可采取彩色设计，增添相关图片、插画等设计，愉悦学习者的视觉感官，激发学习者的想象力和学习兴趣。（5）推动教材编写合作国际化。国内相关专题教材的编写不能局限于"地方政府依托地方高校"的发展模式，要积极借助中国－东盟出版博览会等平台，加强中国与东盟出版企业及高校之间的交流合作，推进中国–东盟专题口译教材语料的收集、数字资源平台的搭建等工作。

参考文献

[1] Cunningsworth A. *Choosing Your Coursebook* [M]. Shanghai: Shanghai Foreign Language Education Press, 2002.
[2] Grant N. *Making the Most of Your Textbook* [M]. London: Longman, 1987.
[3] Hutchinson T, Waters A. *English for Specific Purposes* [M]. Cambridge University Press, 1987.
[4] 程晓堂. 英语教材分析与设计 [M]. 北京：外语教学与研究出版社，2011.
[5] 黄建凤. 会展英语现场口译 [M]. 武汉：武汉大学出版社，2010.
[6] 教育部高等学校外国语言文学类专业教学指导委员会，英语专业教学指导分委员会. 普通高等学校本科外国语言文学类专业教学指南（上）[S]. 北京：外语教学与研究出版社，2020.
[7] 廖全. 评现行三套口译教材：试建口译教材评价表 [D]. 武汉：华中科技大学，2009.
[8] 杨棣华. 广西口译实务 [M]. 南宁：广西教育出版社，2006.
[9] 杨棣华. 中国–东盟自由贸易区英语口译实务 [M]. 天津：天津大学出版社，2009.
[10] 杨棣华，白佳芳. 英语听译教程（东南亚口音）[M]. 重庆：重庆大学出版社，2020.
[11] 周雪林. 浅谈外语教材评估标准 [J]. 外语界，1996（2）：60–63.

多模态视角下电影字幕翻译研究：
以《流浪地球》为例

——— 陈颖怡[1] ———

摘　要：采用多模态话语分析理论，从文化、语境、内容和表达四个层面入手，分析电影《流浪地球》字幕翻译问题。得出以下结论：首先，多模态话语分析理论在字幕翻译研究中可发挥独特的作用，译者在翻译过程中可以从文化、内容、语境和表达四个层面出发，将声音、图像等模态考虑在内，以期得到更完善的字幕翻译。其次，《流浪地球》的字幕翻译整体而言能够表达该电影的意思，但忽略了文化、语境、内容、表达等因素，部分字幕翻译仍需进一步完善。

关键词：字幕翻译；模态话语分析；《流浪地球》

1. 引言

在过去 20 年里，越来越多的学者致力于研究字幕翻译。西方学者从宏观与微观角度将字幕翻译与社会文化因素相结合，探讨了字幕翻译的具体策略和问题。例如，Kennedy & Karamitroglou（2000：241-244）分析了视听翻译规范，认为翻译应该从理论上比较配音和字幕的特点；Gambier & Gottlieb（2001）讨论了媒体与多媒体、文字与多媒体翻译、文本、图像与声音之间的联系，并强调翻译研究需要跨多个学科进行合作，如传播学、媒体和电影研究、文化研究，旨在定义和概念化常用的多媒体术语；Cintas & Gottlieb（2007）对视听翻译进行了系统的研究，涵盖了广泛的主题，如字幕的定义、字幕翻译的专业环境、字幕翻译中的符号学以及字幕翻译中涉及的一些技术问题。国内方面，张春柏（1998）建议译者在翻译电影字幕时应采取意译策略；林志峰、李瑶、陈刚（2013）从翻译的视角分析了影视作品的类别和语言特点；王建华、周莹、张静茗（2019）分析了 30 年来中国影视翻译研究的热点和前沿，客观描述了中国影视翻译研究的基本情况，为中国影视翻译研究和学科的发展提供了参考。不难看出，我国对字幕翻译的大量研究大多侧重于语言本身和重要性研究，很少综合考虑电影的图像、声音、语言等各种符号和因素对字幕翻译的影响。换言之，我国的字幕翻译研究鲜少结合多模态对字幕翻译进行分析。《流浪地球》作为一部硬核科幻电影，自上映以来受到广泛赞誉，其讲述的是 2075 年太阳

---

[1]　2017 级英语专业学生；邮箱：1969279495@qq.com。

持续膨胀，太阳系不再适合人类生存，人类被迫启动了"流浪地球"计划，试图逃离太阳系。影片向中国观众展示了国产科幻电影未来的发展方向，且其字幕翻译具有多模态特征，值得研究。

翻译不是简单的逐字转换，字幕翻译也是如此。在字幕翻译过程中，需要考虑语言、声音和图片等诸多因素。张德禄教授（2009：24）认为，多模态是指"利用视觉、听觉和触觉等多种感官，通过图片、声音等各种手段和符号资源来交换信息的现象"。多模态话语分析的理论框架包括文化层面、语境层面、内容层面和表达层面四个方面的内容。因此，本文在多模态话语分析的综合理论框架下的四个层面对《流浪地球》的字幕翻译进行探讨，找出该电影字幕翻译的优缺点，希望能为电影字幕翻译研究提供一个新的思路和视角。

2.《流浪地球》字幕翻译分析

张德禄教授提出的多模态话语分析是基于 Martin（1992：21）的系统功能语言学理论中的五个层面，即文化层面、语境层面、意义层面、形式层面、媒介层面。基于系统功能学的五个层面研究，张德禄教授（2009：28）提出了一个多模态话语分析的综合理论框架：文化层面、语境层面、内容层面、表达层面，其中内容层面包括意义层面和形式层面。本文拟采用张德禄教授提出的多模态话语分析的综合理论框架，结合电影中的多模态，从文化、语境、内容和表达层面对影片的字幕翻译进行综合分析和评价。

2.1 文化层面

"文化层面包括作为文化主要存在形式的意识形态和作为话语模式选择潜力的体裁。值得一提的是，文化维度在使交际成为可能方面具有重要意义。它也是决定交际传统、形式和技巧的维度。这一层面包括由人们的思维方式、生活哲学、习惯和所有社会潜规则构成的意识形态，以及能够具体实现这一意识形态并成为流派的交际过程或结构潜力。"（张德禄，2009：28）在电影《流浪地球》中的具体体现如例（1）：

例（1）李一一：你们不是中国救援队吗？怎么还有外国人？（Aren't you guys a Chinese rescue unit? Why there are foreigners?）

蒂姆：谁是外国人？我爸是北京的，正儿八百的……（Who's foreigner? My Dad is from Beijing. Pure and authentic...）

在这个场景中，从视觉的角度，我们可以看到蒂姆看起来像一个留着白发、五官精致的外国人。因此，李一一想知道蒂姆是不是外国人。在回答问题时，蒂姆平静的表情和语气显示出他作为一名中国人的自豪感。而且从听觉的角度来看，他用地道的北京口音轻松而自豪地回答了李一一的问题:"谁是外国人?我爸是北京的,正儿八百的……"。值得注意的是,"正儿八百"是中国北方土生土长的方言,意思是"真实"。因此,考虑到视觉视角和听觉视角的结合强调了他作为一个中国人的自豪感和确定性,译者采用了增译法,在其中添加了"pure"。在添加了"pure"一词后,蒂姆的上述感受得到了充分表达。

然而,众所周知,涉及文化因素的字幕翻译很难处理,这意味着译者需要考虑跨文化交际。在这部电影中,有一些文化因素需要在字幕翻译中进一步考虑,如例(2):

例(2)路人:十三幺!胡了!(Shi San Yao! I won!)

在这个场景中,从视觉上看,四个人在打麻将,还有一个人出了"十三幺"赢得胜利,同时,麻将的图片刚刚出现,显示了十三个麻将牌,上面有十三个孤儿的字。因为已经有十三个单独的麻将牌,上面有十三个孤儿的字,这间接解释了"十三幺"在中国麻将中是表示"十三个孤儿"的意思。那么音译为"十三幺"既不能正确表达原意,也不能充分展现中国文化特色。此外,作为一部即将走出国门展示中国文化的国际电影,采取音译策略是不明智的,否则外国观众会对翻译感到困惑。这一场景虽然没有语调、语言、音调等声音角度,但是显示麻将含义的单一视觉角度需要更好的翻译。因此,考虑到场景的协调性和文化维度,最好采用释译,将第一个字母大写,以表明它是麻将中的专有名称。其中,"十三幺"应该翻译成"Thirteen Orphans"。

2.2 语境层面

语境层面包括"由话语范围、语调和模式组成的语境结构。在特定语境中,交际受到语境因素的制约,包括由话语范围、语调和模式决定的语境因素。"(张德禄,2009:28)

语境是指语言使用的环境。具体来说,它包括交际意图、序言和后记、交际对象、交际场合和背景知识等。在《流浪地球》的字幕翻译中,许多翻译都考虑了语境因素,如例(3):

例(3)汽车机器人:道路千万条,安全第一条,行车不规范,亲人两行泪。(Routes are countless, Safety is your priority. With unregulated driving, your loved ones might end up in tears.)

韩子昂:别两行泪了,快走!(Shut up, stupid. Move it!)

在这一幕中,由于木星的引力导致地球板块剧烈晃动,韩子昂和他的团队从监狱逃出,开始驱车前往开阔地区。在这个过程中,从视觉上看,房屋倒塌,地面剧烈震动,造成无数伤亡。所有的人表情都很害怕、慌乱,他们的手势都是快速奔跑以避免被压死;从听觉的角度来看,虽然很少有人说话,说的话也很短,但场景与演员的恐慌与哭喊相协调,有效地强调了紧张、紧急和危险的局势。在如此紧急和可怕的情况下，机器人仍然礼貌而缓慢地提醒驾驶员减速，这与情况的紧迫性形成了鲜明对比。韩子昂生气地回答道：别两行泪了，快走！此时，他对机器人的态度是消极的，他对不知道如何适应环境的愚蠢机器人感到愤怒。如果译者采用直译，那么应该是"shut up, go!"然而，译者采用了"Shut up, stupid. Move it!"的增译，增加了"stupid"一词，这不仅显示了形势的紧迫性和机器的愚蠢，也显示了韩子昂对这个机器人的愤怒情绪，使得人物情绪更加饱满。因此，后一种翻译可以更好地表达原文的意思，帮助观众进一步理解人物的情绪。

不可否认，在翻译电影字幕的过程中，译者需要根据不同的因素采取不同的翻译策略，而不仅仅是直译。众所周知，电影中有大量的因素需要表达，其中所涉及的文化和语境因素对翻译的影响很大，因此单一的直译策略不可能充分、完整地表达原意。在这部电影的字幕翻译中，存在一些忽视语境因素、无法充分表达原语意义的情况，如例（4）：

例（4）狱长：你私自出借车卡，这也是严重的违规行为。（Lending out your vehicle pass privately is a serious offense.）

韩子昂：这可是好东西，攒了五十年的妹子。（This is good stuff. It has a collection of hotties from the past 50 years.）

这一幕讲述了韩子昂给狱卒送礼物的故事。从视觉角度看，韩子昂拿出一个盒子，上面赫然写着"VR眼镜套装"，韩子昂的表情略带腼腆。从听觉的角度来看，韩子昂用讨好的口吻低声说道，这个盒子是"攒了50年的妹子"。在这里，译者将"妹子"直译为"hotties"。但在视觉和听觉的配合下，这个盒子告诉我，它永远不可能真的容纳美女。而他的害羞说明，它可能会有一些难以启齿的事情，可以推测出应该是"成人电影"。因此，为了帮助观众理解情节，译者不应采用直译，而应选择意译，并将其翻译成"It has a collection of adult movies from the past 50 years"。

2.3 内容层面

内容层面包括意义层面和形式层面。"在电影话语中，形式层面主要表现在听觉模式的音乐、语言等观点以及音效和视觉模式的文本中。"（吕健、吴文智，2012：37）意义层面是指话语的意义，包括概念意义、人际意义和文本意义。系统功能学派认为，"语言是人类社会实践的产物，语言是人类进行交流的工具，它具有多种功能"（胡壮麟，2005：4）。其中，概念功能、人际功能和语篇功能，是韩礼德划分的三种纯语言功能。（Halliday，1994：11）

这三种功能广泛适用，几乎任何文本都可以从这三个概念功能中进行分析。例（5）~（6）反映了本片的概念功能和人际功能：

例（5）韩朵朵：爷爷！爷爷！（Grandpa! Grandpa!）

在这一幕中，地面坍塌，营救队长因紧急情况未能救出韩朵朵的祖父。于是，韩朵朵大声哭着喊着爷爷。从视觉上看，韩朵朵不顾危险匆忙救出爷爷。然后她跪下来，眼睛里噙着泪水。从听觉的角度来看，韩朵朵用沙哑的声音呼喊，再加上悲伤的音乐，营造出一种悲伤的气氛。韩朵朵嘶哑哭声的行为，在概念意义上，属于行为过程和心理过程，反映了韩朵朵与祖父之间的密切关系，即人际关系。在这方面，译者应注意"爷爷"的翻译。因此，尽管译者采用直译，翻译为"Grandpa"，但他还是考虑了人际意义等意义层面。这样的翻译很好地反映了韩朵朵和爷爷之间的亲密关系，这有助于观众理解，是她亲爱的爷爷让她如此痛苦和紧张。如果它被翻译成"Grandfather"，那么它就不能表达这样的意思，并且会在他们之间造成距离。

接下来是对第二句的分析：

例（6）王磊：危险，别过去！（It's dangerous. Step back.）

从听觉的角度来看，队长王磊命令韩朵朵不要过去。在这里，我们需要注意的是队长的指挥语气，语气严厉，这是一个概念意义上的言语过程，反映了韩朵朵与队长之间的隔阂。从视觉上看，船长的表情严肃，这突出了他们之间的隔阂。因此，译者采用直译，但在翻译中有所删减，并使用祈使句"step back"来强调船长的命令语气。如果它被翻译成"don't go"，就会削弱命令的语气。

例（7）则将形式层面考虑在内：

例（7）老王：这孩子。（Poor kid.）

在这一幕中，救援队成员黄明因长期在低温下工作而冻死。从视觉方面来看，非言语因素包括：队员的悲伤表情、其他队友的跪姿和暴雪环境；然后从听觉方面来看，语言媒体包括进行心肺复苏的挣扎声、风暴的尖叫声以及老王缓慢的说话声："这孩子，是被活活冻死的"。所有这些都让他的队友们对黄明的死感到遗憾和悲伤。因此，在这篇翻译中，译者采用了增译法，在"kid"前面加了一个词"poor"，这可以表达队友们对王刚去世的遗憾和悲伤。如果翻译人员不加上"poor"一词，也可以说得通。但考虑到翻译涉及的形式层面，添加一个词可以帮助观众更好地理解悲伤的气氛，如同身临其境。

2.4 表达层面

基于张德禄教授的观点，表达层面指的是媒体层面。媒介层面是物质世界话语最终表达的物质形式，包括语言和非语言范畴。语言范畴包括纯语言和同伴语言两个方面；非言语范畴包括身体的和非身体的。在表达维度的语言范畴中，字幕强调观众的母语表达，而母语通常出现在屏幕的底部。然而，如果需要，有时源语言会与目标语言字幕一起显示在屏幕上，这称为双语字幕。有时，在屏幕的顶部会出现辅助语言，如补充信息和注释。此外，语言范畴应与非语言范畴相协调。具体来说，就是说字幕应该与屏幕上的相关场景相协调，或者是隐藏在上下文中的意思，而不是表现人际关系的意思。

众所周知，电影中的字幕主要由对话或叙事组成，这些对话或叙事具有各种音量、重音和非重音的音调和语调以及字幕的位置等辅助元素。这些元素在表达原始情感时非常重要。由于字幕密切体现了原文的内涵表达和意义，因此在翻译过程中，使字幕与原文内容相兼容是一个关键步骤。此外，需要考虑的是最适合观众快速阅读并获得有关情节或电影的足够信息的时间安排。通常，当有字幕翻译时，电影的字幕一次被限制在屏幕底部的两行。随着画面的变化，字幕的出现也发生了很大的变化，这既有助于对情节的解释，也有助于观众的理解和阅读。通过仔细观察，可以发现电影《流浪地球》在媒介表达维度上的一些具体特征：

首先，《流浪地球》的字幕以两行的形式出现在屏幕底部，其中英文版在中文版之下。然而，这样的安排不足以帮助外国观众快速掌握剧情和电影的要点。但值得称赞的是，字幕的位置和大小合理、合适，加强了画面的和谐。此外，双语字幕的编排有助于观众学习汉语和英语。

其次，字幕的翻译大多准确、简洁、一目了然，这在一定程度上可以视为出国过程中的优势。此外，一些对情节的意义和理解影响不大的琐碎和不重要的信息也被合理地省略了。例如，在影片的00：28分，韩子昂在狱中演奏的一首歌的歌词，歌曲的内容对于情节和观众的理解并不重要，因此，它的字幕被省略了。

最后，大多数字幕的翻译都以简单的形式呈现，以节省空间，帮助外国观众进一步了解中国文化，译者可能会采取各种翻译策略，而忽视原文的形式。以下是典型的四个字符阶段的示例。例如："概不赊账（cash only）""晚节不保（mess up my last dignity）"等等，这四个字符的阶段在形式和意义上都被简化了。

3. 结论

本文在多模态话语分析的综合框架下，分析《流浪地球》的字幕翻译、多模态对字幕翻译的影响以及译者的翻译策略，找出电影字幕翻译的优缺点。研究发现，多模态话语分析在电影字幕翻译中具有以下的优势：

首先，可以发现电影是典型的多模态组合单元。有时，内容的表达可能非常微妙，无法直接从语言表达中看到。因此，在字幕翻译中，有时单一的模态可以表达电影的意义。然而，有时仅仅从单一模态并不能充分表达源语言的意义。因此，应结合多种模态，尤其是听觉和视觉的结合，对电影中要表达的内容和演讲者的意图进行全面的分析。

其次，在多模态话语分析的视角下，翻译可以从视觉和听觉的角度考虑源语言的文化、语境、内容和表达等因素，进而选择合适的翻译策略，产生符合目标语言文化和表达因素的结果。

最后，从多模态话语分析理论的角度来分析电影字幕有助于拓宽该理论的研究领域，为电影字幕翻译的研究提供新的思路和视角，从而更好地发挥电影在文化交际中的重要作用。

参考文献

[1] Diaz-Cintas J, Gottlieb H. *Audio-visual Translation: Subtitling* [M]. Manchester: St. Jerome Publishing, 2007.
[2] Gambier Y, Gottlieb H. *Multimedia Translation* [M]. Amsterdam: John Benjamins Publishing Company, 2001.
[3] Halliday M A K. *An Introduction to Functional Grammar* [M]. London: Arnold, 1994.
[4] Kennedy L, Karamitroglou F. Towards a Methodology for the Investigation of Norms in Audiovisual Translation [J]. *Cadernos De Traduo*, 2000, 1 (5): 241–244.
[5] Martin J R. *English Text: System and Structure* [M]. Amsterdam: John Benjamins, 1992.
[6] 董海雅. 西方语境下的影视翻译研究概览 [J]. 上海翻译，2007（1）：12–17.
[7] 杜志峰，李瑶，陈刚. 基础影视翻译与研究 [C]. 杭州：浙江大学出版社，2013.
[8] 胡壮麟. 社会符号学研究中的多模态化 [J]. 语言教学与研究，2007（1）：1–10.
[9] 吕健，吴文智. 多模态话语分析视角下影片《金陵十三钗》的字幕翻译研究 [J]. 上海翻译，2012（4）：36–38.
[10] 王建华，周莹，张静茗. 中国影视翻译研究三十年（1989—2018）：基于 Cite Space 的可视化分析 [J]. 上海翻译，2019（2）：33–38.
[11] 张德禄. 多模态话语分析综合理论框架探索 [J]. 中国外语，2009，6（1）：24–30.
[12] 张春柏. 影视翻译初探 [J]. 中国翻译，1998（2）：49–52.

纽马克翻译理论视角下纪录片《南太平洋》字幕翻译研究

——— 廖小严 [1] ———

摘　要：纽马克翻译理论视角下，本文对纪录片《南太平洋》在央视网和腾讯视频中的两个汉译版本呈现出的不同翻译方法进行深入分析。研究发现：1）央视网翻译版本基本采取语义翻译方法，贴近源语；2）腾讯视频译本则采用交际翻译方法，更贴近中文观众的阅读习惯和语言风格；3）在进行类似纪录片字幕翻译时，采取有利于观众观看理解的交际翻译更为适切。

关键词：字幕；语义翻译；交际翻译

1. 引言

　　纪录片是记录和展示被摄主体真实生活的影视艺术形式，其字幕翻译在跨文化理解和文化交流中至关重要。由英国广播公司（BBC）于2009年制作的纪录片《南太平洋》，是一部描述南太平洋地区自然风光和生态发展的纪录片，不仅展示了大量有趣的场景，给观众带来了视觉上的震撼，还承载了关于南太平洋的文化内涵，极大地帮助了观众和研究者了解这一神秘区域。目前国内关于纪录片《南太平洋》的研究较少，且研究主题为纪录片音乐，尚未涉及其汉译字幕研究。随着传媒业和视听技术的发展，越来越多的学者开始对字幕翻译进行研究。如钱绍昌（2000）列举了影视语言特点，并将影视语言与文学作品语言进行比较；李运兴（2001）将字幕翻译概括为演绎、简化和直译三种策略；李娜（2015）从叙事学角度探讨了纪录片字幕翻译。上述研究主要集中在影视作品的字幕特点和字幕翻译策略上，鲜少涉及纪录片汉译字幕对比研究。鉴于此，本文基于纽马克语义翻译和交际翻译理论，对比分析《南太平洋》在央视网和腾讯视频中两版汉译字幕[2]，发掘异同，探讨纪录片字幕的汉译适切方法。

　　纽马克（1991）从语言功能的角度将文本分为表达型文本、信息型文本和呼唤型文本三种主要类型。纪录片本质上具有记录真实事件，向观众传递信息，讲述客观事实、数字和统计数据等特点。在纪录片《南太平洋》字幕中，除包含以上大量信息型文本外，亦存在一些描述野生动植物行为的句子，这些语句运用拟人、明喻、

---

[1] 2016级翻译专业学生；邮箱：736620328@qq.com。
[2] 央视版译文：http://tv.cctv.com/2012/12/10/VIDA1355147094026573.shtml。
　　腾讯版译文：https://v.qq.com/x/cover/ecbt4fi138suw09.html?。

隐喻等修辞手法，使文本更加生动易懂，提高观众对影片情感认同的主观能动性，并且呼吁观众保护南太平洋地区环境。因此，该字幕文本同时包含三种功能，其中信息功能占主导地位，表达功能和呼唤功能辅之。

译者在翻译过程中要明确文本的主要功能，并采取适当的翻译策略。语义翻译主要关注源语文本的语义内容，追求思想过程而非传递意图。（Newmark，2001a：39）译者在使用语义翻译方法时，应使译文在语义和句法上尽可能接近源语，于目标语读者而言，可能较为晦涩难懂。而交际翻译更注重读者理解和反应，译者用词往往更简单、清晰、直接，有助于读者更好地理解文本内涵。两种翻译方法都有其强烈的语言风格，在文本中表现明显。下文以语义翻译理论和交际翻译理论为指导，对纪录片《南太平洋》的两版中文字幕翻译进行分析，进一步探索适合纪录片字幕的翻译策略。

2. 词汇层面的字幕翻译

对同一词的不同翻译可以体现出不同译者对文本的不同理解。为了与意象和语境相匹配，有些词具有不止一层含义。例如：

例（1）

原文：In the endless blue, isolated islands harbour life that's rarely seen.（选自第 1 集）

央视版译文：无尽的蓝海里，孤立的岛屿孕育着稀有的生命。

腾讯版译文：无边无际的蔚蓝之中，彼此隔绝的海岛是一些珍稀动物的庇护所。

纪录片中该句所呈现的画面为大海中的一座孤岛。央视版译文使用逐字翻译法，更接近原文，将"harbour"译为"孕育"，把"life that's rarely seen"译为"稀有的生命"，表明那些孤岛是许多珍稀野生动物的栖息地。与央视版本不同，腾讯版本将"harbour"一词翻译为"庇护所"。译者将动词变为名词，表示这些孤立的岛屿是这些稀有动物生活栖息的绝佳之处。语义翻译法强调文本内容，而交际翻译法侧重于向读者传达信息，通过对比发现，央视版译文在传达内容上更直接，倾向于语义翻译法，腾讯译文则更接近交际翻译法。

例（2）

原文：A plant that has probably done more to change the fortunes of island life than any other, and one of the greatest long-distance travelers of all time. The humble coconut.（选自第 2 集）

央视版译文：这种植物帮岛屿做的改变远比其他任何植物都多，它也是有史以来最伟大的长途旅行者之一。谦虚的椰子。

腾讯版译文：它为改变海岛生物命运所做的贡献或许超过了任何其他植物，它也是极为了不起的长途旅行者。平凡的椰子。

该字幕画面为一个漂浮的椰子图像。这种植物可以随水从一个岛屿漂浮到另一个岛屿。"humble"在央视版本中被直译为"谦虚的",而在腾讯译文中,被译为"平凡的"。显然,这里"谦虚的"一词无法让观众准确理解该植物特性,观众易对译文产生疑惑。而"平凡的"一词兼具"普通的"和"不重要"的两层含义,更能准确刻画该植物平凡无奇的"外貌",与纪录片所表达的含义更贴切。

例（3）

原文：In fact, all these creatures are known to have been carried hundreds of miles out to sea by cyclones. When the storm subsides, most will meet a watery grave. But a very very lucky few will land on firm ground.（选自第2集）

央视版译文：实际上这些动物都曾被龙卷风带到一百千米远的海上。风暴平息后,它们大部分会葬身大海。但几个非常幸运的动物会安全降落到地面。

腾讯版译文：实际上这些动物都曾被气旋带到海上几百千米远的地方。当风暴平息后,大部分动物都会葬身大海。但少数备受眷顾的幸运儿能够安全降落。

这两句话表明气旋可以把许多动植物带到很远的岛屿上。两个版本译文的区别主要在于"a very very lucky few"的处理上,原文用了两次"very"来表示少数生物的幸运程度。央视版采用语义翻译方法,根据短语字面意处理为"几个非常幸运的"。而在腾讯版本中,译者使用"备受眷顾"以代表幸运的程度,并暗示只有少数生物在这个过程中幸存,因此腾讯版译文的处理更为适切。

例（4）

原文：In the boat's log, one of the survivors wrote, "the violence of raving thirst has no parallel in the catalogue of human calamities." They had almost run out of rations, and despite being experienced sailors, failed to catch a single fish.（选自第3集）

央视版译文：在船只的木条上,一名幸存者写下："这股疯狂渴望的暴力,是人类任何灾难无法比拟的。"他们的存粮快没了,虽然是经验老到的渔夫却捕不到半条鱼。

腾讯版译文：在航海日志上,一位幸存者写道："极度的干渴是如此暴虐,人类任何苦难都无法与之比拟"。他们的给养几乎要断绝了,虽是经验老到的海员,他们仍是半条鱼也捉不到。

该片段字幕描述了一些海难幸存者所面临的悲惨处境。他们漂流到一个荒凉的地区,这个地区因缺乏浮游生物而形成水漠。在央视版译文中,译者将"log"一词翻译成该词的原始义"木条"。而在腾讯版译文中,这个词被翻译成水手通常写的"航海日志"。依据上下文语境,与该段字幕协同的画面显示的是一艘漂浮着的小船,这艘小船并非由木板制成,腾讯版译文更符合观众对纪录片画面内容的识解,符合交际翻译中对读者友好的原则。

例（5）

原文：Rivers of liquid rock plunge over the cliffs and into the water below. This is the front line in a battle between the elements.（选自第 4 集）

央视版译文：好几条液态岩石流过山崖落入海水。这是两元素战争的最前线。

腾讯版译文：熔岩如河流般汩汩向前，越过悬崖，投身入海。这是自然力量交战的最前线。

这段文本描绘了熔岩流入大海的画面，火与水相互交融。第二种翻译即腾讯版译文采用了交际翻译的方法，更具画面感，表现了岩浆的形态以及这个自然现象，并且与画面的呈现呼应。"越过"和"投身"一般常用于形容人的行为，此处采用了拟人的手法，生动形象地展现了液态火山岩流动的画面。此外，在这里的语境中，"element"这个词意为火、水这类的自然元素。央视版译文对此采取直译，而腾讯版译文则是意译，意译"自然力量"正好符合火与水这类的自然界能量形式，有着更深的内涵，是更适切的翻译。

3. 句法层面的字幕翻译

英语与汉语在句法层面存在较大差异。在英语写作中，定语从句的应用普遍而广泛；在汉语写作中，人们通常用形容词来修饰名词或将句子分成几个短句；在英汉翻译中，往往需要注意句子结构的转换。这部分将会集中讨论两个版本的译文是如何处理纪录片中的定语从句的。例如：

例（6）

原文：Most famous was the giant moa, which looked a bit like an ostrich, but taller than an elephant. And there are many more birds whose haunting songs now exist here only in memory.（选自第 5 集）

央视版译文：其中最有名的是看起来像鸵鸟，但比大象还高的恐鸟。还有更多鸟类让人难以忘怀的歌声，现在只存在记忆中。

腾讯版译文：其中最有名的是高大的恐鸟，它们的模样类似鸵鸟，但是个头比大象还要高。这里还曾有更多鸟类，它们的歌声如今只存在于记忆中。

此处字幕描述了恐鸟的巨大外形和一些现在已经听不到的鸟类歌声。央视版译者将定语放在先行词"moa"之前；而腾讯版译者首先翻译先行词，然后翻译定语。第二句亦采用同样的方法。此外，腾讯版增译出"模样"和"个头"两个词语，分别表示恐鸟的外形和大小，使翻译更流畅。两个版本均采用语义翻译方法，但腾讯版在句法层面上更接近受众阅读习惯。

例（7）

原文：So there's hope for coastal fisheries on which local people depend.（选自第 6 集）

央视版译文：当地居民赖以为生的沿岸渔业出现了一线希望。

腾讯版译文：沿岸渔业看到了一线希望，这是当地居民赖以为生的根本。

此处字幕解释了当地人重新栽种珊瑚礁来帮助鱼类繁殖，从而发展渔业的行为。原文句子的先行词是"coastal fisheries"，从句部分是"on which local people depend"。央视版本选择先翻译定语从句，再翻译先行词，使从句成为形容词来修饰先行词，而腾讯版本采用顺译的翻译方法。两版译文都通顺，腾讯版译文用"根本"一词来强调渔业对当地人的重要性，符合交际翻译法中强调传达信息的原则。

例（8）

原文：This has allowed some animals to live here, which you wouldn't find this close to the equator.（选自第1集）

央视版译文：让通常不会在赤道附近看到的动物，得以生存于此。

腾讯版译文：由此，某些动物得以在这里生活，在赤道附近，通常是看不到它们的。

该片段字幕描写的是受强风驱动和大陆阻碍影响，冰冷洋流转而北上到达赤道，使得诸如海狮等动物可以靠冰冷且富含营养的洋流生活在赤道附近。在这个句子中，短语"some animals"是先行词。央视版本译者选择先翻译定语从句，将从句作为前置形容词，把主句的不定式放在句尾，改变原文语序。而腾讯版本译者则采用先翻译主句的方法，遵循原文语序。两种翻译皆有合理之处，但第二种翻译更符合交际翻译原则，容易被中国读者接受。

例（9）

原文：In an ocean where food is so hard to come by, the sharks can't afford to keep missing.（选自第3集）

央视版译文：在如此难以觅食的海洋，鲨鱼不能再失败。

腾讯版译文：在这片海洋中，食物很稀缺，鲨鱼经受不起连连失手的挫败。

这段出现在鲨鱼捕食猎物的画面。这个句子里，"where food is so hard to come by"是定语从句，修饰先行词"ocean"，两版译文都先翻译从句。不同之处在于，央视版译文将这个定语从句变成形容词，而腾讯版译文将其处理成主谓结构。两版译文都采取了语义翻译的方法，更加聚焦句子原意，但比起央视版，腾讯版译文较优之处在于使用了一个词"连连"。"连连"表示一次又一次，与"keep"所表达的意思相对应。

例（10）

原文：This tiny South Pacific island may not look like much, but it was once a mountain that towered above the waves.（选自第4集）

央视版译文：这座南太平洋小岛也许外观不起眼，但它曾是一座耸立海上的高山。

腾讯版译文：南太平洋上的这座小岛，也许看上去不太起眼。然而，它曾经是一座山峰，高耸于碧波之上。

这句话选自第4集的片头。画面呈现出一座小小的孤岛。在原文语句中，先行词是"mountain"，从句部分是"that towered above the waves"。央视版本译文仍然将它处理成一个带有形容词的名词，而腾讯版译文保留了原文的主谓结构。两个版本都将"towered"翻译成"耸"，意思是"站在某物上"。但是在腾讯译文中，单词"waves"被翻译成"碧波"，意思是"蓝色的波浪"，是中国文学作品中常见的一种表达方式，更具诗意，符合中国读者的阅读习惯，符合交际翻译法原则。

例（11）

原文：But how on earth can a seed become a tree in a place where there is no soil and no sign of fresh water?（选自第4集）

央视版译文：但在没有土壤的陆地上，种子怎么变成大树？这陆地也没有干净水源迹象。

腾讯版译文：可是，一粒种子怎么可能变成大树呢？这里没有土壤，也没有淡水的踪迹。

这个句子表现了夏威夷吸蜜鸟令人惊叹之处，同时也替观众提了一个问题。这个句子的先行词是"place"，译者们将这个长句分成两个短句，但其中一版翻译根据句子语序将译文做了一些小的改动。央视版译文把从句拆开，把短语"no soil"放在开头，而腾讯版译文则没有改变这些单词的位置。相比腾讯版译文，央视版译文处理得更为主观，此处央视版译文采用交际翻译的方法，腾讯版则是语义翻译的处理手法，总体来说两种译法都是合理的。

4. 修辞层面的字幕翻译

依据译者不同的翻译方法及主观选择，翻译版本间在修辞层面上会呈现出迥异的翻译风格。例如：

例（12）

原文：Though it's not easy turning down the advances of a suitor six times your size. A gentle nuzzle, and she appears won over.（选自第1集）

央视译文：虽然很难拒绝体型大六倍的追求者的殷勤。温柔地用鼻爱抚，看来它赢了。

腾讯译文：只是，恐怕谁都很难拒绝个头足有自己六倍的追求者。一个轻柔的爱抚足以俘获芳心了。

该文本解释了雄性象海豹向雌性象海豹求爱的过程。央视版本译者取"she appears won over"字面意，将其译为"看来它赢了"；而腾讯版译者则选择意译的方式，将其译为"俘获芳心"。原文中"gentle nuzzle"是拟人用法。显然，腾讯版译文不仅能够贴合视频片段，而且能更好地诠释其中寓意，符合交际翻译为读者服务的原则。且使纪录片生动亲切，更能引起观众的注意和兴趣，此处腾讯版译文更深谙此道。

例（13）

原文：In doing so, animal castaways now reached new islands at a rate never seen before, changing the nature of the South Pacific forever.（选自第 2 集）

央视译文：也因此，流浪的动物以前所未有的速度抵达各个新岛，永远改变了南太平洋的自然生态。

腾讯译文：自此，四海为家的动物以前所未见的速度踏上各个新海岛，永远地改变了南太平洋的原始面貌。

该片段字幕出自第 2 集结尾处，总结了该集主题。在央视译文版本中，译者将"animal castaways"一词翻译成"流浪的动物"，表明那些被风或水带走的动物的处境。腾讯版本译者则选用"四海为家"这个四字成语来拟人化这些动物，意为无论身在何处，都要以之为家。该词浪漫且诗意，使译文更具文化色彩，符合中文结尾点题升华的特点。

例（14）

原文：With food so hard to come by in the open ocean, newly hatched sooty tern chicks are easy pickings for the larger frigate birds.（选自第 3 集）

央视版译文：在远洋觅食如此困难，新生乌燕鸥很容易就成为大型军舰鸟的猎物。

腾讯版译文：在茫茫大海上觅食十分艰难，刚出壳的乌燕鸥在更壮硕的军舰鸟眼里就是唾手可得的猎物。

这句话描绘了一只刚出生的乌燕鸥形象，它很小，很虚弱，很容易成为军舰鸟的猎物。央视版译者将短语"easy pickings"字面译为"容易成为猎物"。在腾讯版译文中，译者使用成语"唾手可得"译"easy"，运用拟人的修辞手法，使译文更加生动形象，贴近译入语读者。

例（15）

原文：Only when they have become 30-tonne giants, will the largest predators on Earth finally return to the tropics to compete for a mate.（选自第 3 集）

央视版译文：等它们长到 30 吨重，成为地球上最大的掠食者，它们才会回到热带交配。

腾讯版译文：直到长成为重达 30 吨的巨兽，地球上最大的食肉动物，它们才可以终于返回热带，为争夺配偶而一决高下。

该字幕解释了抹香鲸的生活。"一决高下"有"一战定胜负"的意思，在原文中并未直接出现，腾讯版译者将"compete"译成"一决高下"，拓展了"compete"一词的使用维度，运用拟人的修辞手法，使译文更加形象化。央视版译文简短鲜明，亦可被读者接受。不同译者在翻译相同文本时具有不同的翻译风格，但腾讯版译者使用拟人修辞手法，更生动形象，接近读者，符合交际翻译原则。

例（16）

原文：Imported for their fur two centuries ago, they soon reached plague proportions, stripping trees of their vegetation.（选自第5集）

央视版译文：两百年前，人类为了它们的毛皮引进它们，他们很快达到灾祸规模，使树木光秃。

腾讯版译文：人类在两百年前为获取皮毛而引进袋貂，它们很快泛滥成灾，树上的绿叶被它们一扫而光。

这个句子描述了澳洲袋貂数量之庞大与其惊人的破坏力。短语"plague proportion"意为"大量"。央视版译文的"灾祸规模"意为"规模庞大且达到了灾难的地步"。"泛滥成灾"这个成语表现了某物传播广泛且猖獗。短语"strip of"与"deprive of"意思相近。央视版译文表达了袋貂肆虐使得树木光秃，而腾讯版译文将"trees"作为句子主语并使用被动句来翻译。"一扫而光"这个成语描述了某物一下子被扫除干净。腾讯版本译文生动地运用了两个四字词语来表现澳洲袋貂惊人的数量。

例（17）

原文：Each village attempts to out-dance its neighbors in a display of friendly rivalry.（选自第5集）

央视版译文：每个村落试图在友善对抗中击败对方的舞蹈。

腾讯版译文：各个村子展开了友好的对抗，努力在舞蹈上胜出一筹。

这段字幕讲述了瓦努阿图坦纳岛的托加节庆祝活动。所有村民借此庆典盛装打扮，参加为期三天的舞会。"out-dance"这个单词表示比别人跳得好。央视版译文将这词直译为"击败"，而腾讯版译文则用了"胜出一筹"这个成语，意为在某方面技艺或技能超过别人。腾讯版译文译者能较好地理解句子原意，能使用合适的成语来表达句子意思。

5. 结语

根据纽马克翻译理论，纪录片《南太平洋》字幕同时具有表达功能、信息功能和呼唤功能。在信息型文本和呼唤型文本翻译中，适合采用交际翻译法。从词汇层面、句法层面和语言风格三方面对比分析两个版本译文，研究发现央视版本主要采用语义翻译方法，更侧重于源文本，翻译缺乏灵活性。腾讯视频版本主要采用交际翻译方法，风格更接近目标受众的语言习惯和风格，更适合于观众观看和理解。因此交际翻译法是翻译纪录片字幕类文本较为适切的翻译方法。

参考文献：

[1] Gambier Y. Subtitling [C]. // Keith B. *Encyclopedia of Language and Linguistics*. Boston: Elsevier, 2006: 260–265.

[2] Gottlieb H. Subtitling: Diagonal translation [J]. *Perspectives*, 1994 (1): 101–121.

[3] Gottlieb H. Subtitling [C]. // Baker M. *Routledge Encyclopedia of Translation Studies*. London: Routledge, 1998: 244–248.

[4] Gottlieb H. Subtitles and International Anglification [J]. *Nordic Journal of English Studies*, 2004 (1): 219–230.

[5] Newmark P. *Approaches to Translation* [M]. Shanghai: Shanghai Foreign Language Education Press, 2001a.

[6] Newmark P. *A Text Book of Translation* [M]. Shanghai: Shanghai Foreign Language Education Press, 2001b.

[7] Newmark, P. *About Translation* [M]. Clevedon: Multilingual Matters, 1991.

[8] 郭佩英，王桐华. 从归化异化角度看英文纪录片的字幕翻译 [J]. 海外英语，2017（5）：1–2.

[9] 李治. 纽马克的文本分类及其翻译方法探讨 [J]. 疯狂英语（教师版），2010（3）：197–201.

[10] 钱绍昌. 影视翻译：翻译园地中愈来愈重要的领域 [J]. 中国翻译，2000（1）：61–65.

CAT 模式下汽车养护产品宣传册翻译研究

―――――― 唐慧群[1] ――――――

摘 要：本研究采用在线 CAT 网页 YiCAT、有道翻译以及语帆术语宝等工具，展开对某德国汽车养护产品宣传册翻译研究，并聚焦"机器翻译＋译后编辑"模式下，汽车养护产品宣传册翻译的步骤过程与难点。基于 Newmark 交际翻译理论，得出在汽车养护产品宣传册翻译中译后编辑的调整策略。在词语层面，需要考虑模糊语义的具体化阐释、多义词汇的专业化选择、文化特色词汇的归化以及读者认知顺应下的产品名称本地化；在句子层面，需要将句子进行结构上的重组，并且省译机器翻译中赘述部分。

关键词：CAT 翻译；宣传册文本；人机交互；交际翻译

1. 引言

自 1933 年法国工程师阿尔楚尼提出"机器翻译"（Machine Translation，简称 MT）概念后，机器翻译经历了萌芽、发展、首次试验、沉寂萧条、再度复苏等阶段。时至今日，在互联网大数据蓬勃发展、科技时代快速推进的背景下，机器翻译已经逐渐步入成熟，翻译工具逐渐丰富，市面上出现了如谷歌翻译、有道翻译、百度翻译、Deepl 等翻译工具。译后编辑（post editing，简称 PE）即在机器翻译的基础上，译者根据原文对译文进行修改、润色、加工，并且形成最终译文的过程。《2018 年中国语言服务行业发展报告》的数据显示，2018 年"机器翻译＋译后编辑"的翻译模式市场需求占总体语言需求的 47%。

然而，目前的翻译市场中，不少客户仍对"机器翻译"谈之色变，在许多项目上都要求禁止使用机器翻译。殊不知，在结合当代的大数据以及语料库运用之后，机器翻译在一般和常用文本的英译汉准确性和可读性上已达到一定水平。（严辰松，2021：2）机器翻译与译后编辑结合的翻译模式能够加快翻译效率。在英译中的翻译里，该模式可以帮助译员理解语言结构较为复杂的英文原文；在中译英里，则可以为译员提供地道准确的表达，并能进行语法自我校正。

2. "机器翻译＋译后编辑"模式下的翻译过程

翻译过程分为译前、译中和译后编辑三个阶段。译前涉及文本选择、工具选择、

―――――――――――
[1] 2017 级英语专业学生；邮箱：tiffanytang11@qq.com；指导教师：宋菁，副教授，在读博士。

术语库收集与整理。译中主要是创建项目、执行翻译任务、添加翻译引擎等等。译后编辑则需要译员对机器翻译结果进行理解与变通，并对照原文将译文润色修改，保证译文质量达标。

2.1 译前预处理

首先是翻译文本的选择。叶子南（2022）提出了文本翻译的可机译性和不可机译性，并且将文本大致划分为"硬文本""软文本""偏硬文本""偏软文本"等。在硬文本中，词义解释的余地小，文本个体特征弱，翻译决策需要术语的支援，对语境的依赖较少，并且可进行译后编辑，文本功利性强，等等。由于机器翻译的机械性，硬文本在机器翻译中的表现较为出色。而该项目文本为汽车产品宣传册，其中包含大量车辆行业术语，商用性质强，句法工整，短句抒情句较少，因此适用于机器翻译的对象，但少量含有呼唤性质的文本以及地方文化词汇需要译者的干预。

其次是术语的提取和术语库的建立。本次术语提取采用国内新兴术语提取网站"语帆术语宝"平台。第一步，经过原文本的 PDF 到 Word 的格式处理之后，导入其网页中的"单语提取"，语言设置为"英语—简体中文"，并且调节词频、词长度以及提取数量，共得到 175 个术语。接着就生成的结果进行线上选择与修改（如图 1），确定后导出 Excel 术语文档（如图 2）。经过笔者的实践，该术语提取网页仍存在文章内部分重点术语提取不到的情况，因此在之后的译后编辑中仍需补充查阅遗漏的术语。此为术语提取的难点之一，而目前市面上的几大术语提取工具都存在类似问题。要确保术语的准确性和专业性，研究中使用了语帆术语宝内自带的术语搜索引擎（如图 3）、BBC 语料库以及术语在线三个术语网站。经检验，大部分术语都能查到，但仍存在一些难以查阅的术语。此时则需要用到必应搜索引擎，通过网页的碎

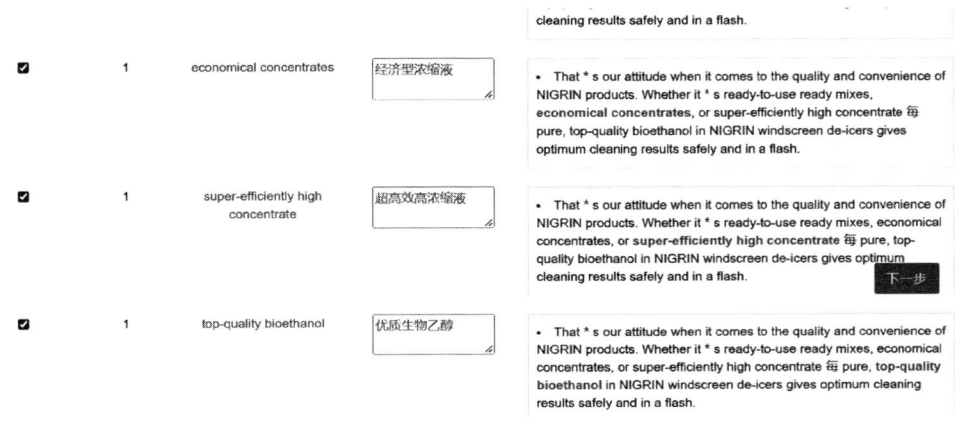

图 1 术语修改

片化信息整理得出译文。此外，还可借助有道翻译的网络释义以及专业释义部分找到相关译文。第二步，建立术语库。该过程需要用到 Trados 的术语转换工具 SDL Multiterm Convert，将 Excel 表格导入到术语转换工具中，经过一系列设置之后，获得 xdt. 和 mtf. 后缀的文件，接着需要使用 SDL Multiterm 工具进行如下操作：创建术语库——载入现有术语库定义文件——导入 xdt. 文件——完成一系列设置之后得到术语库的结构，再在该术语库中导入术语转换获得的 mtf. 文件，最后双语条目便得以显示完全（如图 4）。

英文	中文
external cleaning	外部清洁
plastic and glass surfaces	塑料和玻璃表面
Interior cleaning	内部清洁
Porsche Carrera Cup	保时捷卡雷拉杯
accessories covers	配饰套
metal polishing paste	金属抛光膏
NIGRIN BLACK LABEL	尼格林黑标
care testers	护理测试仪
NIGRIN MOTO-BIKE product range	尼格林摩托车产品系列
exhaust systems	排气系统
bodywork filing	车身填充物
interior fittings	内饰配件

图 2　部分术语展示

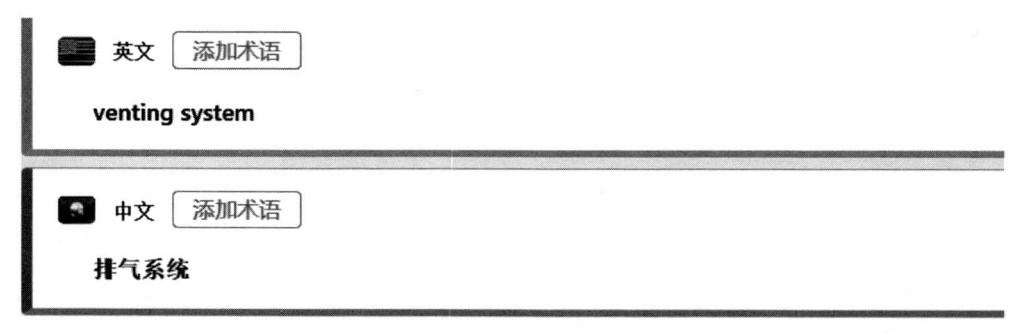

■ 英文　[添加术语]

venting system

■ 中文　[添加术语]

排气系统

图 3　术语库显示界面

CAT 模式下汽车养护产品宣传册翻译研究

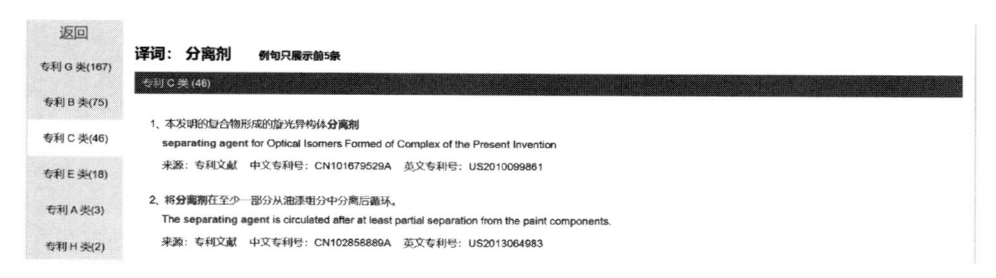

图 4 术语确定

最后是机器翻译工具的选择。根据中国外文局《2022 中国主流 AI 翻译机竞争力发展报告》，用户满意度较高的前三者为科大讯飞、印象笔记以及有道翻译。而印象笔记和科大讯飞并未推出翻译插件，笔者在实际使用过程中发现有道翻译输出的成果较为满意，因此本次翻译项目研究选择采用的机器翻译工具为有道翻译。此外，YiCAT 是一款免费的国内新兴翻译辅助在线平台，其页面简洁明了，操作易上手，有 Trados 入门知识的译员可以很快掌握该产品，而没有 CAT 软件基础的译员也可以快速上手使用。此软件自动搭载各类翻译软件插件，可供选择性强，其翻译编辑器的基本功能与 Trados 类似，但是操作更简单，非常适合做中小型翻译项目。

2.2 译中操作

在进行译前的充分准备之后，便可以开始执行翻译任务。首先创立翻译项目（如图 5），将原文本导入翻译项目中，选择语言对，选择翻译引擎，在项目中添加上述做好的术语库，确认完毕后网页会自动将原文分为若干个句段，并在旁边提示术语库中的术语（如图 6）。

图 5 创建项目

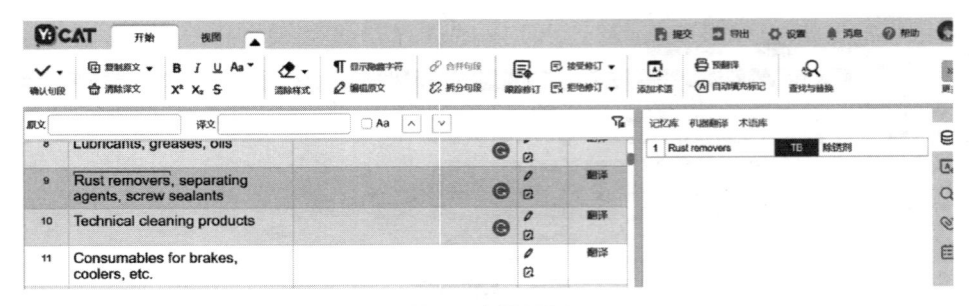

图 6　翻译界面

2.3　译文编辑

机器翻译中人脑机能的缺失，造成机器在处理自然语音时的困难，以及人的主体性的缺失，这时译者的主体性便至关重要。（陈伟，2020：77）在"MT+PE"的模式下，译员的翻译过程与人工翻译略有不同。译员首先是吸收机器译文带来的信息，其次是发挥译者的主体性，在机器译文的基础上回看原文，确保翻译的合理性和准确度，考虑意义的开放性以及表达的创造性来对词语进行选择，对句子进行结构的重组，对逻辑加以变通。这个过程节省了译员对复杂原文的理解与处理时间，转而提高了对译员在译文处理上的要求。其实这是进行"二次翻译"的过程，因此译后编辑至关重要，且同样需要遵循一定的翻译原则。

继纽马克六种语言功能的分类后，提出了三种基本的文本类型：信息型（报刊、会议记录、报告等），表达型（散文、诗词、小说等），召唤型（说明书、宣传册、广告等），并提出了两种宏观的翻译概念：语义翻译（semantic translation）以及交际翻译（communication translation）。语义翻译强调原文本的权威性或者文学性，译文与原文的形式接近。交际翻译强调产生的效果，重新组织句法，让译文通顺地道。该文本除了部分涉及介绍说明的信息型文本外，大多数是含有呼唤功能的句子。机器翻译在翻译此文本时有其局限性，需要进行译后编辑。根据辛献云（2001：74–76）对 Newmark 交际翻译的总结，得出其交际翻译的准则大致如下：

（1）注重读者的阅读感受，让读者做出原文本想要的反应；
（2）译文需要通顺易懂，利用目标语的优势，可以跳出原文表达方式，摆脱原文逻辑；
（3）具有文化色彩的词语可以用目标语的对等词取代；
（4）表达含糊难以理解时，译者需要进行改写，删去重复赘述；
（5）广告语言甚至需要较大的改动以至重写；
（6）了解读者群体的知识水平。

有了以上基本准则的指导，译后编辑的方向得以明确，译者可以接着从词汇与句子两个层面进行润色。

3. 译后编辑的词句处理

3.1 模糊语义的具体化阐释

机器翻译是计算机依据源语和目标语的转换规则与统计模型的匹配关系进行翻译的过程，难以识别并再现源语文本的语气和情感，只注重字面意义或者浅层意义的对应。（胡开宝、李翼，2016：12）因此，在机器译文中，词汇的过度机械化对应或者直译会忽视掉源语文本的含义，且往往会脱离语境，导致表意不明，读者难以理解。鉴于此，译员在进行译后编辑时，要着重注意那些不通顺或者读起来晦涩的句子，并根据交际翻译的原则进行修改，把其中的隐含义表达出来，将其进行具体的阐释。如以下例子：

例（1）Car enthusiasts are fascinated by technology, especially when it's actually tangible.

机器译文：汽车爱好者着迷于技术，特别是当它是实实在在的时候。

人工修改：汽车爱好者着迷于科技，特别是切实存在的科技产品。

例（2）People who don't bother about vehicle care might think that some of the gadgets are a bit too theoretical, but regular users find them a practical means of making work easier.

机器译文：不关心车辆保养的人可能会认为有些小工具太理论化了，但普通用户会发现它们是一种使工作更容易的实用方法。

人工修改：不关注车辆保养人们或许会认为这些小工具并不实用，但客户一经使用，便能发现其给工作带来的巨大便利。

针对例（1）的翻译，机器译文将"tangible"直译为"实实在在"，不免令读者摸不着头脑。译者对照原文一读，结合下文引出汽车蓬勃发展以及养护产品的介绍，推断出其要表达的是与虚拟科技相反的实体科技产品。因此，将"实实在在"这个形容词改为名词"切实存在的科技产品"。在例（2）中，"theoretical"直译为"太理论化了"，该处虽读起来尚可理解，但是却依旧有些不明所以。为什么工具是"理论化"的呢？在查找了牛津词典、柯林斯词典之后，发现其中文译文大多也只是把这个单词简单解释为"理论化的，有理论依据的，假设的"等，但结合英英释义"concerned with theories rather than practical application"，联想到中文"徒有其表""并不实用"的表达。而在具体语境中，该句的上一段介绍的是精致的法兰绒指套，因此这里讲的并不是这些小工具"太理论化"，而是说有人认为这些工具过于华丽高端，却并不实用。但实际上，该产品所要宣传的便是其不仅拥有美观的外表，还兼具实用性的特点。因此，此处的"理论化"宜改为"并不实用"。

3.2 多义词汇的专业化选择

在具体领域的专业文本中，往往有许多单词另有他意，且并非生活中常用的词汇，机器翻译若没有设置特定的翻译领域语言，或者术语库中并没有收录的话，则难以识别这些单词的正确用法，这需要译员多留心这些可能具有其他含义的词汇，以免出现讹误现象。

例（3）Lubricants, greases, oils

机器译文：润滑油、润滑脂、油

人工修改：润滑剂、润滑脂、润滑油

例（4）The NIGRIN Performance Range

机器译文：NIGRIN 性能范围

人工修改：NIGRIN 性能产品

在例（3）中，可以看到机器翻译对"oil"的处理只是简单翻译成了"油"，而此处是该公司提供的液体产品清单之一，提供"油"并不合理。在译者对汽车中的"油"进行网络搜索之后，得出了"润滑油"一词，前面的"lubricant"为水性溶剂，而后面的"oil"为油性溶剂，二者功效稍有不同。在例（4）中，"range"一词不应直译为"范围"，在宣传册的翻译里，结合牛津词典的解释，"range"应当作"系列产品"之义。

3.3 文化性词汇的归化

在源语文本中，难免会有一些本土化的表达和具有本土文化特点的词汇。因此在生成机器译文后，需要针对这些词汇进行本地化处理，顺应读者认知，以得到良好的宣传效果。这时。译后编辑需要将这些词汇转化为目标语读者文化中的替代词汇。

例（5）The number of stylish classic cars and "youngtimers" that people can still maintain for themselves is rising.

机器译文：时髦的老爷车和人们可以自己保养的"年轻一代"的数量正在增加。

人工译文：时髦老爷车的数量不断增加，易于自行保养的"经典老车"也越来越多。

例（6）The first range of NIGRIN car care products was introduced in 1963, marking the start of the "more recent" success story of NIGRIN as a specialist in everything to do with the appearance, protection and value retention of "Germany's favourite child."

机器译文：第一批尼格琳汽车护理产品于1963年推出，标志着尼格琳"最近"成功故事的开始，成为"德国最喜爱的孩子"的外观、保护和价值保留方面的专家。

人工修改：1963年，首批尼格琳汽车护理产品推出，标志着尼格琳近期成功故事的开启。自此，该品牌成了汽车美容、维护以及保值的专家，悉心呵护德国人"视若珍宝"的爱车。

在例（5）中，"youngtimers"并没有在词典里查到意思，机器将其处理为"年轻一代"，尚可理解，但是不明白"年轻一代"具体指什么。Urban Dictionary 中对

该单词的解释则为：A common term used in Germanic car culture, a Youngtimer is a well kept car that is of the age between 20–30 years old（德国汽车文化中常用的术语，指的是保养良好、使用年限 20~30 年的汽车）。结合英文释义，此处修改为"经典老车"。在例（6）中，"Germany's favorite child"直译为"德国最喜爱的孩子"，在德国文化里，该处指的是车子，但是考虑到读者的认知水平及文化习惯，此处将其归化为四字成语"视若珍宝"。首先，"child"一词可以与"宝"相对应。其次，"德国最喜爱的孩子"也正表明了德国人对汽车的喜爱与珍惜，选用该成语从语义上也非常接近，同时添加了"爱车"作为补充，使译文更加清晰明确。

3.4 产品名称本地化

在产品宣传册的翻译中，不免会存在不少产品名称，有的品牌会选择"零翻译"策略，比如 Office、Adobe 系列产品的译名。在本次翻译项目中，考虑到宣传推广的目的，以及读者或许并没有熟悉英文产品的能力，因此具体产品的系列仍需要翻译出来并做进一步说明。同时，在机器翻译中，有的并没有翻译出大写单词，有的翻译有误，因此译者需要关注这些产品名称，并且要及时修改。例如将"NIGRIN MOTO-BIKE"改为"尼格琳摩托车系列"，将"NIGRIN BLACK LABEL"改为"尼格琳黑标产品"，将"The Premium Range"改为"高端系列"等。

3.5 句子结构重构

由于中英文在语法结构上具有差异，机器翻译有时只是对应了句段，没有处理句子中的逻辑与顺序，读起来难免有一股浓厚的翻译腔，不符合目的语的阅读习惯。因此，在译后编辑时，译者需重构此类句子，即按照前后重点、时间顺序或者逻辑顺序进行修改。

例（7）The same applies for anyone who's added customized installations and extras, DIY fans and model builders who use our products for their hobbies and creations.

机器译文：同样适用于任何添加了定制安装和额外功能的人、DIY 爱好者和模型建设者，他们根据自己的爱好和创作使用我们的产品。

人工修改：同样地，无论是拥有高级定制和附加设备的爱车人士，还是出于喜好或创作需要的汽车 DIY 和建模爱好者，这些产品都适用。

例（8）We have developed NIGRIN BLACK LABEL for everyone who is just as fascinated by the art of driving and the preservation of these mobile beauties.

机器译文：我们为所有同样着迷于驾驶艺术和保护这些移动美女的人开发了 NIGRIN BLACK LABEL。

人工修改：许多客户热衷于驾驶艺术和美车收藏。由此，我们为这些客户打造了尼格琳黑标产品。

机器翻译由于其句子分析的机械性，在生成译文时难以抓住不同语言结构中的重点。在例（7）中，需要强调的是产品的适用性，以及客户群体覆盖范围之广。而此处的机器译文侧重于客户"根据自己的爱好和创作使用产品"，因此需要把条件状语提出，把结论后置，将客户群体前置，把"适用性"作为结论，最终得到修改后的译文。对中英文句子结构中重点信息进行处理，既是人工翻译里需要调整的方向，也是未来机器翻译程序设置中需要进行完善之处。例（8）中的机器译文，句子过于冗长，为了让句子含义明确，减少阅读困难，译者需要进行断句处理。断句的时候，译者还需要根据中文的语言习惯先把时间顺序表明出来，最后列出结果，即先强调"许多客户热衷于驾驶艺术和美车收藏"，再交代"由此我们为这些客户打造了黑标产品"。

3.6　省译赘述部分

在机器译文中，通常会有一些重复表达或者意思相近之处。为了保证原文的通顺、简洁，译者需要在译后编辑的时候省略掉这些重复赘述的部分，以便抓住句子的重点意思。

例（9） We understand our duties and responsibilities when it comes to the repair and maintenance of vehicles—that's why our product portfolio also includes repair products for exhaust systems.

机器译文：当涉及汽车的维修和维护时，我们明白我们的职责和责任——这就是为什么我们的产品组合还包括排气系统的维修产品。

人工修改：我们深知车辆维修与养护的使命，为此，NIGRIN各系列产品中不乏排气系统的维修工具。

例（9）的机器译文虽然读起来没有困难，但是却不够地道，也不够简洁。其中"这就是为什么"可以直接省略为"为此"。"涉及汽车维修和维护""职责和责任"也可以直接合成一句"车辆维修与养护的使命"。"产品组合还包括排气系统的维修产品"则需更加具体为"排气系统的维修工具"。

4. 总结

本文对"机器翻译+译后"模式下汽车产品宣传册的翻译进行研究，翻译所采用的辅助工具含国内新兴在线翻译平台"YiCAT""语帆术语宝""术语在线"等。在翻译过程中，首先就译前准备进行了梳理，如术语的提取以及术语库的制作。其次展示了译中项目的创建与执行，最后对译后编辑原则进行了探析。由于机器翻译的机械性以及脱离语境，译文需要译员进一步优化处理。本文从词汇、句子两个层面讨论了文本中部分典型句子和词汇的译后编辑方法，得出以下结论：一、由于中英文用词的差异，往往在英翻中时需要进一步阐释某个词汇的具体含义。二、不同语境下以及不同专业领域中，单个词汇可能含有其他不常见用法，因此需要结合领域选择准确的含义。三、为了达到交际的目的，发挥宣传册给读者带来的效果，文化性的词汇需要进行归化处理。四、在涉及产品名称的翻译时，需要考虑读者的认识进行名称本地化，使品牌得以有效传播。本研究顺应了如今数字化翻译的潮流，为宣传册的翻译提供了译后编辑的要点，为今后其他译员的工作提供了参考，也为语料库和翻译机器学习提供了参考数据。

参考文献

[1] Newmark P. *Approaches to Translation* [M]. Oxford: Pergsmon Press, 1981.
[2] 陈伟. 机器翻译对译者主体性的解构：兼论人工翻译的未来落脚点 [J]. 外语研究，2020，37（2）：76–83.
[3] 胡开宝，李翼. 机器翻译特征及其与人工翻译关系的研究 [J]. 中国翻译，2016，37（5）：10–14.
[4] 宋江文，胡富茂."机器翻译＋译后编辑"模式下的经济史文本翻译研究：以《20 世纪经济理论知识史（1890—1918）：资本主义黄金时代的经济学》自译章节为例 [J]. 河南工业大学学报（社会科学版），2021，37（4）：13–20.
[5] 辛献云. 从 Newmark 的文本范畴理论看翻译标准的相对性和多重性 [J]. 解放军外国语学院学报，2001（2）：74–76.
[6] 严辰松. 机器翻译取代人工翻译还只是愿景：机译英译汉实例点评 [J]. 翻译教学与研究，2021（2）：1–12.
[7] 叶子南. 人文翻译与机器翻译的本质区别 [Z]. 许国璋高研院学术讲堂，2022.
[8] 中国翻译研究院，中国翻译协会. 中国语言服务行业发展报告 [R]. 北京：外文出版社，2018.
[9] 中国外文局. 2022 中国主流 AI 翻译机竞争力发展报告 [EB/OL]（2022–05–27）[2022–06–18]. http://www.catticenter.com/uploadfiles/files/2022-05 27/edo20220527052540 7376314.pdf.

高校公众号新闻编译策略：
广西大学 TAG 资讯编译社个案考察

———— 常上晖[1] ————

摘 要：高质量的外宣新闻对吸引国外人才来华旅学、加强中西方交流合作、提升中国国际地位起着推动作用。高校公众号是学校的名片，更是传播中国声音、讲好中国故事的重要渠道。以广西大学外国语学院创办的 TAG 英文编译社为例，在翻译目的论的指导下，高校英文公众平台应当把握"有效传播"这一目的，尊重文化差异性，根据事件选取、逻辑隐喻和译语处理三个方面，在顺应当代中国媒体的运营规范的基础上，为高校英文公众号平台探寻有效的新闻编译策略。

关键词：新闻编译；信息公众号；目的论

新媒体产业在信息技术高速发展的过程中稳步向前，公众号平台的使用也随之变得频繁。订阅号、服务号的使用普及，使得公众号平台已然成为当代信息传播的重要阵地。随着中国和世界的信息往来日益密切，许多机构和组织也逐渐开始搭建其服务对外宣传的双语媒体公众号平台。

本文以广西大学外国语学院的 TAG 资讯编译社英文公众号平台所发布的新闻编译稿件为研究对象，从目的论的角度，结合新闻编译的手法和要求，对平台上新闻稿件的编译方式进行剖析，总结在公众平台上进行新闻传播时遇到的常见问题，提出对应的解决方案。

1. 目的论视域

目的论有三个原则，分别为目的原则、忠诚原则和连贯原则。其中，目的原则要求译者根据翻译目的选择合适的翻译策略，即翻译目的决定翻译策略和翻译方法，这也要求译者在翻译过程中要注意考虑阅读群体的阅读感受，增强译文的可读性，让目标语读者体会源语优秀文化，加强语言文化交流从而达到交际的目的。（庞宝坤，2022：105）为了有效地传播校园文化，取得高校新闻信息传播的最佳效果，在校园平台发布的英语新闻，应当更加注重编译。发布的英文类稿件应以国际受众为着眼点，明晰英汉文化差异，选取更容易为国际读者所接受、符合国际受众文化背景的文本表达方式。

---

[1] 2019 级翻译专业学生；邮箱：1318529107@qq.com。

因此，基于忠实连贯的原则，以"有效传播"为目的，在编译上"下足功夫"，谨慎处理文化之间的差异性，才能更好地传播校园文化、传递中国声音，搭建一个多元文化的信息交流平台。

2. 公众号新闻编译概述

2.1 公众号平台特点

社交媒体因其新闻属性，以新颖性创新、突破性研究为代表的高价值内容更容易被传播、被网络效应放大；同时，社交媒体交互行为的"低成本"特征更是加速了优质内容的传播和筛选效率。（吾喜洪、王小梅、陈挺，2022）以微信为例，自腾讯公司 2012 年推出微信公众平台以来，微信已成为各领域信息传播的重要平台，也是学术信息服务的重要载体。（牛晓菲，2022：49）

一方面，作为国内当前公众使用率最高的沟通平台和"荧屏阅读"平台，微信凭借信息传播高效性的优势，在提倡"无纸化"阅读的背景下，加速了信息传播，使得信息交流更为便捷。另一方面，在"媒体技术化"日益融入经济社会发展各个领域和数字技术带来了新的机遇和创新动力的背景下，微信公众平台通过集文字、图片、视频等于一体的特点，在使用范围扩大的同时，扩大了新闻信息的影响范围，实现了新闻传播的双向突破，同时为国际传播带来媒介层面的技术支持。

2.2 新闻编译特点

"编译"一词，最早是由翻译学者卡伦·斯戴汀提出，她将"编辑"（editing）和"翻译"（translating）两个概念进行整合，提出"编译"（transediting）这个概念。（Stetting，1989：371–382）

该观点表明了编译是夹杂着编辑的翻译行为，是"先编后译"的过程。译者需要基于一定的新闻编辑逻辑和新闻习惯，在不改变原有内容含义的情况下，编辑、构建合适的文本框架。公众号平台传播的特殊性，也决定了其翻译加工的独特性，译者在翻译时要根据平台传播的习惯，合理、恰当地运用翻译手段处理文本。

新闻编辑关系着新闻宣传目的的实现以及对传播渠道特点的适应，而微信公众号作为新闻传播的新形式，在很多方面突显新闻实时传播的价值。作为对外宣传的一种方式，新闻编译不仅仅是简单的翻译过程。张健（2013：67）认为，"外宣翻译不是逐字逐句机械地把中文转化为外文，而是要考虑读者的需求，实行'内外有别'"。特别是在移动互联网、社交媒体、短视频等新兴媒介快速发展的趋势下，我国新闻媒体的外宣渠道建设与外宣内容创新相对滞后，国际传播能力建设需要不断加强。（郭新华，2021：59）

2.3 基于翻译目的论的编译策略

中文新闻媒体注重全文篇幅构建及人物故事塑造；而英语新闻更注重明晰的架构和生动的细节。（何嘉莹，2020：83）因此，从目的论的角度出发，要实现英语类新闻公众号的传播效果最大化，使得目的语读者能切实理解新闻信息，需要从两个方面对编译文本进行把关。一是从编译的源头入手，二是从编译的传播过程入手。

首先，从编译的源头入手，应该严格把关编译者的编译能力。作为新闻内容的发布者，公众号平台的编译成员需要有良好的新闻素养，坚守意识形态底线，了解国家新闻出版的规范要求；掌握英语新闻的结构模式，拥有扎实的新闻写作能力，从而使编译后的新闻文章更贴近国外受众的信息需求。

其次，鉴于对外新闻以英语为主要传播媒介的特点，对外新闻要实现对外信息传播的影响效果，关键在于新闻编译的质量。（袁卓喜，2020：23）因此，从稿件的审核和修改过程来看，公众号平台的责任编辑应该严格审核不符合目的语文化背景和文化习惯的表达方式，在合理的新闻结构以及遵循翻译原则的基础上，对文章进行专业的修缮指正，以提升文章内容质量。

最后，在传播过程中，受限于平台的功能，有些文稿的编排方式会受到影响。基于此，合理的传播设计及传播策略能够为新闻信息传播"锦上添花"。例如，提炼有价值并且富有吸引力的新闻标题。在准确表达主要新闻事实的同时，英语新闻的标题应该保证有足够的信息量，并尽量做到信息完整。作为阅读者第一眼获取到的信息内容，新闻标题在传播中也有着举足轻重的地位。公众号的编辑主要使用秀米以及其他类似文章编辑软件的排版设计，为符合目的语群众的阅读习惯，编辑在文字排版方面的处理上也要"下功夫"。

3. 高校公众号新闻编译

互联网的大众化、简易化、科技化使得各大媒体平台迎来绝佳的发展空间。微信公众号作为重要的信息传播新媒体平台，逐渐成为文化传播与意识形态构建的重要渠道。在高校信息传播中，微信公众号占据着传播的主导地位，其即时推送、一对多精准传达的特殊属性，满足了绝大多数师生获取日常相关信息的需求。

媒体社会学家 Gaye Tuchman（1978：1）曾做过这样的比喻："新闻犹如认知世界的窗口，而通讯社则决定了我们如何看待和理解我们的世界。"微信公众号不仅是内容生产的媒介，还是内容推广与转化的媒介。（周春娟，2021：67）公众号作为制作新闻的平台之一，在话语流通、推广方面占据着重要作用。基于新媒体发展的时代背景，高校公众号应当提升内容质量，探索出合适的传播策略，以充分发挥高校公众号外宣的作用。

由广西大学外国语学院负责运营的"TAG 资讯编译社"公众号成立于 2015 年，

平台的主要功能是为留学生、英语爱好者以及其他英语语言受众群体提供英文版的文字信息，其中包括校内新闻和社会新闻等等，其运营主要成员包括语言类专业的本科生、研究生。自成立以来，共发布相关资讯969篇，在积极对外宣传广西大学形象、发布外国语学院重要信息、培养学生的实践能力方面发挥了重要作用。本文以TAG资讯编译社在微信公众号发布的新闻稿件作为研究对象，分析部分稿件编译过程中处理的常见案例，总结在公众号编译传播过程中的主要问题，提出相关问题的编译策略。

3.1 事件选取

结合TAG资讯编译社的平台定位，在新闻事件的选取上，编译者需要遵循"共情赋能"原则，其对新闻事件的采编主要遵循以下三个原则。

一是要针对本校学生，尤其是留学生群体和英语爱好者群体。作为广西的重要学府，广西大学的留学生数量十分可观。作为校内唯一的文化传播平台，在新闻的编排选取上应当关照目标读者的文化背景，贴近他们的日常学业和生活需要。作为平台的管理者，应当尽可能多地安排撰稿人员参与留学生所属学院或协会所组织的活动，准确掌握第一手资料，搭建良好的信息传播桥梁。例如，留学生协会组织的"汉语角"活动、英语爱好者协会所组织的"英语角"活动以及泰语俱乐部所组织的水灯节等特色文化活动，都是平台新闻稿件的采写对象。通过这种安排，可以推进学校师生对推文的转发和分享，形成二次传播，并促进学校的影响力与知名度在点滴中逐渐扩大。（蔡莹莹，2021：123）

二是要针对社会热点，采编符合传播价值的新闻事件。《新闻编辑》（2019：85）指出，新闻稿件要具备新闻价值，前提是稿件所提供的新闻信息必须真实可信，否则新闻价值无从谈起。在真实可信的基础上，为达到一定的社会传播效益，编译者在事件选取上应当贴近社会热点信息。高校的微信公众平台属于信息传播媒介，具备一定的新闻职能，同样需要履行相应的新闻义务。例如，在对"猴痘病毒"新闻事件的编译报道中，为避免传播不必要的社会性恐慌，编译者应当避免采用非主流媒体对"猴痘病毒"夸大其词的稿源，选取权威的、官方的新闻报道作为信息来源，以呈现真实、客观的事件发展。

三是要针对读者群体需求，编辑多样化的新闻信息内容。新闻主要分为硬新闻和软新闻，硬新闻语风严肃，用词简练，便于读者直观地查看信息；软新闻语风舒缓、用词抽象，给予读者感官上的冲击。随着媒体的发展融合，读者的阅读取向也逐渐多样化，不拘泥于单纯的信息展示。TAG资讯编译社针对不同的阅读群体，创办了东盟、探索广西、文化鉴赏等多个公众号文章栏目，丰富读者的阅读内容。

3.2 信息重组

在《国际新闻翻译》（*Translation in Global News*）一书中，作者比尔莎和巴斯尼特（Bielsa and Bassnett，1989：371）提出国际新闻的译文信息需要根据实际情况进行编辑和重组。因此，"信达雅"等翻译标准在新闻编译的实践中需要灵活运用，而不可生搬硬套。

作为新闻的编译者，应当基于英文新闻的特点和风格，根据目的语群体的新闻阅读习惯，提取有效合理的信息内容。编译过程中常见的逻辑方面的问题，主要体现在新闻结构的组合和信息梳理上。例如，在编译学校活动新闻时，根据英语新闻的"倒金字塔"结构，应当把时间、地点、人物等主要信息提前，把描述性的话语置后。

新闻文本中的文化负载词翻译问题，主要源于文化背景的差异。在针对 TAG 资讯编译社的审核中，撰写初稿的译员往往在对具有中国特色表达的词汇翻译上不够准确。由于文化背景不同，不同语言的读者对相同的词汇会有不同的理解。例如，在建党百年之际，大量诸如"一三五"等富有中国特色的词汇出现在国内外新闻报刊上。国外受众常常需要在中国文化背景下才可以更好地理解这类中国独有的词汇意义。因此，编译者在用词方面需要掌握一定的文化背景知识，基于"信息"来重新组织语言，将隐喻合理地表达出来。

3.3 译语处理

TAG 英文公众号平台的编译者大多是隶属于外语类专业的学生，作为语言的学习者和实践者，外语专业的学生在文本写作上应发挥自己的专业优势，合理运用翻译知识，基于正确的语法原则对文本进行合理的翻译。

在 TAG 资讯编译社的新闻编译初稿中，常见的翻译和写作问题主要包括以下几种类型。

3.3.1 漏译

例（1）：莫兰特的父亲蒂·莫兰特曾是享誉当地的篮球运动员。

原译：Morant's father, Tee Morant, was once a well-known basketball player.

译文：Morant's father, Tee Morant, was once a basketball player of <u>local renown</u>.

这个例子选取自 TAG 资讯编译社 2022 年 5 月 18 日发布的"人物——莫兰特的天才之路"，原文中的"享誉当地"漏译，读者会错认为主人公是"享誉世界"或者是"享誉美国"的运动员。为保证信息的完整性，应当将"local"这一信息点准确翻译。

3.3.2 误译

例（2）：虽然莫兰特在高中最后两年打出超乎预期的优异表现，他的评级也只是从零星变为了两星。

原译: Although Morant performed better than expected in the last two years of high school, his rating just changed from sporadic to two stars.

译文: Although Morant performed better than expected in the final two years of high school, his rating just changed from zero to two stars.

这个例子来源与例（1）相同。在原译中，编译者将"零星"错译成了"sporadic（零散的）"。根据原文显示，这里的零星是名词表达，代表的是运动员的评级，应当翻译为"zero"，而非使用形容词表达。

例（3）：西大师生们纷纷前来放灯祈福……

原译: Masters and students of GXU…

译文: Students and teachers of GXU…

稿源来自 TAG 资讯编译社 2021 年 11 月 29 日发布的"放灯祈福，浪漫常驻，愿景常明"。这里的主语"西大师生"被编译者错误提取为"大师"，"teachers"这一主语被混淆，导致主语性质完全变化。

这个例子同样说明在翻译工具的使用中，译者应谨慎判断和选择工具提供的选项，需要根据文本的语境推敲合适的表达，切不可盲目使用工具提供的词汇。这是职业译者应该具备的基本素养。

3.3.3 缺少必要增译

例（4）：莫兰特最终率领莫里州大（指莫瑞州立大学）闯入 NCAA 锦标赛第二轮，他本人则赢得了 NCAA 鲍勃库西奖（年度最佳控球后卫）。

原译: Morant finally led Murray State into the second round of the NCAA championship, and he won the NCAA Bob Cousy Award (point guard of the year).

参考: Eventually, Morant led the team of the MSU to the second round of the NCAA Championship, and won the NCAA Bob Cousy Award (Point Guard of the Year) himself.

本案例来源与例（1）相同，终稿的译文增译了"莫里州大"中文文本所省略的"队伍"。增译的目的是补充说明因语言习惯所省略的语句内容，以达到信息的完整说明。

例（5）：……所以这部精彩的影片真的很值得去观看。

原译: So it's really worth enjoying the fantastic movie.

参考: If you ask me, I think this wonderful film is worth going to watch.

这个例子选取自 TAG 资讯编译社 2021 年 10 月 28 日发布的"影评分享丨肖申克的救赎"。在不改变原意的前提下，适当的增译能够突出句段内容的短语或者词句，不仅能完善英语的句法结构，更能突出信息主体的个人意见和情感，从而达到行文流畅、吸引读者阅读的目的。在新闻外宣中，译者要根据实际情况，对于异域叙事接受者所不了解或容易造成误解抑或更好突显我方叙事立场的新闻文本，可

以进行阐释性翻译，适当增添叙事话语和信息，从而更好达到叙事认同。（袁业涛，2021：94）

3.3.4 直译不当

例（6）：但是甘蔗容易刮伤舌组织，不宜多食。

原译：But sugarcane is easy to scrape the tongue tissue, should not be eaten more.

参考：However, sugarcane is easy to scratch the tongue tissue, so it is not advisable to eat too much.

这个例子选取自TAG资讯编译社2022年5月9日发布的新闻"'甜甜的水果三块钱一斤'，来尝！"，此处的"should not be eaten more"是由"不宜多食"直译而来，采用了不恰当的被动形式，导致原文意思被曲解，变成了"甘蔗不能再吃"。为达到准确再现语义的目的，终稿采用了"it"作为后半句的形式主语，在表明甘蔗食用弊端的同时，也说明了其仍然具备可食用性，并不是完全不利于食用。

例（7）：由广西大学外国语学院主办的"群力创新"班服设计大赛在学院融通、践行两个报告厅内拉开了帷幕。

原译：The "collective innovation" class uniform design competition hosted by foreign language college of Guangxi University started in the two lecture halls of accommodation and practice of the college.

参考：The "Together for Innovation: Class Uniform Design Competition" hosted by the School of Foreign Languages and Literatures of Guangxi University kicked off in two lecture halls—Rong Tong Hall and Jian Xing Hall.

此案例选取自TAG资讯编译社2022年3月28日发布的新闻"一件新衣，一年新意——'群力创新'班服设计大赛"。在翻译的过程中，译者需要时刻注意专有名词的固定译法，例如，"广西大学外国语学院"的固定翻译是"the School of Foreign Languages and Literatures of Guangxi University"，不可随意采用其他译法。

4. 结论

高校英文公众号的编译应当遵循翻译原则，基于合理的新闻结构，选取合适的事件，运用创新的传播手段，找寻合适的对外宣传策略，将信息合理传达到目的语群体，从而达到文化信息的最优传播。对于编译者而言，需明确其职业使命和规范，不仅要具备相应的语言知识和新闻素养，同时也要了解国际政治、经济、商贸等领域，拓展自己的视野，知己知彼，以更高的品质做好对外交流的工作。

参考文献

[1] Bielsa E, Bassnett S. *Translation in Global News* [M]. London: Routledge, 2009.

[2] Stetting K. *Transediting: A New Term for Coping with the Grey Area between Editing and Translating* [C] // CAIE G，et al. *Proceedings from the Fourth Nordic Conference for English Studies*. Copenhagen: University of Copenhagen, Department of English, 1989: 371–382.

[3] Tuchman G. *Making News: A Study in the Construction of Reality* [M]. New York: The Free Press, 1978.

[4] 蔡莹莹. 高校微信公众号传播内容研究：基于内容分析法 [J]. 新闻研究导刊，2021（24）：122–124.

[5] 郭新华，赵翔. 全球化语境下澎湃新闻第六声的中国表达 [J]. 传媒，2021（20）：59–61.

[6] 何嘉莹，邹庆一，李启迪，等. 翻译目的论视角下英语新闻的编译策略：基于江苏某科技组织微信公众号平台和南方某高校外国语学院英文网站建设 [J]. 科技传播，2020（21）：83–87.

[7] 吾喜洪，王小梅，陈挺. 基于 Twitter 的学科领域研究前沿探测研究 [J]. 数据分析与知识发现，2022（7）：1–20.

[8] 牛晓菲，白雪. 学术类微信公众号运营与服务特征解析及启示 [J]. 图书馆研究与工作，2022（5）：49–55.

[9] 庞宝坤，邓宇. 目的论视角下的儿童文学英汉策略分析：以《尼伯斯维克的牧师》为例 [J]. 今古文创，2022（30）：105–107.

[10]《新闻编辑》编写组. 新闻编辑 [M]. 北京：高等教育出版社，2019.

[11] 袁业涛. 编译在新闻翻译中的叙事建构 [J]. 洛阳师范学院学报，2021（1）：93–97.

[12] 袁卓喜. 对外新闻编译与译者的修辞意识 [J]. 上海翻译，2020（6）：23–28.

[13] 张健. 全球化语境下的外宣翻译"变通"策略刍议 [J]. 外国语言文学，2013（1）：19–27.

[14] 周春娟，温优华. 融媒体环境下高校学报微信公众号学术传播的 SWOT 分析 [J]. 出版广角，2021（24）：64–67.

四、典籍外译与文化传播

《黄帝内经》"风"字英译探析

—— 周紫怡[1]　韦东芳[2] ——

摘　要：《黄帝内经》（以下简称《内经》）位居中医四大典籍之首，一直以来广受国内外学者关注，具有极高的海外传播和推介价值。"风"作为"六淫"之一，在《内经》中出现频次较高，加之其含义丰富，准确翻译其意思是《内经》翻译的一大难点。本文在分析《内经》中"风"的内涵的基础上，探讨不同译本中"风"的英译，以期对中医文化的对外交流有所贡献。

关键词：黄帝内经；"风"；英译；翻译策略

1. 引言

　　《内经》是国内外学者研究中医学的重要典籍，其译文在对外传播中医学理论中起到至关重要的作用，也是使域外学者了解中医学的重要途径。译者在翻译时要先基于其所在语境进行内涵分析，并且同时综合考虑具体的英译技巧，准确传达文意。但是目前《内经》中部分关于中医学专业术语的翻译有待推敲，如《内经》中"风"的具体内涵并非完全一致，且当今在理解"风"时，其内涵常常被混为一谈。然而，鲜有学者对《内经》中"风"的相关英译进行研究，因此本文将从实例研究的角度出发，探讨《内经》中"风"的不同英译策略。

2.《内经》中"风"的不同内涵

　　参照贺娟（2020：886）《中医学六淫之"风"辨疑》，本文把《内经》中"风"的内涵分为三类：第一类的"风"是广义上的风，是哲学概念上的具体形态，其常常以邪风的形式出现；第二类的"风"是运气之气化概念，属于病机学范畴；第三类的"风"是狭义上的风，即气象之风。因此，笔者将围绕"风"的这三个内涵，结合李照国、文树德（Paul U. Unshuld）、倪毛信三位译者的《内经》译本，分析其不同语境下"风"的内涵，探讨其英译策略。

2.1 "风"为气的具体形态

　　"气"作为中国哲学概念，万物的本原，被引进中医学体系并对中医学的理论产

---

[1]　2019级翻译专业学生；邮箱：zhouziyi1014@sina.com；指导教师：袁卓喜，博士，副教授
[2]　2019级英语专业学生；邮箱：3121621091@qq.com。

生了重大影响。把中国古典哲学的概念运用到学科的理解是中医学的一大特色，《内经》中用来解释"气"这个抽象概念的"风"，是广义上的"风"，是"气"的往复变化，也是"邪气"的总称。风的变化影响环境与气候的改变，而人体也随之产生变化以适应环境，此过程中机体的紊乱导致疾病的产生。《素问·生气通天论》中写道："故风者，百病之始也，清静则肉腠闭拒，虽有大风苛毒，弗之能害，此因时之序也。"可见"风"是影响各种疾病的原始因素之一。而"风"在《内经》中表达"气"的具体形态这一广义概念时，不单独出现，常以"邪风""贼风"等形式出现。如《素问·上古天真论》中写道："夫上古圣人之教下也，皆谓之虚邪贼风，避之有时，恬淡虚无，真气从之，精神内守，病安从来。"此处的"虚邪贼风"与天地之气相关，为外界导致人体产生疾病的因素之一，乃致病之邪气。《素问·生气通天论》中则提到"苍天之气，清静则志意治，顺之则阳气固，虽有贼邪，弗能害也"。此句中的"贼邪"与"风"相通，都是各种致病邪气的集合表达。

2.2 "风"为气化之病机

《内经》中的"风"具有多重含义，而《素问·风论》中则重点论述了风邪的性质和致病特点，它们大多属于病机学范畴。"风"为外感六淫之首，具有"善行而数变"（孟景春，2009：383）的性质，"善行"指风性善动不居，游移不定，故其致病具有病位游移、行无定处的特征。"风"往往是其他外邪致病的先导，同时风邪也常常夹杂他邪，故"风者，百病之始也""风者，百病之长也"等类似经文常见于《素问·玉机真藏论》《素问·风论》等篇中。（贺娟，2020：888）中医著作中也有风性主动的相关表述，比如在《素问·阴阳应象大论》中有"风胜则动"的说法，病症变化不定，与"风"有着密切的联系。人们常见的眩晕和抽搐等症状就属于风症，中医临床中出现频次最高的病症之一也是风症，许多疾病的名称都含有"风"，比如偏头风、风痹、瘫风和白癜风等，这些都与风邪致病的特点有关。

由于"风"具有开泄的特性，因此人体常受到五气的影响，被依附于"风"的寒、湿、暑、燥、热诸邪侵犯，从而产生了外感风寒、风湿、风热等病症。叶天士（2006：203–204）在《临证指南医案·卷五》言："盖因风能鼓荡此五气而伤人。故曰百病之长……由是观之，病之因乎风而起者自多也。"这表明了人的生命活动常伴随着风邪，从而易发病的特点。风邪侵入时，会渗入侵害体内不同的脏腑组织，由此引发多种病症。

2.3 "风"为实际气象因素之一

现代中医学理论中强调环境气候的变化会导致机体的紊乱和疾病的产生。《素问·至真要大论》中"夫百病之生也，皆生于风寒暑湿燥火，以之化之变也"就阐释了中医学认为外感内伤等各种疾病都是因六淫之邪而引起的。《内经》中的"六淫"，通常被称为"六气",即风寒暑湿燥火,指的是不同的气象。《内经》中多写道"风为百病之长",该句的"风"指的是虚邪之气,并非实际气象因素。实际上,"风"作为实际气象因素之一时,其致病性与其他气象因素相比往往是最弱的。

3.《内经》中"风"的英译

3.1 "风"——气之具体形态

古人认为,风为震物之气,不同季节的风阐释不同的物候征验。气为物之先导,故物无以验则验之气,气无以验则验之风。(冯时,2017:233)《内经》中"风"在作为气的具体形态时常以"邪风"的形式出现,翻译时应注意准确传达这一内涵。

例(1):故邪风之至,疾如风雨。

倪译:When the evil wind attacks people, it comes like a storm. (2011: 36)

文译:The fact is, the arrival of evil wind is fast like wind and rain. (2003: 119)

李译:The attack of Xiefeng (Evil-Wind) is as fast as gale and storm. (2005: 77)

例(1)中的"邪风"是外感致病因素,此句可以理解为外感致病因素如果影响到了人体,则作用的速度极快,必须尽早治疗,否则病情会加重,无从治疗。此句中,"邪"可以理解为"产生不利影响的",以上三个译本中,倪、文直接翻译成"evil wind",把"邪风"的意思准确地传达,而且译名统一。而李译则采用了"音译+文内括号注解"的方式把"邪风"翻译为"Xiefeng(Evil-Wind)"。李译的好处在于其不仅仅通过音译来保留中医专业术语的表达方式,还用括号中的注解以方便域外受众的理解,这样一来就避免了诸如出现意义理解偏差导致的译文不一致的问题。

例(2):故犯贼风虚邪者,阳受之;食饮不节,起居不时者,阴受之。

倪译:When evil wind attacks, it will encounter the yang qi. When one loses balance in lifestyle and diet, it is the yin qi that is affected. (2011: 113)

文译:Hence, when one is invaded by a robber wind or depletion evil, the yang [conduits] receive it. When food and drinks are [consumed] without restraint, when rising and resting occur out of time, the yin [conduits] receive it. (2003: 480)

李译:This is why Zeifeng (Thief-Wind) and Xuxie (Deficiency-Evil) attack Yang while improper food and irregular daily life impair Yin. (2005: 387)

例(2)可以理解为凡是因为外部致病因素而生病的,外表阳气先受到损害;饮食作息不规律,则阴气会先受到损伤。三个译本的翻译都不同,倪译实际上是把"风"做外感致病因素时都翻译成了"evil wind",这样可以避免译文多变导致受众不理解的情况。文译则直接采取原义译为"robber wind",基于原义采取了直译的方法。李译同样采取了"音译+文内括号注解"的方式,在保留中医术语色彩的同时又兼顾域外读者,便于其更好地理解《内经》中"风"作为气的具体形态时的这一内涵。

三者其实都把"风"在句子内的意义翻译了出来,但是相较之下,李译则更多考虑到受众的文化背景和理解程度,笔者认为此处李译略胜一筹。

3.2 "风"——气化之病机

由于"风"本身内涵丰富,而后世人们日常生活中对于"风"的含义大多偏向于气象层面,对于"风"在气化之病机方面了解不深,容易导致其外感病因内涵的混乱。因此,在相关风邪致病的译文中,对于"风"的翻译应灵活处理,采用适合的翻译策略,力求准确形象地传达出"风邪"在病机学方面的属性概念。

例(3)风之伤人也,或为寒热,或为热中,或为寒中,或为疠风,或为偏枯,或为风也,其病各异,其名不同。

倪译:Wind attack leads to either Hanre (Cold-Heat), or Rezhong (internal invasion of heat), or Hanzhong (internal invasion of cold), or Lifeng (leprosy), or Pianku (paralysis), or wind syndrome. [Though all caused by wind,] these diseases are different in nature and names. (2011: 148)

文译:When wind harms a person, it may cause cold and heat; or it may cause a heated center; or it may cause a cold center; or it may cause li-wind; or it may cause unilateral withering; or it may cause wind. These diseases are all different. (2003: 625)

李译:When wind attacks the body, some will manifest with fever and chills, some with fever only, and some with chills only. In some cases this will manifest with li feng, or leprosy, and some with pian ku, or hemiplegia. Some will manifest with wind disease. The cause is the same, but the pathological manifestations are different. (2005: 505)

贺娟(2020:888)认为,此处的"风"之含义,并非狭义上的六淫之风邪,句中的寒热、热中、寒中等疾病,显然是不同的致病因素所为,应从广义之邪气来理解。需要注意的是,寒热、热中、寒中、疠风、偏枯多为常见之风症,而此句中的"或为风也"里的"风"指的是人体因风邪影响程度不同而形成的其他不常见的病症的统称。李译中,将"疠风"暗含的麻风病症"leprosy"与表达"偏枯"这一中风、半身不遂之意"hemilegia"的病名直接译出,后面的"风"同样没有直译为"wind",而是把其指代的风邪病症译成"wind disease",更利于读者理解。文译中,则直接译成了"li-wind"与"wind",并没有准确地翻译出此处"风"作为非狭义意义的病机概念,容易造成读者的困惑与误解。倪译则在对风邪所致疾病采用了音译搭配括号内标注的翻译策略,将原文的源语词汇音译,同时加上括号内对该词的同义替换表达,在保留了一定的源语文化色彩后,也确保了读者能理解其词语内涵,这与李译有异曲同工之妙。后面的"或为风也"的"风"则译成"wind syndrome",巧妙地将其深层含义传达出来,即不同风邪导致的并发症。

例（4）伤于风者，上先受之；伤于湿者，下先受之。

倪译：That is why when one is attacked by wind, the top portion is affected first. When injured by dampness, however, the lower portion is affected first. (2011: 113)

文译：Hence, if one was harmed by wind, the upper [parts of the body] receive it first. If one was harmed by dampness, the lower [parts of the body] receive it first. (2003: 482)

李译：So when Wind invades [the body], it attacks the upper [part of the body] first; when Dampness invades [the body], it attacks the lower [the part of the body] first. (2005: 389)

例（4）出自《素问·太阴阳明论》，关于此句的解释，后世大多把其看作六淫之中的风、湿二气。而从《内经》其他篇章来看，则可发现其含义不仅如此，与《素问·阴阳应象大论》中"故天之邪气，感则害人五脏；……地之湿气，感则害皮肉筋脉"，明确交代了外邪致病的天之邪气与人之五脏的紧密关系，而例（4）中的"上"指的恰是人体的上部，风邪亦属于天之邪气，说明了此处人体上部因风邪而受到侵害。由此观之，例（4）中的"风"这一含义应当包括其作为风邪的病理学概念。而从临床实际看，天之六气，以风寒暑湿燥为主，皆可侵犯头面与脏腑；地之湿气，则主要侵犯肢体关节，这是主要的病因侵犯规律。（贺娟，2020：889）由此可知，此处的"风"有两层含义：一是六淫之风，二是邪气之风。三位译者在此处都选择了直译风这一词意，但是此处的含义并不单一。如果直接翻译成"wind"，就只体现出风作为气候要素这一含义，而缺乏此处所要表达的风之病机学概念。笔者认为，根据其指称意义来进行适当的引申和变通，准确传达出此处"风"的丰富含义，会使译文质量更佳。

例（5）故风者百病之长也，至其变化乃为他病也，无常方，然致有风气也。

倪译：You can see that wind is the cause of many illnesses. Once it penetrates the body, its nature is dynamic and changeable, and it has many pathological manifestations. But the cause is always the same: pathogenic wind attacking the body. (2011: 149)

文译：Hence, the wind is the chief [cause] of the one hundred diseases. When it comes to changes and transformations, other diseases result. It has no permanent cardinal point [where it comes from]. However, [whatever] sets in does so because of wind qi. (2003: 631)

李译：So wind is the leading cause of various diseases. The changes of wind lead to many other diseases. Though [the pathological changes of these diseases] are not the same, they are exclusively caused by wind. (2005: 509)

此处的风者百病之长，相关的表述在《素问·至真要大论》中也有，"夫百病之生也，皆生于风寒暑湿燥火，以之化之变也。""审察病机，无失气宜，此之谓也。"此句的"风"指的不是其作为气象的概念，而是一种致病机理。而在本句译文中，三位译者都直接译成"wind"，没有很好地体现出此处风作为邪气这一病机的内涵。因此，笔者认为，若能在"风者百病之长也"这部分的翻译中，遵循动态对等的翻译原则，在保留中医源语文化异质性的情况下，通过适当地增添注释或信息补充的方式来表达译文的交际功能（蔡娟、任荣政，2021：1809），则能使风在中医文化中的这一概念得以准确地传达。

3.3 "风"——自然气候要素之一

《中医基础理论》言六淫即风、寒、暑、湿、燥、火六种外感病邪的统称。风、寒、暑、湿、燥、火，在正常情况下称为"六气"，是自然界六种不同的气候变化。（印会河，1984：94）当"风"为狭义之风这一内涵时，指的是自然气候，与英文中"wind"的解释一致，具体翻译可以基于语境灵活处理。

例（6）燥以干之，暑以蒸之，风以动之，湿以润之，寒以坚之，火以温之。

倪译：Dryness withers, summer heat/ministerial fire increases the temperature, wind promotes movement, dampness moistens, cold freezes, and fire/imperial fire hardens the earth. (2011: 217)

文译：By dryness it dries it. By summer heat it steams it. By wind it moves it. By dampness it moistens it. By cold it hardens it. By fire it warms it. (2003: 199)

李译：Dryness dries it, Heat steams it, Wind shakes it, Dampness moistens it, Cold hardens it and Fire warms it. (2005: 753)

例（6）提到的风与六气中其他气候因素并列，表明不同的气候因素会在自然界中产生不同的影响。三个版本的译文都把气象之风直接翻成"wind"。wind 在《新牛津英汉双解大词典》中的释义为"the perceptible natural movement of the air, especially in the form of a current of air blowing from a particular direction"。正如"风"此时作为构成六气的要素之一，把"风"直接译成"wind"，就是表示中医学中狭义的风，自然界中的风。因此，直接翻译直观明了，意义对等，不会产生歧义。

例（7）八风四时之胜，终而复始，逆行一过，不复可数。

倪译：The relationship between the eight winds and four seasons, the flow between one season and another, will all determine the normal pulses in the body. If the four seasons become disorderly, we cannot use this to our diagnostic advantage. (2011: 64)

文译：The [cycle of the] domination of the eight winds and four seasons comes to its end and begins anew. Once an opposing movement occurs excessively, one cannot count again. (2003: 36)

李译：The eight kinds of wind dominate in the four seasons respectively [at the due time] in a cycle. [If such an alternation is] in disorder, the routine method cannot be used [to decide the prognosis of diseases]. (2005: 256)

例（7）的大意为：八风、四时之间的相互胜复，是循环无端、终而复始的，假如四时气候失常，就不能用常理来推断了。这里的"八风"与一年四季相关联，用以表明自然正常气候，是其被表述为邪气的含义前提。由此可知，此处的"风"的内涵就是气象因素，英文中"eight winds"这样的处理是妥当的。译者在翻译出现频次较高的专业词汇时，应理解透彻其具体内涵，再选用适合的翻译技巧处理译文。

4. 结语

从上文可以看出《内经》中的"风"内涵丰富，其不单被指自然界中移动的气流，因此译者在翻译的过程中，需要首先对其意义进行梳理归纳，并基于具体语境采用合适的翻译技巧，切忌把其内涵简单化，未经分析就混为一谈。《内经》的译本在向海外传播中医理论的过程中扮演着十分重要的角色，因此希望译者三思而译，使中医术语的内涵得到准确传达，推动中医理论的域外传播。

参考文献

[1] Ni M S. *The Yellow Emperor's Classic of Medicine: A New Translation of the Neijing Suwen with Commentary* [M]. Boston：Shambhala Publications, 2011.
[2] Unschuld P U. *Huang Di Nei Jing Su Wen: Nature, Knowledge, Imagery in an Ancient Chinese Medical Text* [M]. California：University of California Press, 2003.
[3] 蔡娟，任荣政.《黄帝内经》中病名术语"癫"的英译探析 [J]. 中国中医基础医学杂志，2021，27（11）：1809.
[4] 冯时. 中国天文考古文 [M]. 北京：中国社会科学出版社，2017.
[5] 贺娟. 中医学六淫之"风"辨疑 [J]. 北京中医药大学学报，2020，43（11）：885–891.
[6] 李照国. 黄帝内经·素问（英汉对照）[M]. 西安：世界图书出版西安公司，2005.
[7] 孟景春，王新华. 黄帝内经素问译释 [M]. 4版. 上海：上海科学技术出版社，2009.
[8] 印会河. 中医基础理论 [M]. 上海：上海科学技术出版社，1984.
[9] 叶天士. 临证必读八部医案：临证指南医案 [M]. 北京：北京科学技术出版社，2014.

《三体》和《北京折叠》海外译介传播对比研究

——骆美辰[1] 宋菁[2]

摘　要：文章以传播学为观照，以拉斯韦尔的5W模式为理论依据，对获"雨果奖"的中国科幻小说《三体》和《北京折叠》这两部作品的传播渠道、传播受众和传播效果等方面展开定性和定量的调研分析。通过对比分析两部作品的海外传播状况，为中国科幻小说"走出去"提供一些启示和借鉴。

关键词：《三体》;《北京折叠》；英语译介；海外传播

1. 引言

《三体》和《北京折叠》分别在2015年和2016年斩获"雨果奖"，其中译者刘宇昆功不可没。事实上，中国还有许多优秀的作品，特别是科幻作品。而《三体》和《北京折叠》"走出去"的成功案例，必定能给予我们不少启发。为了让更多优秀的中国作品"走出去"，我们进行了对《三体》和《北京折叠》的海外传播的分析。

目前国内的科幻作品翻译研究主要集中于《三体》，而关于《三体》《北京折叠》的海外传播的对比研究却寥寥无几。本论文采用定性与定量相结合的方法。理论框架是拉斯韦尔的传播学理论，而5W模式是研究的重点。一方面笔者将介绍一些关于5W模式的基本知识，为《三体》和《北京折叠》的海外分析提供理论依据；另一方面，列举两部作品5W模式方面的内容，并结合一些数据进行进一步的分析，来说明这两部作品的海外传播特点。为科幻小说"走出国门"的传播研究提供较新、贴近时代的语料，希望能对中国科幻小说海外传播研究起到一定的积极作用。

2. 拉斯韦尔5W传播理论研究

美国学者拉斯韦尔的《社会传播的结构与功能》，被称为传播学的开山之作。他提出了著名的5W传播模式：即谁（Who）、说什么（Say What）、通过何种渠道（In Which Channel）、对谁说（To Whom）、取得何种效果（With What Effects）。（拉斯韦尔，2013：2）

吕俊（1997：40）指出，翻译的本质即跨文化传播，拉斯韦尔的传播学理论应用到

---

[1] 2016级英语专业学生；邮箱：1243338254@qq.com。
[2] 副教授；广东外语外贸翻译学博士生；研究方向为翻译学。

文学译介中即"译者主体、译介内容、译文受众、译介途径、译介效果"等五方面内容，这五者之间紧密联系，缺一不可。鲍晓英（2014：66）概括了翻译中的"传播考察的是译本与目的语国家的语言文化是否规范、是否相符，翻译目的与目的语国家的主流意识形态和诗学是否相符，最重要的是要看译本传播的各个环节是否遵循了传播的规律"。决定译介是否成功的关键在于传播，而决定传播的是否成功则是看译本是否遵循 5W 的传播模式。好的作品，除了有适合目的语读者的审美需求的译本之外，还离不开系统的有效的传播渠道。这将影响作品在目的市场的影响范围(广度)、影响深度，以及在国际的文学界的热度。传播效果反映了作品是否成功打入海外市场。而怎样才能达到有效传播，从而让中国的优秀科幻作品不再是孤芳自赏，而是与海外读者形成共鸣，则是笔者的研究重点。

3.《三体》《北京折叠》的海外传播渠道特征

3.1 中国官方支持

文化传播平台的建立，鼓励更多的国人参与到文化传播过程。《科幻世界》是《三体》最初捕获一批国内读者粉丝的平台。作为全世界发行量最大的科幻杂志之一，科幻世界系列期刊及图书拥有数量庞大的忠实读者，为《三体》在国内的科幻界赢得了一定的名声和粉丝群，这正是吸引海外市场的重要因素。《小说月报》则为《北京折叠》的发展提供了平台。《小说月报》为我国创刊最早、发行量最大、最为海内外各阶层读者喜爱的文学选刊，为这本书提供了最初的读者。通过《小说月报》的推荐，《北京折叠》得以走向全国，也从而引起了译者刘宇昆的注意。

政策鼓励出版。2003 年新闻出版总署时任署长石宗源在全国新闻出版局长会议上提出"出版'走出去'作为全面建设我国新闻出版业五大战略之一"。（刘海涛，2019：7）近 20 年来，国家一直致力于让中国的文学走出去，探索各方面的运作模式，包括作品内容切合程度、本土化运作模式、中外合作创新模式探索。如今在国家的政策支持下，已然有不少中国优秀的作品赢得了海外读者的青睐，如莫言的《红高粱家族》、刘慈欣的《三体》三部曲、郝景芳的《北京折叠》、铁凝的《大浴女》，等等。但即使中国在"走出去"的路上已经取得了不小的成果，中国"走出去"的任务还任重道远。

3.2 读者的支持

国内读者在媒介上的评价内容直接影响着海外出版机构对作品的认知和认可，在某种程度上可作海外出版机构定夺出版作品的参考。虽然国内读者对于《北京折叠》的褒贬不一，但是这部作品在国内依然是热议不断。而且不可否认的是，正是因为西方科幻界的专业人士和海外读者对《北京折叠》的印象和喜好程度，才使得这部作品获得了如此重量级大奖。而国内给予《三体》的评价极高，严峰曾评价（2011：77）："在读过《三体》以及《三体Ⅱ·黑暗森林》以后，我毫不怀疑，这个人单枪匹马，把中国科幻文学提升到了世界级的水平。"《三体》出版后随即成为最畅销的科幻小说之一，至今已售出五十万套，网络电子书读者更是数不胜数。在国内，《三体》的粉丝甚至营造出一种"三体"的狂热"追星族"。网上出现了很多《三体》的周边商品，比如手办、盲盒、书签、项链、文具、模型、徽章，等等。

文化名人的推荐同样功不可没。美国知名作家乔治·马丁（George R. R. Martin）在《纽约时报》《华盛顿邮报》以及自己的博客上对《三体》给予了极大赞扬："我在读《三体》的时候，猜不到故事的走向，不像很多作品，看到第一章就猜到结局是什么了。对于西方文坛，《三体》是一本来自另一种文化的书，但市场接受度很好，这并不常见。"（付筱娜，2018：176）美国前总统奥巴马在看完《三体Ⅰ》后，曾以国家政府名义写信催促刘慈欣更新后续作品。美籍法国推理小说作家 Aliette de Bodard 评价，《北京折叠》构筑了穷富对立的反乌托邦社会，但是未来肯定会越来越好。并且她还认为这是科幻小说走出中国的时刻，也是世界科幻文学的黄金时代。（何霜紫，2016：55）

3.3 出版社的影响

美国的托尔出版社（Tor Books）以及英国的宙斯之首出版社（Head of Zeus）负责出版《三体》和《北京折叠》[1]。美国托尔出版社主要出版科幻小说和幻想文学。1988 年后曾连续 20 年获得轨迹奖最佳科幻小说出版商奖（Locus Award for Best SF Publisher），并出版过很多获科幻奖如"雨果奖""星云奖"等获奖作品。它拥有彼得·汉密尔顿、吉纳维夫·科格曼、阿得里安·柴可夫斯基等著名科幻作家。美国麦克米兰出版公司旗下的权威科幻小说出版商托尔出版社，以及有着"英国最佳独立出版社"之称的英国宙斯之首出版社，都在西方科幻文学领域颇具权威，正因如此，出版社推介的《三体》和《北京折叠》很快受到海外读者的关注。

3.4 影视传播

科幻文学的传播中还有一条途径可以扩大其知名度和影响力，那就是影视改编和漫画改编。如莫言的《红高粱家族》在 1987 年被张艺谋导演改编、拍摄成电影，该片在国际上赢得了极高的声誉，也以此将莫言的作品引入国际视野，并受到广泛的关注。而《三体》《北京折叠》这两部作品亦是如此。刘慈欣（2020）曾说："图像才是科幻最好的表现方式，它让抽象的想象，变成具象的画面。"不仅如此，2019

---

[1] 《看不见的星球》由刘宇昆翻译和编辑，收录了 7 位国内科幻作者的 13 篇作品，其中包括郝景芳的《北京折叠》。《北京折叠》收录在《看不见的星球》中，暂无单独发行，故《看不见的星球》出版的影响可从侧面反映《北京折叠》的出版影响。

年,《三体》三部曲动画项目在上海启动。(许晓青,2020) 2020 年,刘慈欣的科幻作品《流浪地球》《乡村教师》等 15 部作品也被改编成漫画。(上官云,2020) 相信《三体》和《北京折叠》的动漫以及影片上映时,会让更多的人去关注这两部作品,在国际上获得更高的声誉。西方科幻产业经历了从杂志到畅销书,再到影游戏转移的过程,这也预示中国科幻作品的海外接受面将进一步拓展(何霜紫,2016:55—60)。相信这些作品被制作成电影、电视剧或是动漫在海外推广,对于提高中国作品的国际地位有显著的作用。

4.《三体》《北京折叠》的传播受众特征

4.1 传播受众

《三体》《北京折叠》海外推广受众大体上有两大群体:一是西方科幻界的核心读者,这些人经常阅读各大科幻杂志,愿意接受新的科幻作品;二是对中国文学与文化有强烈好奇心的读者,他们的主要关注点在于中国科幻作品对世界文化的影响力。(何霜紫,2016:55) 以下是《三体》和《看不见的星球:中国当代短篇科幻小说选集》[1](以下简称《看不见的星球》)在书评网 Goodreads 和亚马逊的读者评价,详情见表 1。

表 1 《三体》和《看不见的星球》的译作读者评价数量一览表

书名	作者	书评网	语种	评分	评分人数	读者英语留言数量
《三体》	刘慈欣	Goodreads	英语	4.1	122 168	11266
		亚马逊	英语	4.2	3 366	3366
《看不见的星球》	刘宇昆(译者)	Goodreads	英语	4.1	2 574	389
		亚马逊	英语	4.6	54	54

注:根据 GoodReads 和亚马逊平台整理,日期为 2020 年 3 月 31 日。

通过表 1 可得,在世界最大的读者平台之一 Goodreads 上,《三体》表现优异,读者留言数量高达 11 266 条,在亚马逊平台也有 3 366 条读者评论,创造了中国当代文学译著海外读者反馈最多的历史记录。这也反映了《三体》已经进入普通读者的阅读世界,在读者界有着举足轻重的影响。相比之下,《北京折叠》的读者远不及《三体》,在国际上的声望也不及后者。

---

[1]《北京折叠》收录入《看不见的星球:中国当代科幻小说选集》。由于《北京折叠》英译本并没有单独发行,目前只能采用《看不见的星球》的馆藏量表示《北京折叠》的馆藏量。

4.2 效果特征

4.2.1 获奖情况

英文版《三体Ⅰ》先后获得星云奖、雨果奖、轨迹奖、坎贝尔奖、普罗米修斯奖等五个国际科幻文学奖项提名。2015年8月，该小说获得雨果奖，刘慈欣也因此成为获得雨果奖的第一个亚洲人。《三体Ⅱ》获得了第二届全球华语科幻星云奖最佳长篇小说金奖。

2016年8月21日，《北京折叠》获得第74届雨果奖最佳中短篇小说奖。郝景芳成为继刘慈欣之后第二个荣获雨果奖的中国人。2017年12月，该作品荣获第十七届百花文学奖开放叙事奖。

4.2.2 中英版本图书馆馆藏量

WorldCat，即联机联合目录数据库，是世界上最大的书目记录数据库，能够快速检索到图书在世界各国图书馆的馆藏数据。该数据库实时更新，本文使用的数据更新至2020年3月31日。本文借助WorldCat数据库对《三体》《看不见的星球》（《看不见的星球：中国当代科幻小说选集》）的国内外英译本在全世界图书馆的收藏情况做了数据检索。数据库显示的《三体》和《看不见的星球》英译本在世界范围内的图书馆馆藏量由高到低的顺序排列，详情见表2。

表2 各英译本在世界图书馆馆藏情况

中文书名	作者	译作语种	域外出版社	馆藏量
《三体》	刘慈欣	英语	美国托尔出版社/英国宙斯之首出版社	1 351
《看不见的星球》	刘宇昆（译者）	英语	美国托尔出版社/英国宙斯之首出版社	410

根据统计，由华裔作家刘宇昆翻译，自美国托尔出版社和英国宙斯之首出版社2014年和2015年出版《三体》和《北京折叠》英文版以来，截至2020年3月31日，全球收藏图书分别为1 351家和410家。而前者创造了中国图书译著有史以来的最高馆藏纪录，后者虽然表现不如前者，但已经算是表现不错。这表明《三体》已经成为国际科幻界主流之一，而《北京折叠》亦在科幻界有一席之位。

4.2.3 书评网的销量和热评

大众读者对作品的评价也是作品海外接受情况的衡量指标之一。英语世界的知名书评网站好读网Goodreads、Amazon显示，《三体》目前已经卖出20万本，这几乎是其他中国小说在美销售的数百倍。以2017年9月21日该网的数据作为调研对象，英文版《三体Ⅰ》和《三体Ⅲ》的纸质版和电子版在中国图书海外销售排名榜分别位居第4、第10、第3、第6位；英文版《三体》三部曲电子版在全世界硬科幻小说的

销售排名中分别排在第 31、69、66 位。(刘舸、李云，2018：111)

《三体》在 Goodreads 网站上获得了四星好评，有不少网友发表评价，认为其内容太激动人心了，迫不及待地想看第二部和第三部。评五星的网友 Bradley（2016）认为，"刚开始是奔着了解中国文化来看《三体》，而真正看的时候却是爱不释手，完全被故事所吸引……我感到沮丧的是，目前还没有第二部和第三部的翻译和出版。而且我找不到有关这个伟大的作者的其他作品……如果说刘慈欣是中国科幻小说的引领者，这毫无争议……"。同时，这一评论得到了 255 个点赞和 73 个其他网友的回复。可见，《三体》已经得到了海外广大读者的认可，成功地推介了出去，已经成为中国科幻小说的标签。

《北京折叠》在 Goodreads 网站上获得了三星半好评。读者 Tadiana（2017）给该作品评四星，认为："这是中篇科幻小说的珍宝，它象征着阶层中的经济和社会之间的差异以及不公，甚至生活本质的不同。戏剧性的故事情节，本该为激动人心的场景，但每次紧张情节后又复归平静，可见作者追求的不是更戏剧化的故事，而更多的是关注生命中的细节。"该评论点出了《北京折叠》的中心思想，成为点赞量最高的评价。由此可见，《北京折叠》蕴含的思想也得到了海外读者的认可，这也是《北京折叠》之所以斩获雨果奖的原因之一。

5.《三体》和《北京折叠》海外译介传播的启示与借鉴

5.1 启示

通过对比《三体》和《北京折叠》两部作品的海外传播，笔者发现《北京折叠》在海外的影响力逊色于《三体》。而两部作品的译者均为刘宇昆，其中造成两者影响力差异的因素又是什么？通过分析发现，《三体》的传播内容是使其成功走向海外的最关键的因素。无论是读者评论，还是主流媒体的评价，都提到了作品中恢宏的科幻场景的描写，读者无不被作者宏大的想象力折服。相比之下，《北京折叠》获奖的质疑声无论是在国内还是在国外都存在，而质疑的点就是内容不够科幻，描写有些不够清晰，等等。以下，笔者将根据在海外传播的情况来阐述本文的启示。

首先，提高作者在海外的知名度。从传播学角度来说，文化传播应注重"人"的主体地位。（张安华，2017：57）重视作者在海外市场的推广，提高作者在海外的知名度。像刘慈欣、郝景芳，海外读者对他们的印象以及标签就是科幻小说家、"雨果奖"的得主，而莫言，则是诺贝尔文学奖的得主。除此之外，海外读者对其了解很少。相较概念化的官方机构或组织，独具人格魅力的作者本身更能吸引读者。

其次，提高译者译介的质量。可以通过国内和国外译者合作的模式，比如美国文学家葛浩文翻译莫言的《红高粱》、刘宇昆翻译刘慈欣的《三体》和郝景芳的《北京折叠》、英国汉学家米欧敏翻译麦家的《风声》等都在一定程度上有中外译者合作的痕迹。《世界文学》的主编高兴认为,"外译中的队伍比较强大,中译外需要汉学家的母语优势,这个队伍比较小"(张鹏属,2019:22)。注重译介的翻译质量,能让更多的中国优秀作品"走出国门"。汉语和英语不仅在文字方面差异很大,其中蕴含的历史传统、价值观念、文化内涵等也存在很大的差异。中国作品"走出去"一个必不可少的桥梁就是翻译。好的翻译就如同"再创作",能跨越目的语读者和原著读者的语言障碍。所以,中国在加大作品推广的同时,更应当加大译者人才的培养。只有更多中国优秀作品翻译出来,才能推广出去。

再次,内容创新,开掘中华文化的多样性与独特性。文学作家作品的可译性也直接影响了其传播的速度和效果。(徐爱芳,2015:7)创作内容应当与世界文学互动,关注国际优秀文学,在汲取其精华的同时发挥中华文化别具一格的魅力,挖掘中华文化的多样性和独特性。《中国文学海外发展报告(2018)》的主编、北京师范大学教授姚建彬说,"科幻文学已经成为中国文学海外传播的新名片"(张鹏属,2019:5)。事实证明,独具魅力的中华文化在海外市场的吸引力不亚于西方文化,而中国文学作品亦能在国际文学界大放光彩,其中科幻文学在国际上获得了认可和赞赏。

最后,传播渠道要多样化、专业化、系统化。应着力构建系统的文学作品海外传播体系,了解并适应国际出版行业的规则,建立相应的机制体制。成功的版权代理不是简单输出版权,而是按照国际规则精心包装作品,充分挖掘作家不同作品的号召力和市场价值,把一流作品对接一流的平台。(许旸,2018:6)《三体》《北京折叠》得到国际上的认可,离不开传播渠道的成功构建。世界一流的出版社与多样化的传播渠道,是实现中国科幻作品走向世界的重要保障。

5.2 借鉴

《三体》和《北京折叠》两部作品能获得国际上的认可,在传播方面有其共同之处。首先是将译者刘宇昆推介到美国,引起了海外科幻迷的注意。其次,出版社均为著名的海外出版社。美国托尔出版社和英国宙斯之首出版社在出版发行书籍有着极其丰富的经验,其系统专业的宣传策略以及吸引读者的排版设计,能够充分挖掘作家不同作品的号召力和市场价值。这些都是这两部作品在海外成功的重要因素。再次,《三体》里面的内容描写,《北京折叠》的北京意象描写,则让海外读者基于中国文化的好奇去阅读。最后,在传播渠道上,利用国内的热议、杂志、影视、网络等媒介也有助于推动作品走向世界。

参考文献

[1] Liu C X. *The Three-body Problem* [M]. New York: Tor Books, 2014.
[2] Liu K. *Invisible Planets* [M]. New York: Tor Books, 2016: 219–263.

[3] Ruthman J. CHINA'S ARTIIUR C. CLARKE [J]. *The New Yorker*, 2015 (6): 11.
[4] 鲍晓英. "中学西传"之译介模式研究：以寒山诗在美国的成功译介以例 [J]. 外国语，2014（1）：65–71.
[5] 付筱娜. 携想象以超四海：《三体》的海外传播之鉴 [J]. 当代作家评论，2018（1）：174–179.
[6] 何霜紫. 英语世界里的中国科幻：论《北京折叠》的译文评介与海外接受 [J]. 创作与评论，2016（24）：55–60.
[7] 拉斯韦尔. 社会传播的结构与功能 [M]. 展江, 河道宽, 译. 北京：中国传媒大学出版社, 2013.
[8] 刘舸, 李云. 从西方解读偏好看中国科幻作品的海外传播：以刘慈欣《三体》在美国的接受为例 [J]. 中国比较文学，2018（2）：141–154.
[9] 廖紫微. 刘慈欣《三体》系列在英语世界的译介研究 [D]. 上海：东华理工大学，2017.
[10] 吕俊. 翻译学：传播学的一个特殊领域 [J]. 外国语，1997（2）：39–44.
[11] 徐爱芳. 传播学视角下贾平凹、莫言小说海外传播对比分析 [J]. 陕西教育（高教），2015（1）：9–10.
[12] 张安华. 从拉斯韦尔"5W 模式"谈戏曲的对外传播 [J]. 四川戏剧，2017（7）：56–61.
[13] 严锋. 创世与灭寂：刘慈欣的宇宙诗学 [J]. 南方文坛. 2011（5）：73–77.
[14] 刘海涛. 关于图书出版"走出去"的思考 [N]. 光明日报，2019–06–12（16）.
[15] 张鹏属. 当代文学：海外传播新风景（文学聚焦）[N]. 人民日报（海外版），2019–11–14（7）.
[16] 许晓青. 长篇科幻小说《三体》三部曲动画项目在上海启动 [N]. 新华网，2019–06–27.
[17] 上官云. 刘慈欣作品改编漫画有啥变化？揭秘来了……[EB/OL]. 中国新闻网.（2020–4–29）[2020–6–10]. https://www.chinanews.com.cn/cul/2020/04-29/9171457.shtml.
[18] 许旸. 中国类型小说正成为海外版权市场新宠 [EB/OL]. 中国文化研译网.（2018–10–15）[2020–6–10]. http://www.cctss.org/article/headlines/3220.
[19] Amazon. *The Three-body Problem* [EB/OL][2020–3–31]. https://www.amazon.com/Three-Body-Problem-Remembrance-Earths-Past-ebook/dp/B00IQO403K/ref=mp_s_a_1_1?dchild=1&keywords=the+three+body+problem&qid=1589120269&sprefix=the+three+&sr=8-1.
[20] Amazon. *Invisible Planets* [EB/OL][2020–3–31]. https://www.amazon.com/Invisible-Planets-Contemporary-Chinese-Translation-ebook/dp/B01E3PFTXK/ref=mp_s_a_1_1?dchild=1&keywords=invisible+planets&qid=1589120444&sr=8-1.
[21] Goodreads. *The Three-body Problem* [EB/OL][2020–3–31]. https://www.goodreads.com/book/show/20518872-the-three-body-problem.
[22] Goodreads. *Invisible Planets* [EB/OL][2020–3–31]. https://www.goodreads.com/book/show/28220730-invisible-planets?ac=1&from_search=true&qid=454nvHYlEw&rank=1.

国漫字幕道教词语翻译策略：
基于《哪吒之魔童降世》的考察

李昭昭[1]

摘　要：影视作品因其多元化的特点极具文化传播能力，本可以作为中国文化传播的利器。然而，带有中国特色的中国影视却因频频出现字幕硬翻现象和质量参差不齐现象饱受诟病。本文以《哪吒之魔童降世》为例，将其中的台词用两种不同的翻译策略——异化和归化处理后进行对比，并以此为角度就如何恰当地运用翻译策略翻译此类带有强烈的中国文化色彩尤其是道教色彩的字幕问题展开讨论，探讨在影视翻译中如何实现译文为外国观众理解的同时，忠实传递本土文化。

关键词：字幕翻译；异化和归化；国产动画电影；《哪吒之魔童降世》；道教特色词汇

1. 引言

本文着眼于字幕中具有中国文化特色和道教特色的词语，即广义上的文化负载词的翻译。文化负载词是指代表某一特定文化的独特特征，反映某一群体的独特活动方式，在漫长的历史进程中逐渐积累起来的有别于其他群体的词汇、短语和成语。而具有道教特色的词语是中国文化的典型负载词之一，具有浓厚的中国色彩和中国历史的痕迹。随着全球化的发展，越来越多的国家在争夺国家软实力和国际文化影响力。然而，在我们出口的电影作品中，字幕中关于文化负载词的翻译却受到很大的诟病，不利于外国观众的理解，从而阻碍了中国文化走出去的步伐。因此，本文从在国内外引起巨大反响的影片《哪吒之魔童降世》入手，探讨如何翻译有关中国本土道教的相关文字，以达到被外国观众理解和保护本土文化的最大平衡。

其中，对于字幕与字幕翻译的定义，按照李运兴先生（2001：38–40）的观点，字幕是指"在保留电影原声的情况下将源语译为目的语叠印在屏幕下方的文字"。字幕翻译则是实现"将源语译为目的语叠印在屏幕下方"的行为。在我国，中国真正意义上的电影字幕始于 20 世纪 20 年代。1922 年，程树人翻译的《茶花女》有中文字幕，开创了电影字幕的先河。（谭慧，2014：9–24）字幕翻译的历史相对较短，直到 21 世纪初，特别是中国多厅影院广泛建立后，才有了正式引进影片的影院标准配

---

[1] 2017 级英语专业学生；邮箱：lizz5230@163.com

置。这些年，我国的翻译实践在规模和艺术水平上与国外相比一直处于领先地位，但学术界对其研究却十分匮乏，主要局限于对影视翻译史的研究。(董海雅，2007：15)且由于中国的动画市场一直被欧美和日本动画所垄断，关于字幕翻译的研究大多集中在外国动画的归化上。而如何正确翻译像《哪吒之魔童降世》这样具有强烈道教和中国色彩的动画，到目前为止，知网上相关的权威论文只有10篇左右，其中关于中国动画的国产化和外国化讨论的典型案例只有两篇，即李征的《国产动画电影字幕英译研究：以〈大闹天宫〉3D 版为例（2014）》和樊军的《从〈哪吒闹海〉看国产动画片翻译策略》。这两篇文章主要讨论了如何实现道教色彩的异化和归化的理想平衡，都提出要用中国文化来异化词语的观点。总体来讲，在学术研究领域还存在较大的空白，该作品的字幕翻译研究具有较大的研究意义和研究空间。

2.《哪吒之魔童降世》中道教词汇的英译

2.1 人物的名字和头衔

影片中的大部分人物都是音译的，或者说是异化的，而有些则是归化的。例子如下：

例（1）：

哪吒 Nezha

敖丙 Aobing

申公豹 Shen Gongbao

太乙真人 Taiyi Zhenren

例（2）：

天尊 Supreme Lord

仙长 Your grace or Master or Master immortal

师父 Master

根据例（1），影片中的大部分人物都只是音译，如哪吒、申公豹、太乙真人等，非常简洁，符合翻译传统。此外，为了符合申公豹在影片中的口吃特点，申公豹的自称翻译为"Shen Go-go-gong-bao"，这不仅符合申公豹的特点，还使外国观众在观看影片时能够捕捉到我们精心设计的幽默感。但是，在一些人物称谓的翻译中，正如例（2）所示，有一些不恰当的方式，例如，在影片中多次出现的"师父"被译为"master"。但根据牛津词典的解释，"master"是学校的男教师，尤其是私立学校，这与太乙真人和申公豹的角色完全不同。因为，第一，就角色本身而言，太乙真人和申公豹非凡人角色。第二，就教学内容而言，他们教给哪吒和鳌拜的东西，与他们在学校里学到的东西完全不同。第三，也是最重要的，就文化意义而言，"师父"在中文中的文化意义远比英文中的"master"重要。因此，把它翻译成"师父"是不恰当的。

对于这种情况，即在处理具有明显中国特色的人物称呼，如"师父"时，笔者认为可以借鉴《功夫熊猫》的成功经验，即可以采用异化和归化相结合的方法，将其翻译为"shifu"。这样一来，首先，既保留了师父的原意，又便于外国观众的理解。其次，通过这种方式，可以告诉外国观众，中国的师父和西方的"master"具有不同之处，从而让外国观众理解到中国文化的独特之处，以引起他们对中国文化的兴趣。最后，也是最重要的一点，当外国观众观看这部电影时，利用这种外国化和国内化的结合，他们会清楚地知道"师父"的意思，当他们熟悉这部电影时，他们会直接用"师父"的发音来表达。从而在潜移默化中，极富中国特色的词汇在翻译时可以直接使用拼音做注的现象将会大面积化与普遍化，迎来中国产品输出的翻译新局面。

2.2 咒语

咒语的翻译是整个翻译中最有趣的部分，但也是最有争议的部分。片中有三个最经典的咒语，原文和译文如下。

例（3）：日月同生，千灵重元，天地无量乾坤圈，急急如律令！

Translation 3: With the power of sun and moon of sea and sand, Qiankun hoop, obey my command.

例（4）：天地无极乾坤极法，急急如律令，变！

Translation 4: By the magic of the infinite universe, hear my command! Transform!

例（5）：乾三连，坤六断，离为火，三为渐，急急如律令。

Translation 5: Tongue of flame, sand of time. Unleash heat from the hot shrine. Make it so!

根据上述例子[例（3）、（4）、（5）]，在翻译咒语时，主要的方法是归化。因为电影字幕即时性的特点决定了其与其他文学翻译不同，不能通过添加注释来进一步解释。在这种情况下，如果译者想让外国观众理解咒语，他们也可以使用归化的方法，将咒语中不熟悉的成分翻译和解释成外国观众熟悉的内容。虽然归化法具有拉近外国受众的距离、翻译成果外国受众能更好地理解的优点，但它也有三大缺点。

第一，咒语的某些部分翻译不正确，例如，"急急如律令"中的"律令"是鬼魂中跑得最快的鬼的名字。"急急如律令"的意思是让鬼神迅速执行命令，而它只是被翻译成"Obey my command"，即"服从我的命令"。在这种情况下，咒语想要强调的"快速"就被完全忽略。

第二，如上述例子所示，英文字幕比原文字幕长很多，因为在翻译过程中，它必须对中文字幕进行解释。国际字幕标准要求单行字幕的显示时间一般为 2 秒左右，对于聋哑人来说，字幕的显示时间应该更长。因此，过长的字幕与我们的翻译规则相悖，可能会导致人们在观看电影时无法跟上字幕的速度，或者在观看字幕的翻译上花费过多的精力，从而影响观看感受。

第三，考虑到咒语原文是中国古代散文从古至今的形式，原文非常古朴神圣，如果通过意译将其简明扼要地翻译成英文，就失去了咒语特有的古朴、神秘的感觉。同时，道教符咒具有浓厚的中国色彩，如果只注重意译，难免中英混杂，会使外国观众因不伦不类的翻译而对其失去兴趣。

因此，面对如何翻译咒语这个热门但有争议的话题，笔者的观点是，可以直接采用异化的处理方式，即在翻译这类词语时可以保留原意，考虑到文字与其他语言具有极大的不同，外国观众对即时性的电影画面可能存在理解不了的情况，可以使用拼音。在这一点上，有些学者因为考虑到外国观众不理解这些咒语，并不利于中国文化的传播从而持否定观点。但事实上，笔者认为情况恰恰相反。以《哪吒之魔童降世》为例，影片中运用了大量的意译方法翻译咒语，将古代汉语文本翻译成现代汉语后再通俗地翻译成英语以便让外国观众能够理解。然而，笔者认为这样的做法恰恰会失去咒语那份独特、古老又神秘的感觉。相反，如果我们能够保留咒语的发音，不仅可以给外国观众创造出中国咒语的神秘感和古老的特点，还可以吸引外国观众的兴趣。参考《哈利·波特》的做法，我们甚至也可以掀起一股"中国式咒语热"。

2.3 其他专有名词

影片中还有许多独特的专有名词，它们与其他台词不同，代表了一种特定的事物，有着巨大的文化意义，具体例子如下：

例（6）：

天劫咒 Heaven-made curse

天庭 Heaven

混天绫 Red armillary sash

乾坤圈 Qiankun hoop

三界 The three worlds

独特的专有名词总是包含着巨大的文化意义，代表着一种特定的事物。而在翻译这些专有名词时，有很多问题值得思考。王佐良先生（2000）也发现了这一点，他说："译者做的文化比较远，比一般人细致、深入。他处理的是个别的词，他面对的则是两大片文化。"动画翻译中最常见也最容易被忽视的是对中国文化中特殊词汇空缺的处理。在本片中，这类词汇就存在王老师所说的问题，即一些带有道教文化和中国文化特色的专有名词没有得到非常恰当的处理和处置。分析原因有以下几点。

首先，有些翻译由于忽略了中西方的文化差异而导致误解，也就是说，有些翻译版本中国人可以理解，但外国人可能会有疑虑。例如，"天劫咒"在影片中被翻译为"Heaven-made curse"。然而，由于西方文化中的"Heaven"和中国文化中的"天庭"是截然不同的。在中文中，"天庭"的意思是"中华民间神话中最高的统治中心"，是玉皇大帝和众神居住的地方，而在英文中，"Heaven"的意思是上帝和天使的居所，人们死后可以去的极乐世界，以摆脱罪恶。这两个词在文化意象上并不对应，因此，如果我们简单地把天庭对应于天堂，无疑会引起外国人的困惑。

其次，有些归化的处理只是描述专有名词的外观或材料，并没有表达专有名词所要表达的意思。例如，"混天绫"因其能束缚敌人，能翻江倒海，能乱天乱海而得名。但在影片中只是根据它的外形翻译为"red armillary sash"，这里有两大问题，一是没有表现出它的原名，二是由于影片是可视的，观众可以看到混天绫的形态，而我们在翻译中不需要再强调。

最后，为了有相应的英文单词，完全忽略了文化含义。例如，在道教中，"三界"有三种不同的说法：天、地、人；天、地、水；以及欲、性、无性。道教认为，在它之外，人们可以超越生死，达到自由和不朽的境界。然而，在北美版《哪吒之魔童降世》的字幕中，"三界"被译为"The three worlds"，其中的文化信息被完全省略了。其结果是，虽然这个词用相应的英文单词表达，但对于不了解道教文化的观众来说，这种翻译只会让他们更加困惑。

因此，对于专有名词的翻译，尤其是带有中国文化色彩的词汇，在一些研究中已经提到，值得我们借鉴。正如金惠康先生（2003：152）所认为的，中国传统文化的汉英翻译应该采用拼音的翻译策略，最大限度地保留中国传统文化的特点和民族语言的风格。如"乾坤圈"应译为"Qiankun Ring"，"混天绫"应译为"Huntian Silk-ribbon"。

另外，在翻译带有文化内涵的词语的过程中，应该与处理一般词语不同。对待一般词语可以以可理解性为首要目标，而对待有文化负载的词语则应以文化传播为首要目标，通过使用外来化等手段实现原语与译语的意义对等，可以最大限度地保留文化意义。如果译词与译语有较大差异，利用电影视觉化的特点，直接音译，将画面与词汇对应起来，是最好的办法。借助画面和情节，以及相关的声音在第一时间出现，观众可以迅速感知中国文化意象词汇。

3. 思考与启示

3.1　以《哪吒之魔童降世》为例，分析中国电影走出国门的窘境

《哪吒之魔童降世》可以说是近10年来最成功的中国动画片，其在国内走红后迅速走出国门，于2019年10月被推委会授予特别荣誉推荐影片，然后成为代表中国参加2020年第92届奥斯卡最佳国际影片的评选，打破了近10年来中国动画没有

热点的窘境。从表 1 中可以看出，它在西方国家有一致的赞誉。然而，与其他方面的成功形成鲜明对比的是，《哪吒之魔童降世》的字幕翻译却在海外受到了批评。在《哪吒之魔童降世》海外上映约 3 日后，即于 2019 年 12 月 15 日，根据实时评论，在 Rotten tomatoes、IMDB 和 Letterboxd 三个网站上有 321 条有效英文评论。统计结果如下（表2）。从表 2 可以看出，最容易识别的是它的动画视觉，其次是它的故事情节。而在提到字幕和翻译的 20 条评论中，只有一条评论表示满意。

表 1　三个网站的评分比较

网站	打分
Rotten tomatoes	媒体：87%/100%
	观众：98%/100%
IMDB	7.7/10
Letterboxd	3.5/5

表 2　三个网站的观众对故事线、动画视觉和字幕翻译的态度

文本	有效评论	表达喜爱的评价	喜爱率
故事线	111	89	80.18%
动画视觉	62	59	95.16%
字幕翻译	20	1	5%

从上述图表中可以看出，字幕翻译在外国的接受程度并不理想，联系上文的分析，笔者认为这与该电影的翻译策略有关，即《哪吒之魔童降世》选取归化作为翻译的主要策略在走出国门时并不是良方。笔者认为主要有以下两个原因：

第一，归化的翻译策略使字幕过长。从上述例子中可以看出，因为在翻译过程中要对中文字幕进行解释，所以英文字幕要比原文字幕长很多。但这与我们的翻译规则相悖，即国际字幕标准要求单行字幕的显示时间一般为 2 秒左右，对于聋哑人来说，字幕的显示时间应该更长。因此，通过这种逻辑分析，如果在翻译中采取以归化为主的翻译策略，那么观众反映的字幕过快、字幕字数过密的现象就不可避免。

第二，过度归化虽然可以减少外国观众的"外来排斥"情绪，减少不知言之何物的情况发生，但也会造成信息冗余的问题。首先，字幕与一般的书面翻译不同，直译只能通过文字符号来传递信息，需要用文字来描述事物的形态、外貌、特征等，而影视的多媒体特性使信息的传递多样化，观众可以通过看图识物来理解物品，在电影中，不知言之何物情况少之又少。其次，不可否认的是，中国走出国门的最大底气和最大亮点就是中国特色，过度迎合外国观众会使自己的中国特色不再具备，失去了脊骨便也同时丧失了自身最大的亮点。

3.2 翻译背后的文化碰撞

在归化和异化翻译的背后，存在着强势文化和弱势文化的观点。强势文化大多实行"民族中心主义"，即强势文化对自己的文化比较自信，因此看不起其他文化。典型的例子可以在中国古代文化和现代欧美文化中找到。以欧美文化为例，在过去的几个世纪里，欧美文化一直处于主导地位，所以在文学翻译方面，一般都是输出多、输入少。弱文化与强文化形成对比，因为在世界文化中没有足够的地位。如果说有些文化从强势文化变成了弱势文化，在文化交流中似乎更渴望学习其他文化，表现在翻译中是积极翻译西方文学作品，这种行为被赋予了开启民智、救国的政治功能。（韩子文，2000）

这种文化上的不平衡，在翻译中表现为译者在翻译时采用的归化和异化的策略与比例。总的来说，在翻译中，特别是在自由翻译中，当接受外来文化时，强势文化倾向于使用归化策略，而弱势文化则经常使用异化策略。然而，在输出自己的文化时，其结果却截然相反。而这势必会造成恶性循环，形成强者越来越强、弱者越来越弱的局面，加剧了文化流动的不平衡。

3.3 对国漫字幕中带有中国特色词语的翻译策略建议

自我国提出"一带一路"倡议以来，中国带着中国文化走出去，张开双臂拥抱世界文化，同时从多角度向世界讲述中国故事。中国文化随着历史的发展经历了几次大的变化，从古代的强烈自信到近代的自我怀疑，最后到现在的不卑不亢、不急不躁。如今，中国文化继承了中国几千年的精髓，同时又有足够的自信去拥抱世界，这正是传播中国文化的好时机。

根据我们的认识和上面的论述，我们知道文化传播的背后其实是国家之间的交流，对待异化和归化的背后是文化与文化之间的较量。但是，在这里要强调的是，异化并不是要把它弄得晦涩难懂、千奇百怪，因为这样做不仅会使文化的吸引力下降，而且会使其他国家觉得中国文化太过于"高岭之花"，不可理解，不可接近。故笔者认为，在字幕翻译时，要注意以下三点：

第一，根据电影画面即时性的特点，在翻译日常对话时尽量使用通俗易懂的翻译。在遇到中国文化特色词汇时尽量使用异化，在观看时利用电影的画面、声音、情节等其他条件进行弥补，使中国文化更直观地呈现在外国观众面前，也减少了因翻译而造成的字幕过长或过快等问题。

第二，在文化层面，中国特色词汇翻译的首要目的应该是传播源语言文化，让目标公众接触到我国文化，激发观众对文化的好奇心和探索欲，进而达到文化输出的目的，最终提升国家文化软实力。

第三，在中国电影的字幕翻译中采用异化策略，在走出国门时保留自己的文化特色，形成具有中国特色的电影话语体系。

4. 结语

近年来，有一个非常喜人的现象——中国元素出现在越来越多的西方电影中，如中国功夫、中国传统文化、人物、自然风光等。中国元素俨然已经成为世界文化的新灵感。记得 1998 年，当动画片《花木兰》上映时，中国还不是迪士尼的主要市场。但 20 年后，中国已经成为世界上第二大电影市场。在今天全球交叉的背景下，就字幕翻译角度，我们应把握好罗选民先生（2014：105）所言的"当前对外开放的呼吁和实践，形成了前所未有的对外开放 / 直译的良好局面，使翻译研究从过去的语言层面上升到文化层面"的大好局面，应该抓住机遇，利用影视在传递文化方面的特点，更生动、更便捷、更贴近生活，打造中外融合的新理念，形成具有中国特色的电影话语体系；使中国电影的文化价值最大化，建立更加公平合理的文化和电影新秩序，扩大自己的话语权和影响力，用中国智慧推动中国电影由大变强，让中国文化随着中国电影更快地走向世界。而这一切离不开译者在制定翻译策略时的考虑和努力。

参考文献

[1] Deckert M. *Audiovisual Translation: Research and Use* [M]. Bern: Peter Lang, 2017.

[2] Gambier Y. *Recent Developments and Challenges in Audiovisual Translation Research* [C] // Chiaro D, et al. *Between Text and Image: Updating Research in Screen Translation*. Amsterdam: John Benjamin's Publishing Company, 2008.

[3] Nida E A, Taber C R. *The Theory and Practice of Translation* [M]. E. J. Leiden: Rill, 1969.

[4] Nord C. *Text Analysis in Translation：Theory, Methodology, and Didactic Application of a Model for Translation-Oriented Text Analysis* [M]. Beijing: Foreign Language Teaching and Research Press，2007.

[5] Robinson D. *Translation and Empire: Postcolonial Theories Explained* [M]. Manchester：St Jerome, 1997.

[6] Schleiermacher F. *On the Different Methods of Translation* [C] // Schulte R, Biguenet J. *Theories of Translation: An Anthology of Essays from Dryden to Derrida* [C]. Chicago: The University of Chicago Press, 1992: 36–54.

[7] Shuttleworth M, Cowie M. *Dictionary of Translation Studies* [C]. Manchester: St Jerome, 1997.

[8] Venuti L. *Rethinking Translation: Discourse, Subjectivity, Ideology* [C]. London: Routledge, 1992.

[9] Venuti L. *Strategies of Translation* [C] // Baker M. *Routledge Encyclopedia of Translation Studies* [C]. London: Routledge, 2001.

[10] 陈福康. 中国译学理论史稿 [M]. 上海：上海外语教育出版社，2000.

[11] 董海雅. 西方语境下的影视翻译研究概览 [J]. 上海翻译，2007（1）：12–17.

[12] 樊军. 从《哪吒闹海》看国产动画片翻译策略 [J]. 电影文学, 2014（11）: 153–154.

[13] 韩子满. 文化失衡与文学翻译 [J]. 中国翻译, 2000（2）: 39–43.

[14] 金惠康. 跨文化交际翻译 [M]. 北京: 中国对外翻译出版公司, 2003.

[15] 李运兴. 字幕翻译的策略 [J]. 中国翻译, 2001（4）: 38–40.

[16] 李征. 国产动画电影字幕英译研究: 以《大闹天宫》(3D 版) 为例 [J]. 当代电影, 2014（10）: 191–194.

[17] 廖七一. 当代西方翻译理论探索 [M]. 南京: 译林出版社, 2000.

[18] 刘英凯. 归化: 翻译的歧路 [J]. 现代外语, 1987（2）: 58–64.

[19] 罗选民. 论文化/语言层面的异化/归化翻译 [J]. 外语学刊, 2014（1）: 102–106.

[20] 麻争旗. 论影视翻译的基本原则 [J]. 现代传播-北京广播学院学报, 1997（5）: 81–84.

[21] 朴香春. 英语电影字幕翻译中的"文化因子"翻译策略 [J]. 电影文学, 2013（16）: 160–161.

[22] 钱绍昌. 影视翻译: 翻译园地中愈来愈重要的领域 [J]. 中国翻译, 2000（1）: 61–65.

[23] 饶曙光. 中国电影的海外传播——中国电影对外传播战略: 理念与实践 [J]. 当代电影, 2016（1）: 4–9.

[24] 谭慧. 中国译制电影史 [M]. 北京: 中国电影出版社, 2014: 9–24.

[25] 王建华, 周莹, 张静茗. 中国影视翻译研究三十年（1989—2018）: 基于 Cite Space 的可视化分析 [J]. 上海翻译, 2019（2）33–38.

[26] 王佐良. 翻译中的文化比较 [C] // 郭建中. 文化与翻译. 北京: 中国对外翻译出版公司, 2000: 1–10.

[27] 徐惟诚. 不列颠百科全书 [Z]. 北京: 中国大百科全书出版社, 1999.

[28] 张春柏. 影视翻译初探 [J]. 中国翻译, 1998（2）: 50–53.

[29] https://www.imdb.com/title/tt10627720/.

[30] https://letterboxd.com/film/ne-zha/.

[31] https://www.rottentomatoes.com/m/ne_zha_2019.

从《中国关键词》看中国特色话语越译

莫慧玲[1]

摘　要：《中国关键词》套书[2]主要围绕习近平新时代中国特色社会主义思想，从十九大、治国理政、新时代外交、"一带一路"四个角度出发，以海外读者易于阅读和理解的方式，向国际社会传达中国理念和中国思想、中国方案和中国道路。本文收集《中国关键词》越文译本中的中国特色话语与越南官媒越通社、越南之声的对应译文，结合中国特色话语的定义、分类，简要分析《中国关键词》越译本中的中国特色话语的翻译策略、翻译方法使用倾向，为中国特色话语的有效传播提供参考。

关键词：《中国关键词》；中国特色话语；汉译越；翻译研究

1. 引言

中国特色词语是指产生于中国特定的语境，具有中国特色的词汇或语句，涉及政治、经济、外交、民生、文化等多个领域，反映了中国社会发展过程中的一些特有事物、事件或现象。（杨磊，2020）其蕴含着从革命时期到新时代社会主义建设时期的"中国智慧""中国理念"，是世界了解中国的重要窗口，外国可以通过其借鉴、学习中国各领域的实践经验。

中国特色话语是国际社会了解中国发展战略、中国政策、中国道路的一扇重要窗口。又如翟石磊（2013）所说，"作为中国软实力的重要组成部分，中国文化已经在国际舆论中形成一定的认知空间，但是中国的政治话语、学术话语等专门话语尚未在国际舆论领域中形成一定的影响"。在国际话语权争夺日趋激烈的背景下，翻译好中国特色话语，有利于提升我国的国际影响力，塑造、维护我国的国际形象，向世界展现一个客观、真实的中国。

学界对中国特色话语的分类较为多样。魏向清（2019）在广义上把中国特色话语分为当代中国特色社会主义思想术语和中国特色传统术语两类；齐骥（2015：10）则从中国特色话语的构成成分这一角度将《习近平谈治国理政》里的中国特色词汇分为数字类、新概念类、比喻类、俗语类、成语类、古文类。刘嘉懿（2017：3）的分类方法也与齐骥相似，将其分为政治术语、重大历史事件、成语、古诗词、习语五类。

---

[1] 2018级越南语专业学生；邮箱：1501589150@qq.com。
[2] 主要指《中国关键词：十九大篇》《中国关键词：治国理政篇》《中国关键词：新时代外交篇》《中国关键词："一带一路"篇》这四大篇，简称《中国关键词》。

《习近平谈治国理政》与《中国关键词》都为外宣翻译作品，但前者主要是习近平总书记的讲话、谈话、演讲、贺信等内容，因此，其中诗词、古文用典占有较大篇幅。而《中国关键词》则是围绕中国核心政治词语进行阐释、延伸，所以古文用典的部分较少。

综上，可以从词语构成的层面对《中国关键词》中的中国特色话语进行分类归纳，具体分为以下六种类型：一是数字类，如"两个一百年奋斗目标""三步走战略""四个全面"等；二是政治术语类，如"全国人民代表大会""习近平新时代中国特色社会主义思想""供给侧结构性改革"等；三是新概念类，如"开发式扶贫""贫困代际传递""以工代赈"等；四是成语类，如"任重道远""因地制宜""疾风骤雨"等；五是习语类，如"绿水青山就是金山银山""咬定青山不放松""喊破嗓子不如甩开膀子"等；六是比喻类，如"开对药方子""造血能力""牛鼻子""最大同心圆"等。

2. 归化和异化翻译策略

就翻译这一行为而言，涉及文化层面就不得不提到异化、归化两种翻译策略。归化和异化两个概念是当代美国翻译家劳伦斯·韦努蒂（Lawrence Venuti）1995年在《译者的隐形：翻译史论》中提出的。正确、灵活运用归化与异化两种翻译策略是每位译者都应学习和掌握的技巧。

异化主张译文与源语或原文作者的要求相符，在文章的写作风格、文化表现等方面突出原文之"异"，尽量传达原文的异域文化特色、语言特色及作者的写作特色，同时这种翻译策略更能将源语语言形式上的文字以及文化信息忠实地保留下来，使目的语读者充分领略到异国文化。（陆晓君，2018）韦努蒂（2009：8）对异化翻译策略有着自己的见解，他认为，"原文越接近原文的措辞，对读者来说就越显得异化，就越可能起到修正主流话语的作用"。同时，韦努蒂也十分提倡异化翻译，不仅是因为异化翻译可以促成目的语中外国文学经典的重构，推动目的语本土文学的变革，还因为异化翻译是一种干预策略，可以对英语国家的文化霸权和不平等的文化交流进行文化干预。此外，归化和通顺的译文掩盖了译者对原文的关键性干预，复杂的思维过程在客观上又造成了译者的隐形，导致了译者地位的边缘化也是韦努蒂偏爱异化策略的又一原因。

归化翻译所主张的是译者向目的语读者靠拢，贴近目的语文化与表达习惯，采用目的语的语言表达习惯进行翻译，尽可能地拉近与目的语读者的距离，弥合跨文化交际的鸿沟。在《译者的隐形》一书中，韦努蒂（2009：10）把译文的通顺、地道、可读性强而生成的透明感理解为归化翻译策略的具体表现。归化翻译会考虑到译入语的文化背景和语言特色以便于译入语读者更好地理解译文，但相对应地，归化翻译策略的应用也会遗失源语的文化特征。

外宣翻译中会不可避免地考虑特色词汇的文化特征得失，所以在异化、归化翻译策略的指导下，灵活应用直译、意译、套译等翻译方法，会给外宣翻译工作增益不少。本文也将在异化、归化翻译策略的指导下，讨论不同类型的中国特色词汇分别采用了何种翻译方法，并归纳出中国特色词汇的翻译策略倾向，以期为中国特色词汇越译提供一些参考。

3. 中国特色话语的越译方法

中国特色话语产生于中国特有的文化、政治、历史背景中，译者需在异化、归化两种翻译策略的指导下，灵活运用直译、意译、音译、套译等常用的翻译方法，保留原文的准确性、政治性、时代性。

3.1 直译法

直译是指在翻译中尽可能保持原文内容、原文结构，是最常用的翻译方法之一。但直译不等同于逐字的"死译"，在翻译实践中，直译要得到灵活的运用。乔曾锐在《译论》（2000：291）一书中对直译的含义进行了阐述，即"在合乎译文语言的全民族规范的情况下，译文刻意求真，通过保留原作形貌来保持原作的内容与风格"。采用直译法翻译中国特色话语，能有效保留原文的语言特色和中国文化特色。

（一）政治术语类、新概念类
例（1）：科学发展观
译文：Quan điểm phát triển khoa học
例（2）：社会主义初级阶段
译文：Giai đoạn sơ cấp của chủ nghĩa xã hội
例（3）：中国特色社会主义
译文：Chủ nghĩa xã hội đặc sắc Trung Quốc
例（4）：一村一品
译文：Một làng một sản phẩm
例（5）：驻村工作队
译文：Đội công tác đóng tại làng
例（6）：大米换高铁
译文：Lấy gạo đổi đường sắt cao tốc

这两类词语具有高度的简洁性，将具体而复杂的内涵省略为简单的词汇，在翻译时，为保持内容简洁和形式上的工整，采用直译法是可行的。此外采用直译法也有利于中国特色话语政治术语类的译文统一和固定，从而达到中国特色话语译文规范化、标准化的目的。

（二）数字类

例（1）：一带一路

译文：Một vành đai một con đường

例（2）："三个代表"重要思想

译文：Tư tưởng quan trọng "Ba đại diện"

例（3）："五位一体"总体布局

译文：Bố cục tổng thể "Năm trong một"

数字类词语也具有高度凝练、内涵丰富的特点。对于数字缩略词的翻译，由于数字缩略词直译法译文缺少对其内涵的解释，学界倾向于采用直译加注法。因为本文研究对象《中国关键词》的内容构成较为特别，书中单篇内容会围绕某个关键词进行阐释和讲解，而数字类词语担任标题关键词的情况也较多，所以数字类词语前后文都会有相应的阐释和延伸。因此译者对书中数字类词语采用直译法，不会干扰和影响读者对译文的理解。虽然《中国关键词》中数字类词语的翻译基本没采用直译加注法，但也达到了直白明了、易懂的翻译效果。

（三）成语类

例（1）：愚公移山

译文：Ngu công dời núi

例（2）：优胜劣汰

译文：Mạnh được yếu thua

例（3）：朝令夕改

译文：Sáng lệnh chiều đổi

例（4）：惩前毖后

译文：Răn trước ngừa sau

例（5）：浴火重生

译文：Tắm lửa sống lại

成语是我国的文化瑰宝，它作为一种独特的语言形式，文字精练，寓意丰富，在《中国关键词》一书中得到了较为广泛的应用。因其结构多样、内涵丰富、使用意象独特，翻译成语时译文达到既保留成语结构又不破坏原意的效果是十分有难度的。而《中国关键词》中译者巧妙地兼顾了成语结构和原文内涵，做出了异化和归化相统一的努力。《中国关键词》译者对部分成语类词语不采用汉越音译法，而是采用直译法，创造性地用纯越词对成语进行表达并保留四字结构，如例（5）"浴火重生"在越语中有"Dục hỏa trùng sinh"的汉越音译法译文，"汉越音译法能保留汉语的发音以便突出原文的主要语言功能"（Bùi，2018：31）。但"Tắm lửa sống lại"译文中运用到的四个词中有三个都为十分常见的纯越词，更为直观，这样达到了原意和结构统一的效果，是一种具有创造性的直译法，值得我们参考。

（四）习语类、比喻类

例（1）：聚天下英才而用之

译文：Quy tụ và sử dụng nhân tài trên toàn thế giới

例（2）：直挂帅不出征

译文：Chỉ làm thống soái mà không ra trận

例（3）：百花齐放，百家争鸣

译文：Trăm hoa đua nở, trăm nhà đua tiếng

例（4）：打酱油的钱不能买醋

译文：Tiền mua xì dầu không thể cầm đi mua giấm

例（5）：慢半拍

译文：Chậm nửa nhịp

例（6）：后花园

译文：Vườn hoa sau nhà

例（7）：开对药方子

译文：Kê đúng "đơn thuốc"

习语类、比喻类词语言简意赅、结构多样、意象丰富、含蓄幽默，要想同时兼顾四个特点，采用直译法进行翻译也是可取的。"出征""酱油""后花园""药方子"都是较为常见的表述，直译不会阻碍读者对这些词语的理解。所以对于比较常见且具体的喻体、物象进行翻译时，使用直译法也是较为稳妥的。

3.2 意译法

意译指翻译时保持原文内容，不能完全保持与原文内容相对应的语言形式。乔曾锐在《译论》（2000：291）一书中对意译的解释是："使用译文语言中功能与原文相同或相似的表达方式，以代替原作中因两种语言不同而无法保留的内容与形式之间的相互关系。力求做到虽失原作形貌，仍不失原作的内容，而且与原作的风格相适应。"采用意译法翻译部分中国特色话语能拉近与目的语读者的距离。

（一）俗语、成语类

例（1）：一丝不苟

译文：tỉ mỉ, chu đáo

例（2）：不折不扣

译文：nhất định

例（3）：花拳绣腿

译文：chủ nghĩa hình thức

例（4）：东一榔头西一棒子

译文：Lúc đóng tinh tại chỗ này, lúc đóng tinh vào chỗ khác.

对于在语句中起修饰作用的成语、俗语，译者采用了意译的翻译方法，对此类成语的实义进行简化，直接将俗语、成语中的内涵意义表达出来，这便于越南读者的理解，不会因为陌生、特殊物象的出现而造成理解断层。

（二）政治术语类、新概念类

例（1）：开发式扶贫

译文：Xóa đói giảm nghèo theo kiểu "tạo máu"

例（2）：保障性扶贫

译文：Xóa đói giảm nghèo theo kiểu "truyền máu"

例（3）：摘帽不摘政策

译文：tiếp tục thực hiện chính sách xóa đói giảm nghèo đối với những huyện nghèo đã thoát nghèo trong một thời gian nhất định

例（4）：去库存、去杠杆

译文：Giảm tồn kho, giảm nợ cá nhân, doanh nghiệp, chính phủ.

对于部分描述较为模糊、概念较为抽象的词语，《中国关键词》的译者采用了换用物象的意译法，如把例（1）中的"开发式"转换为"tạo máu"（造血），把例（2）中的"保障性"转换为"truyền máu"（输血），把例（4）中的"杠杆"概念具体化为个人、企业、政府的债务，把抽象变具体。这样处理，译文变得更直观，译文的可读性、趣味性也得到增强。

3.3 套译法

套译是指套用目的语中具有相同、相似语言形式和文化功能的词语对原文内容进行翻译，旨在为译入语的读者理解译文创造便利，因此属于偏归化的翻译方法。《中国关键词》越文译本中，该译法使用次数不多，在《中国关键词》一书中成语类使用该译法较多，涉及国家政体、官方立场的词语都不使用这一译法。

例（1）：同舟共济

译文：Cùng hội cùng thuyền

例（2）：一帆风顺

译文：Thuận buồm xôi gió

例（3）：血浓于水

译文：Một giọt máu đào hơn ao nước lã

例（4）：深恶痛绝

译文：Ghét cay ghét đắng

3.4 中越官媒相关译文对比

例（1）原文：依法治国

译文 1: Quản lý nhà nước theo pháp luật

译文 2: Y pháp trị quốc（越南之声）

1997 年 9 月中共十五大提出的依法治国方略，是我们党领导人民治理国家的基本方略，中共十九大进一步把坚持全面依法治国的方略上升为新时代坚持和发展中国特色社会主义的基本方略之一，我国全面依法治国事业步入了新征程。

译文 1 采用直译法，既紧贴原文又便于理解。译文 2 采用的汉越音译法译文，该译文读起来朗朗上口且与原文结构保持一致。但正如阮氏明（Nguyễn Thị Minh，2016）学者所说，"中越政论翻译有时需要汉越词以保持庄重色彩，但不应过度使用，反则会让内容晦涩难懂，失去越语的纯洁性"。所以该词语采用直接释义的直译法更为妥当，效果更佳。

例（2）原文：不忘初心、牢记使命

译文 1: Không quên nguyện ước ban đầu, ghi nhớ sứ mệnh

译文 2: Uống nước nhớ nguồn, ghi nhớ sứ mệnh（越南之声）

不忘初心、牢记使命一般指在全党开展"不忘初心、牢记使命"的主题教育活动，是推动中国共产党更加自觉地为实现新时代党的历史使命而不懈奋斗的重要内容。

译文 1 采用直译法，逐字翻译，译文含义直接明了，结构与原文保持一致，且与中国国际对外广播电台翻译的《十九大报告》越译版中的译文一致，国内该译文的使用较为规范、统一。

而越南之声（VOV）则选用第二种译文，采用意译法，Uống nước nhớ nguồn"为越南成语，意为饮水思源。饮水思源比喻不忘本，与不忘初心有相通之处，但考虑到与原文内容、结构一致的效果，译文 1 更为准确。

例（3）原文：三步走战略

译文 1: Chiến lược phát triển "đi theo 3 bước"

译文 2: Lộ trình 3 bước（越南通讯社）

三步走战略是 1987 年 10 月中共十三大提出的中国经济建设战略部署。

"đi theo 3 bước"的意思为"跟着三步走"，该译文采用直译法，虽贴合原文，符合原意，但逐字对应翻译略显生硬。而越南通讯社则采用另一种直译法译文"Lộ trình 3 bước"。其中"Lộ trình"为"长期计划、规划"的意思，是越南政治生活中十分常见的词汇，且该译文更贴合原文结构，更为简洁、地道，能拉近与越南读者的距离。

例（4）原文：脱贫攻坚

译文 1: Công kiên thoát nghèo

译文 2: Xóa đói giảm nghèo（越南通讯社）

2015 年 11 月 27 日，"脱贫攻坚"一词在中央扶贫开发工作会议上得以提出。此后，习近平主席多次号召全党苦干实干，坚决打赢脱贫攻坚战。2021 年 2 月 25 日，习近

平主席在全国脱贫攻坚总结表彰大会上向全体人民庄严宣告:"我国脱贫攻坚战取得了全面胜利。"

译文 1 采用汉越音译法,其中"Công kiên"为"攻坚"的汉越词,且发音与中文相近,便于记忆且朗朗上口,结构与原文保持一致。在中国译者中得到较广泛的接受和应用,但此汉越词译文不易于越南读者的理解。

译文 2 采用套译法,"Xóa đói giảm nghèo"意为"消饥减贫",是 1992 年越南胡志明市首先研究提出的脱贫计划,该计划在胡志明市专款支持、政府主导与社会参与的三方配合下取得了良好成效,并得到越南多省的借鉴、学习,为越南人民熟知。"脱贫攻坚"最终目的是消除贫困,但两者仍不能完全等同。译文 2 的确便于越南读者理解,但忽略了两者间的细微不同,不能准确、充分地体现我国脱贫工作的艰难性。

例(5)原文:全国人民代表大会

译文 1: Đại hội đại biểu nhân dân toàn quốc

译文 2: Quốc hội(越南通讯社)

全国人民代表大会是我国的最高权力机关,其主要职权为:最高立法权、最高任免权、最高决定权、最高监督权。这一词语充分体现了我国的政治组织模式和政治制度。

译文 1 采用了汉越音译法,其中运用的词语十分常见,且都为政治生活中常见的汉越词,这样翻译通顺易懂,既有利于越南读者理解,也不失中国特色。而译文 2 采用类比法,"Quốc hội"意为国会。国会是越南最高国家权力机关和人民最高代表机构,其基本任务是制定宪法和法律、决定国家基本政策、行使最高监督权。

"尽管在机构设置、基本职能、代表资格方面,我国人大制度与越南国会制度有相当多的共性,但两者在选举方式、代表构成及监督职能等方面还有很大的区别,不能完全等同。"(吴成林,2008)

译文 2 将"全国人民代表大会"翻译为越南的最高权力机关"Quốc hội"(国会),的确能方便越南读者直接进行理解,但如同上文所说,全国人民代表大会与国会并不是完全一致、对应的,如此翻译不能充分展现中国特色,体现全国人民代表大会是人民行使国家权力的机关的真正内涵。

例(6)原文:绿水青山就是金山银山

译文 1: Non xanh nước biếc chính là núi vàng núi bạc.

译文 2: Non xanh nước biếc chính là rừng vàng biển bạc.(越南通讯社)

2005 年 8 月 15 日,时任浙江省委书记的习近平在浙江安吉县调研时,首次提出"绿水青山就是金山银山"的重要生态保护论述。现在"绿水青山就是金山银山"的重要理念已经并将继续对我国生态文明建设产生广泛而深远的影响,已成为习近平生态文明思想的重要一部分。

译文 1 采用直译法，其中"Núi vàng núi bạc"意为富有、富裕，是对"金山银山"逐字直译，略显生硬，且该译文并不常见。

译文 2 采用套译法，越南语中的成语能与中文的成语相互对应的情况是较为普遍的，越语中"non xanh nước biếc"就可与"绿水青山"对应，越语中"rừng vàng biển bạc"意为林、海如金银般贵重，表示生态环境的重要性，符合"金山银山"的实义，且该词中的林、海与上句的山、水相对应，对仗工整，结构严谨，因此该译文在中越官方情境中也得到广泛的认可和应用。采用越南读者熟悉的越南成语对该句进行翻译，既能符合原义，也能自然地向越语读者传达我们的治理理念。

综合以上分析，我们得出以下结论：

第一，如表 1 所示，总的来看，中国特色词语的翻译策略使用倾向为异化，主要使用异化策略的类别为新概念类、成语类、习语类、比喻类，而成语类词语使用归化策略较多。

第二，综合来看，中国特色话语越译多使用直译法，意译法使用较少；当中国特色话语为数字类、政治术语类、比喻类时，采用异化直译的翻译策略，忠于原文，尽可能保留原文内容与格式；当中国特色话语为成语类、习语类词语时，以异化直译的翻译策略为主，归化翻译策略为辅，并有选择地参考越方的对应译文，完善译文结构与表达，便于越南读者理解。

表1　中国特色词语分类及使用归化翻译策略统计

分类	总数	使用归化翻译的词语数量	比例
政治术语类	173	2	1.1%
新概念类	64	14	21.8%
数字类	41	1	2.4%
成语类	76	40	52.6%
习语类	33	7	21%
比喻类	43	9	20%
总计	430	73	16.9%

4. 结语

收集到的 430 条《中国关键词》里的中国特色话语中，使用归化策略的译文有 73 条，异化策略的译文有 357 条。由此可以看出异化是本书中主要使用的翻译策略。译好中国特色话语绝非易事，译者自身的翻译水平直接决定译文质量与传播效果。所以译者要把握好外宣翻译的特点，处理好外宣翻译的难点，灵活运用异化与归化两种翻译策略和掌握直译、意译等翻译方法。译者需"融通中外"，即保持坚定的政治立场和客观态度，及时、主动地学习和研究中央文件或中国重要领导人讲话中提出的新概念、新表述，还要以开放、客观地态度了解、研究译入语的文化背景和实际国情，这样才能促成更多中国特色话语的有效翻译。希望通过译者、外宣工作者和每一位越语学习者的共同努力，站在前人的肩膀上，采用标准、规范的译文，形成合力，推动中国特色话语语料库的构建和完善，为中国特色话语译文的规范和统一贡献微薄力量，以期在新时期更好地向世界传播中国声音，讲述根植于中华大地的中国故事，传播中国特色社会主义文化。

参考文献

[1] Bùi Đàm Hương Vy. *Nghiên Cứu Từ Ngữ Chính Trị Đặc Sắc Trung Quốc Và Phương Pháp Dịch Sang Tiếng Việt (Nghiên Cứu Trên Cứ Liệu Phát Ngôn Của Người Phát Ngôn Bộ Ngoại Giao Trung Quốc)* [D]. Hà Nội：Trường Đại học Quốc gia Hà Nội，2018.

[2] Nguyễn Thị Minh. *Dịch Văn Bản Chính Luận Trung Việt: Những Điều Cần Lưu Ý* [J]. Tạp Chí Khoa Học ĐHQGHN：Nghiên Cứu Nước Ngoài，2016（1）：66–68.

[3] 杨磊，朱琳. 中国特色话语在韩国媒体中的翻译情况考察：以韩国联合通讯社为例 [J]. 文化创新比较研究，2020（27）：157–159.

[4] 刘嘉懿. 关于《习近平谈治国理政》韩文译本中中国特色词汇翻译的研究 [D]. 青岛：青岛大学，2017.

[5] 齐骥. 从归化异化看《习近平谈治国理政》的中国特色词汇英译 [D]. 北京：北京外国语大学，2015.

[6] 乔曾锐. 译论 [M]. 北京：中华工商联合出版社，2000.

[7] 魏向清，杨平. 中国特色话语对外传播与术语翻译标准化 [J]. 中国翻译，2019（1）：91–97.

[8] 韦努蒂. 译者的隐形：翻译史论 [M]. 张景华，白立平，等译. 北京：外语教学与研究出版社，2009.

[9] 吴成林. 我国人大制度与越南国会制度之比较 [J]. 党政干部学刊，2008（5）：52–54.

[10] 翟石磊. 中国式话语与国际话语权：以外宣翻译中的中国特色词为例 [J]. 复旦国际关系评论，2013（11）：113–144.

基于自建语料库的中国特色话语日译研究

严牧含[1]　黄成湘[2]

摘　要：通过分析自建中国特色话语日译语料库中的语料，考察除政治术语之外的七个类别的中国特色话语的日译现状和部分译文的接受度。发现：当前，中国特色话语的日译策略以异化翻译策略为主，这一翻译策略符合我国当今的文化宣传方针。部分话语存在多个日译版本，其中少数译法存在问题，尚未形成标准统一的译文。因此，构建大规模标准化中国特色话语日译语料库的工作迫在眉睫。具有不同日译版本的语料的整体接受度为 75.75%，表明日语母语者对于其中部分译文的理解存在一定的偏差。因此，在采用异化翻译策略时，需要尽可能地在后面附上解释说明，以免被目标语言读者误解。

关键词：中国特色话语；日译；语料库；接受度

1. 引言

近年来，具有中国特色的话语频繁出现在外交舞台，中国特色话语的对外翻译在讲好中国故事，促进中外文化相互交流，树立良好的国际形象等方面的作用越来越显著,任务也越来越繁重。翻译好中国特色话语是促进中国与世界相互了解和认识，增强中国与世界各国友谊的一个重要桥梁和纽带。那么，中国特色话语的日译现状如何？还存在什么问题？在翻译中国特色话语时，一般采取哪些日译策略？目标语读者对不同译文版本的接受度如何？本文将基于自建的"中国特色话语日译语料库"（以下简称"语料库"）进行分析，研究当前中国特色话语的日译现状与相关词汇的接受状况。

当前翻译界对于中国特色话语的讨论正在逐渐升温。李建武（2019：111–112）指出：中国特色词汇是承载中国特有的文化价值观、在其他语言中没有直接对等词的中文独有词汇，具有鲜明的中国特色。苏杭、杜武媛（2017：40–45）指出：

> 中国特色词语是指汉语词汇中表达独具中国特色事物的词语，包括一些概念、政治术语、短语和民族文化特色鲜明的词语等，表达中国文化中的特有事物，其中蕴藏着中国千百年文化的内涵。如果将中国比喻成一篇论文，那么中国特色词语就是这篇论文的"关键词"。

---

[1] 2018 级日语专业学生；邮箱：228065442@qq.com。
[2] 副教授，博士，硕士生导师；研究方向：语言学、二语习得。

本文认同苏杭、杜武媛给出的以上定义，也认为中国特色话语指的是汉语词汇中表达独具中国特色事物的词语。

笔者阅读大量文献后发现，当前关于中国特色话语翻译的研究大多集中在英译上，日译较少。在中国知网上输入关键字"中国特色话语翻译"进行文献搜索，其中与中国特色话语日译直接相关的文献仅为一篇（钟芸芳，2016：76–79），该文以中央编译局翻译出版的《中共中央关于制定国民经济和社会发展第十三个五年规划的建议》（日文版）为研究对象，分析探究了政治文献中日译的归化和异化翻译策略。另外，还有关于汉语、西班牙语、老挝语的研究各一篇，分别是：《官方话语中中国特色词汇的韩译问题及翻译方法探析：以〈中国关键词：第一辑（汉韩对照）〉为例》（郑杰、徐一婵，2020），《功能目的论视阈下中国特色话语在西班牙语中的翻译研究》（王心月，2021），《中国特色政治话语老挝语翻译研究》（陆慧玲，2021）。其余均为中国特色话语的英译研究。据此可知，目前针对中国特色话语的日译研究多集中在有关中国特色政治话语的翻译上，而囊括其他多个类别的中国特色话语日译研究尚未发现。

此外，2017年中国首个中国特色话语对外翻译标准化术语库平台建立。该术语库是由中国外文局、中国翻译研究院主持建设的首个国家级多语种权威专业术语库。但笔者进入该平台进行查询时发现，该平台提供的日译词汇不如英译的全面，且该平台提供的译文多集中在中国特色政治术语上，其他类别的中国特色话语涉及较少。笔者登录后，在搜索框输入"木偶戏""舞狮""五色糯米饭"等政治术语外的其他类别中国特色话语时，仅有一条英译结果出现，甚至有时搜不出译文。可见，虽然国家和学界已经开始关注中国特色话语的日译，但目前主要集中在政治术语的日译上，更大范围的中国特色话语日译术语库（语料库）的建设和相关研究有待加强。

胡开宝、李婵（2018：7–12）指出：建立语料库在中国特色大国外交话语研究方面大有用武之地。张继光（2016：34–40）指出：翻译语料库是开展语料库翻译学研究的物质基础。魏向清、杨平（2019：91–97）指出：中国特色术语翻译标准化是中国特色话语有效对外传播的前提与基础。胡安江（2020：1–12）依据中国知网的相关统计数据，探讨了当前有关对外话语体系翻译研究的总体趋势与未来趋势，并指出采用语料库研究方法，对主流媒体、主要报刊、政府文件和相关数据库中关于中国特色对外话语建设的新范畴、新概念、新术语以及观点、言论和著述等进行数据与语料分析，从而有利于中国特色对外话语体系的建设。上述研究指出了构建"中国特色话语对外翻译标准化术语库（语料库）"的意义。

综上所述，目前中国特色话语的对外翻译越来越受到国家和学界的重视。但其日译研究目前仅局限于中国特色政治术语的翻译方面，其他类别的特色话语日译研究尚有很大的提升空间。基于此，本研究将视角置于中国特色话语的日译，特别是除政治术语外的特色话语的日译研究，自建"中国特色话语日译语料库"，收集整理各类中国特色话语的日语翻译，从中探讨相关用语的标准译文，并分析这些词汇翻译策略使用以及被接受情况。我们将中国特色话语分为中国传统节日、中国非物质文化遗产、中国物质文化遗产、中国特色流行语、中国特色领导人用典、中国特色俗语、中国特色少数民族文化相关用语这七大类别，通过网络（主要参考人民网日文版、《人民中国》日文版等权威网站）、书籍开展各个类别的中国特色话语的日译语料收集工作。语料以汉日对译的形式出现，每个特色话语都会配一个例句。截至2022年2月共收集到七大类别595个中国特色词汇。后续会进一步拓展语料收集渠道，尽可能多地收集语料，扩大规模。语料库运用笔者团队开发的"中日双语平行语料库系统"构建，该系统可进行中日语料素材的添加、删除、修改，可进行批量输入和批量输出，具备按语种、按类别查询、搜索关键词等功能。

2. 中国特色话语的日译现状与策略使用情况

2.1 翻译策略的使用状况

目前有关翻译策略的分类还未有定论。本文根据熊兵（2014）的说法，将翻译策略分为异化和归化两种，将直译和音译等作为实现异化翻译策略的翻译方法，将意译、解释译等作为实现归化翻译策略的翻译方法。在这一节里，将语料库中收集到的译文从异化和归化的翻译策略角度出发进行统计和分析（见表1）。

表1　归化异化翻译策略使用情况表

术语类别	术语数量	采用异化策略	采用归化策略
中国传统节日	38	20	16
中国非物质文化遗产	50	46	4
中国物质文化遗产	110	85	25
中国特色流行语	167[1]	154	19
中国特色领导人用典	43[2]	33	24
中国特色俗语	45[3]	19	27
中国特色少数民族文化用语	142	126	16
总计	595	484	111

纵观以上数据可以发现，不同类别的中国特色话语采用的翻译策略倾向有一定的差异，如使用归化异化的比例不尽相同，但从总体上看，采用异化翻译策略多于归化。莫竞（2020：91-93）在研究中国特色政治词句英译策略时指出，异化策略能够

---

[1] 其中6个术语有两个译文，各采用异化归化策略。
[2] 其中14个术语有两个译文，各采用异化归化策略。
[3] 其中1个术语有两个译文，各采用异化归化策略。

在较大程度上保留中国文化的形式和内涵，突显中国特色，因此，该翻译策略比较符合中国特色话语的特征要求，能够很好地实现我们中国文化走出去的目标。但是在异化翻译策略的使用中也存在一些问题，值得注意。刘宁晖（2019：135–139）指出，在翻译成日语时，尤其要注意"汉字陷阱"。中日两国同属汉字圈，有很深的历史文化渊源，很多的汉字或者是汉字词，在中日文中都表达相同的意思，给翻译带来了很大的便利。但是两国的历史背景、社会环境、文化结构、基本国情毕竟存在差异，字词在历史的发展变化中也发生了相应的改变。一些汉语中已不再使用的字词，在日语中仍在使用。有些字词在两国语言中均在使用，但词义已发生变化，所以直接通过异化翻译出来的词语有时容易造成日本人的误解，无法展现中国特色话语的本色。

2.2 翻译方法的使用状况

正如上一节所提到的，在翻译中国特色话语时，使用一些特定的翻译方法有助于实现归化和异化的翻译策略。

领导人用典和中国特色俗语经常在重要的外交场合出现，对于这一类的中国特色话语，如何做到在确保准确性和易被人理解的基础上，又保留原文的中国特色表达与内涵，并且更好地让世界读懂这些用典和俗语，这一问题是不容忽视且值得译者思考的。在这两个类别中，可以发现不少例子都有两个或两个以上的翻译版本，例如"君子一言，驷马难追"这一汉语成语有多达7个日译版本。其中有通过直译变为：「君子が一度口にした言葉は、四頭の馬を走らせても取り戻すことができない」，也有通过意译的方式翻译成「君子は一度口にしたことは取り消さない」。像第一种直译的方式，尽可能地保留了中文的句式结构、语法和语言风格，可以让读者进一步领略到贴近中文原生表达的魅力和内涵，从而达到传播中华文化，让世界读懂中国的目的。

在俗语的翻译中，经常使用解释译这一翻译方法。解释性翻译方法可用于翻译那些具有中国特色的修辞表达或是高度概括且无法对等译成日文汉字的短语，译文兼翻译和解释两种功能。除此之外，在中国特色流行用语的这一类别中，网络流行语较多地采用了解释性翻译的方法。这类词语一般具有时效性短、新颖等特点，且大多为口语。在翻译这类用语时，因为这些句子或词汇在日语中找不到与之相同或相对应的表达，所以只能把这个流行语的含义以日语表达出来，虽表达方式不同，但能达到和原句相同的意思。如2016年里约热内卢奥运会上，在仰泳半决赛中刷新了自己纪录的傅园慧接受采访时说道："我已经使出了洪荒之力。"此后，"洪荒之力"一词成为"红极一时"的网络流行语。"洪荒之力"一词在日语中翻译为"究極のパワー"。"究極"在日语中是"终极""穷尽""极限"的意思，"究極のパワー"也就是指强大的力量，形容已经穷尽了全部的力量。

需要注意的是，在翻译一些当代政治流行语时，我们发现有些译文会先借鉴被大众已经接受或熟知的英语官方翻译版本，然后再转化成日语中的外来语进行翻译。比如"一带一路"被翻译为"一ベルト一ロード"。这种以英文充当"中介"角色然后再转化成日语翻译的方式，在一定程度上阻断了中文与日文的直接交流与转换，并不能很好地体现中国特色。日本人读到或听到的仅仅只是失去了"中国特色"的普通外来语词汇，而术语的提出背景与内涵无法真正读懂。本文认为"一带一路"这一词直译为"一带一路"更好。"一带一路"是"丝绸之路经济带"和"21世纪海上丝绸之路"的简称，旨在借用古代丝绸之路的历史符号，高举和平发展的旗帜，积极发展与沿线国家的经济合作伙伴关系。如果把"一带一路"以完全保留汉字的方式直接翻译为"一带一路"，不仅可以让大家更好地读懂"一带一路"倡议的内涵，还能在世界上树立良好的中国形象。如果有需要的话，可以视场合在后面备注相关背景知识的简短翻译，这样也可以更好地帮助日本人理解与接受。

3. 中国特色话语的日译接受状况

在翻译中国特色话语时，一个词有时具有不止一个日译版本。在自建术语库中共计74个词有两个或两个以上的日译版本。翻译版本多样化的现象无可厚非，但同时也反映出当前中国特色话语日译现状中存在翻译版本冗杂的问题。那么，像这类具有多个版本的翻译，哪一种译文更合适？这些词汇的不同日译版本的接受度又如何？蒋芳婧（2014：42-48）指出，受众接受程度是检验译本质量的重要标准。为了考察中国特色话语日译的接受度，我们开展了问卷调查。为了对比日语母语者和非日语母语者对待译文的不同态度，调查问卷设置了中文和日文两个版本。我们从七个类别中一共选择了20个有两个或两个以上翻译版本的中国特色话语作为样本开展调查，调查对象需从中选择出最合适的一个日译版本。因为日本人是最终的受众群体，所以在日文版的调查问卷中还增设了选择该项的原因，是否有更好的翻译版本这两个开放性问题，有助于收集到更全面的受众群体的信息。问卷发放一共历时两周，最终收到有效答卷219份，其中中文版199份、日文版20份。中文版199位调查对象构成为：日语老师20位（10.05%）；日语专业本科生108位（54.27%）；日语专业研究生47位（23.62%）；非专业的日语学习者17位（8.54%）；其他身份人员7位（3.52%）。日文版20位调查对象的构成为：大学生5位（25%）；教师11位（55%）；公司职员3位（15%）；研究人员1位（5%）。

3.1 日语母语者对译文的态度

根据最终收到的20份有效的日文版答卷，20位日本调查对象大部分都有学习中文的经历，可以阅读简单的中文书籍，或是可以用中文进行简单的日常对话。本调查问卷共展示了 20 个具有两个或两个以上译文的中国特色话语，并要求调查对象从中选择自己认为的最合适的译文。如果没有合适的译文则提供自己认为的更好的译文。提供自己的译文并不意味不接受问卷中提供的译文。最终，针对问卷提供的 20 个语料，调查对象提供自己的译文据统计共 97 次，经计算得出该 20 个样品译文的接受度为 75.75%[1]。

以下将从 20 个样本词汇中挑选一些具有代表性、能说明问题的结果进行分析。

1）对于"七夕"一词，在 20 位日本调查对象中，有 19 位选择了"たなばた"，只有一位选择了"バレンタインデー"。选择"たなばた"的日本人所勾选的理由多为"容易理解"和"最正确"。需要指出的是，"バレンタインデー"一词主要是指西方的情人节，而情人节和七夕的习俗和由来都是不同的，所以把七夕直接翻译成"バレンタインデー"是不合适的。但值得我们注意的是一些调查对象提出的自己认为更为合适的译文，大多是在"たなばた"前面加上"中華式"或是"中国の"类似的前缀。但笔者对于这一类译文无法苟同。虽然中日七夕的习俗和时间都不同，但"七夕"源自中国，前面特意加上"中国的"或者"中华的"之后会给人"七夕"原本不属于中国的印象。如果想要突出此"七夕"是作为中国传统节日的七夕节，译者可以采用一些更为柔和的方式，比如在后面附上日文的解释说明，例如在"たなばた"后面附上"中国の伝統的な祝日である"等。

2）对于"蜀绣"一词，20 位日本调查对象中有 13 位选择了"四川刺繍"这一译文，而剩下的 7 位选择了"蜀繍"这一译文。在汉语里，四川省的简称便是"蜀"，但需要指出的是很多不懂中文或不了解中国的日本人并不知道这一点，而略懂一些中国历史的日本人也许会认为这里的"蜀"指的是三国时代的一个国家。其中有两位选择了"蜀绣"的对象在问卷中写道："四川刺繍だと、四川で作られた刺繍ならなんでもいいことになるので、それは誤解を招くと思うから。""蜀は四川に含まれるが、四川を蜀とするのは適当ではないから。"这两种说法似乎都是对"蜀"和四川的关系认识不正确的表现。实际上，蜀绣起源于川西民间，现在是四川省的特产，是中国四大名绣之一。笔者认为相对于"蜀繍"而言"四川刺繍"的日译版本可能更容易被理解。因为"四川料理"在日本也有超高人气，所以日本人对于四川这一地名应该不陌生。但需要指出的是，"蜀繍"这一译文虽然可能会造成误解，但像这样通过直接翻译的方式更能够突显"蜀绣"二字本身的内涵与魅力。其实以上两种译文均有其可取的地方。

3）对于"推拿"一词，中日两边均有大约三分之二的人选择了"マッサージ"这一译文，只有少部分的人选择了"すいな"这一译文。笔者认为，"マッサージ"作为一个外来语词汇，它的意思主要是指按摩。但是通过查阅资料后发现，推拿和按摩还是存在一定的区别。中医里面的推拿是需要根据穴位来帮助治疗疾病的，而

---

[1] 接受度 = [1–97 ÷（20×20）] × 100%。

按摩主要是帮助缓解一些劳损的情况。所以在这里直接将"推拿"翻译为"マッサージ"并非十分准确。"すいな"一词是用了音译的方法，将"推拿"二字的汉字发音在日语中找到有相似读音的假名进行组合。其实这种方法在汉英互译中也很常见，比如 pizza 在汉语中直接音译为"比萨"。这种翻译方式不仅简单明了，而且可以最大可能地保留原语言的特色。但读者初看时可能会不理解意思，用这一类方法翻译的译文想获得受众的普遍接受和理解需要一定的时间，所以在其后面附上简单说明或解释不失为一种有效的解决办法。

从上述例子我们不难发现，要想更好地传递中国特色话语的内涵，建议使用"直译+注释"这一种处理方式，该方式有助于中国特色话语慢慢融入日语词汇，随着使用次数和频率的增加，直译后的注释会慢慢变得不需要，但这需要一个过程。

3.2 通过对比中日调查问卷的调查结果看特色话语日译

通过对中日两版调查问卷结果的横向比较，我们发现中国和日本的调查对象在对部分词语的选择上较为一致（例如在中国传统节日、物质和非物质文化遗产这些类别），区别较大的是在俗语和社会流行语的选择上。这反映出母语者和非母语者在对待译文的态度上具有差异这一问题。

首先是"千里之行，始于足下"这一词。问卷上给出了两个翻译版本，分别是"千里の道も一歩より起こる"和"千里の行も足下に始まる"。调查结果显示，中国这边有 91 位选择了前者的译文，而剩下的 108 位选择了后者。相反，20 位日本调查对象中有 17 位选择了前者，只有 3 位选择了后者。对于这句俗语的翻译，中日双方存在较大差异。为什么会存在这种差异呢？我们发现"千里之行，始于足下"这一句话的翻译在某些日语教科书上的译文是"千里の行も足下に始まる"。调查问卷中大部分中国日语专业的学生可能因为从课本上学到了这样的译文，所以选择了后者的翻译版本。在日文版的调查问卷中，不少日本调查对象给笔者提供了他们认为更好的翻译版本，需要指出的是给出了自己译文的九位调查对象的译文竟然一字不差地相似，都是"千里の道も一歩から"，并且给出的理由是："既に日本語にある成語を使う、日本では千里の道も一歩からを使う。"也就是说在日语中已经有了"千里之行，始于足下"的既定用法。因此，我们在翻译一些谚语、俗语时首先要弄清日语中是否也有相同或相似说法，如果有的话，最好能够采用日语中既有的常用的说法，这样才能最准确地传递信息。

此外，网络流行用语"扎心了，老铁"的翻译一共收集到了三种日译版本，分别是："心に刺された、友よ！""めちゃくちゃ感動した！"和"心に刺された、ブラザー！・心を打たれた、ブラザー！"。调查结果显示，中国人有将近半数选了最后一个译文，选择"めちゃくちゃ感動した！"的只有 43 位。而日本人则完全相反，20 位中有 14 位选择了"めちゃくちゃ感動した！"。在日语口语中经常使用"めち

ゃくちゃ"来表达程度之深，日本人之间的日常对话中也会经常出现"めちゃくちゃ感动した！"这样的表达。但是这个表达只表现出了"扎心了，老铁"这一流行用语部分的意思，"老铁"在中国北方地区是对兄弟、好哥们儿的称呼，而"扎心了"的意思可以是指走心了、骂人骂到心坎里了、骂到痛点了，也可以指因为某件事情让你牵动、感动，从而引起了某些情感要素的改变。"めちゃくちゃ感动した！"这一日译版本仅仅做到了符合日语口语的习惯，却没有全面地翻译出这一流行语的意思。因此，我们在翻译这类词语时，除了语言表达要符合日语习惯外，还得看是否将原词的意思表达完整了，不能让意义缺失。

4. 结语

本文以自建的中国特色话语语料库为例，主要考察并分析了政治术语以外七大类别的中国特色话语的日译现状和被接受状况。上述研究结论可归纳如下：

（1）目前中国特色话语的日译以异化翻译策略为主，这符合我国文化走出去的总体战略。但部分翻译仍有探讨的余地。

（2）个别词汇目前存在多个不同的翻译版本，且不乏欠准确的译法，因此，更大规模的中国特色话语标准术语库（日译）的构建迫在眉睫。

（3）通过对同一词汇不同翻译版本的接受情况调查，我们发现这些词汇的译文的接受度为 75.75%。根据该调查，日语母语者对部分译词的理解存在偏差，因此，采用异化翻译策略时，应尽可能在其后加以解释说明，以免目标语读者理解错误。

本研究自建的中国特色话语语料库只是将现有的相关词汇的日译版本收集整理起来，没有对所有的中国特色话语日译进行标准化处理，亦即尚未形成标准化术语库，且本次收集的数量也还有限，有待今后进一步扩大规模。因此，亟待构建一个完整的中国特色话语日译标准语料库，并总结出一套具体的、适用性较强的中国特色话语日译策略。

参考文献

[1] 胡安江. 中国特色对外话语体系研究：热点、问题与趋势 [J]. 天津外国语大学学报，2020，27（1）：1–12.

[2] 胡开宝，李婵. 国内外外交话语研究：问题与展望 [J]. 外语教学，2018，39（6）：7–12.

[3] 蒋芳婧. 受众接受视角下的中央文献日译策略：基于《2013 年政府工作报告》日译本受众访谈调查 [J]. 天津外国语大学学报，2014，21（5）：42–48.

[4] 陆慧玲. 中国特色政治话语老挝语翻译研究 [D]. 北京：北京外国语大学，2020.

[5] 李建武. 话语权视角下的中国特色词汇英译研究 [J]. 科技视界，2019（26）：111–112.

[6] 刘宁晖. 论《习近平谈治国理政》第二卷日译版的翻译策略 [J]. 齐齐哈尔大学学报（哲学

社会科学版），2019（12）：135–139.

[7] 莫竞. 外宣翻译视域下中国特色政治词句英译研究 [J]. 哈尔滨学院学报，2020，41（4）：91–93.

[8] 苏杭，杜武媛. 中国特色词语日译与中国话语权 [J]. 钦州学院学报，2017，32（2）：40–45.

[9] 王心月. 功能目的论视阈下中国特色话语在西班牙语中的翻译研究 [D]. 北京：北京外国语大学，2020.

[10] 魏向清，杨平. 中国特色话语对外传播与术语翻译标准化 [J]. 中国翻译，2019，40（1）：91–97.

[11] 熊兵. 翻译中的概念混淆：以"翻译策略""翻译方法"和"翻译技巧"为例 [J]. 中国翻译，2014（3）：82–88.

[12] 钟芸芳. 政治文献汉译日外宣翻译策略研究 [J]. 长春工程学院学报（社会科学版），2016，17（2）：76–79.

[13] 郑杰，徐一婵. 官方话语中中国特色词汇的韩译问题及翻译方法探析：以《中国关键词：第一辑（汉韩对照）》为例 [J]. 民族翻译，2020（1）：75–80.

[14] 张继光. 国内语料库翻译学研究状况的科学知识图谱分析（1993—2014）[J]. 上海翻译，2016（3）：34–40.

论《黄帝内经》中"筋"的意涵及其英译

李倩杏[1]　许维银[2]

摘　要："筋"不仅作为中医基础理论中的重要内容，同时还是中医文化负载词之一。《黄帝内经》（以下简称《内经》）中对"筋"有非常丰富的论述。在《内经》中"筋"字的应用范式有两种，一类为单字应用范式，另一类为多字应用范式，两种范式内涵大不相同，译者在翻译时需结合基本内涵及语境等要素，采用恰当的英译策略，在保留传统中医学文化内涵的前提下，促进中医文化的有效传播。

关键词：《黄帝内经》；"筋"；英译

1. 引言

《内经》是现存最早且保存最为完整的医学典籍，属传统医学四大经典著作之一，其译本对于传播中医文化有着重要作用。但《内经》成书年代已久，"其文简，其意薄，其理奥，其趣深"，造成了理解困难，同时构成了英译的窘境。目前《内经》英译版本较多，但是并非每一位译者对于中医术语都有统一的认识且能准确翻译。《内经》"筋"主要表现为单字概念与多字概念，其具体含义较多，极易混淆，需结合语境进行具体问题具体分析。故本文拟从这两种情况出发，以倪毛信和李照国的英译本为例，对《黄帝内经》中"筋"的英译方式及修辞技巧做一探讨。

2.《内经》中单字"筋"的意涵及其英译

2.1　单字"筋"在《内经》里的含义

根据《内论"筋"》（邵慧婷等，2021：26），"筋"字作为单字概念时所表达的含义有 8 种不同的情况，且单独使用次数达 128 次。

其一是可联络关节、肌肉、专司运动的组织，有筋膜、肌腱及韧带等。正如《素问·五藏生成》所云："诸筋者，皆属于节。"包裹约束功能之筋均位于关节四周，筋与关节相连。《素问·脉要精微论》中提道："膝者筋之府，屈伸不能，行则偻附，筋将惫矣。""筋之府"指膝部四周强固肌腱粘连在一起。《素问·痿论》亦具有类似含

---

[1]　2019级翻译专业学生；邮箱：2332418657@qq.com；指导教师：袁卓喜，博士，副教授。
[2]　2019级翻译专业学生；邮箱：1019078751@qq.com；指导教师：袁卓喜，博士，副教授。

义:"宗筋主束骨而利机关也。"宗筋,即大筋或筋的集合处,主人体百骸的连接与关节活动,制约骨骼。表明筋具有连接及约束关节之生理功能。

其二是经筋。如《灵枢经·经筋》专篇:"足厥阴之筋,起于大指之上。""筋"指人体中由腹至足的一根筋。经筋在人体的躯干四肢上也像经脉那样规则分布,是四肢末端至头部或者躯干四肢的连续性组织。经筋作为一种独立存在并穿行在人体各部位的条索状物,主要指各类筋膜,亦与神经、血管等有关。(邵慧婷等,2020:1431)

其三是神经。如《素问·生气通天论》中所提及:"有伤于筋,纵,其若不容,汗出偏沮,使人偏枯",汗出异常是植物神经功能紊乱的常见症状,"筋"是神经,过怒导致伤筋。《素问·长刺节论》:"病在筋……刺筋上为故,刺分肉间,不可中骨也。"此处之筋指被筋膜包裹的两块肌肉之间的血管神经,针刺筋脉治筋痹。(秦玉革,2006:147)从字义上讲"肉之力"不完全等同于能产生力量的肌肉及腱,骨骼肌失去神经的控制,会变成毫无力量的废肉,并且丧失养分就会萎缩。

其四是像筋的东西,如钢筋、铁筋、橡皮筋。《灵枢经·血络论》云:"血脉盛者,坚横以赤,上下无常处,小者如针,大者如筋。"人体血管大小不等,小的毛细血管如针般细小,大的如筋般粗大,操作起来很难把控。

其五是肠管。《灵枢经·经筋》:"在内者熨引饮药,此筋折纽,纽发数甚者死不治。"此处的筋指腹壁中央之筋,即肠管,"折纽"形容筋拘急挛缩,"筋折纽"亦为西医所称肠梗阻。

其六是爪甲。《类经》对《素问·六节藏象论》注文:"发为血之余,爪为筋之余。"筋之余意为爪,是体内的筋延伸至体外的部分。《灵枢经·经筋》:"热病面青,脑痛,手足躁,取之筋间,以第四针于四逆"。文中"筋间"即手足爪甲间。治疗化脓性脑膜炎等其他严重热病,需用锋针点刺以泻邪热。

其七是静脉。正如《灵枢经·刺节真邪》所云:"有所疾前筋,筋屈不得伸,邪气居其间而不反,发为筋溜。"此处"筋溜"指下肢静脉曲张而形成团块状的病变,气虚而血运不畅。《灵枢经·水胀》云:"腹胀身皆大,大与肤胀等也,色苍黄,腹筋起,此其候也",腹筋起指因静脉怒张、腹部肿胀而引起的腹部青筋暴起。《管子·水地》载:"水者,地之血气,如筋脉之通流者也。"地上的水流如人体内的血气流通,这表明"筋脉"是循环血气的通道。

其八是五体之一。《内经》认为筋与脉、肉、皮、骨共为五体,为肝脏所主,气血所养,如《素问·宣明五气》:"心主脉,肺主皮,肝主筋,脾主肉,肾主骨"。又如《素问·五运行大论》:"东方生风,风生木,木生酸,酸生肝,肝生筋,筋生心"。人有五体,而五体复有所生,故筋生心。"筋"在以上句中均指五体之一的统称,包括上述现代解剖中的筋膜以及肌腱、韧带、肌肉、神经和静脉等。

2.2 《内经》中单字"筋"的英译

单字"筋"英译主要有"tendon""muscle""sinew"等,本文以倪毛信(Maoshing Ni,2011)和李照国的译本(李照国,2005)为例,分析了"筋"这一单字概念的英译途径,笔者选取了单字中"筋"的一些含义进行以下分析。

其一:可联络关节、肌肉、专司运动的组织。

例(1):因于湿,首如裹,湿热不攘,大筋緛短,小筋弛长。緛短为拘,弛长为痿。(《素问·生气通天论》)

倪译:When damp invades the body, the head will feel heavy and distended, as if tightly bandaged. The large muscles and tendons will contract, and the small muscles and tendons will become flaccid, resulting in loss of mobility, spasms, and atrophy. (2011: 23)

李译:Attacked by Dampness (or Wetness), [people will feel that their] heads are [as heavy as] being bound. If Damp-Heat is not removed in time, they will make the large sinew contracted and the small sinew relaxed, causing the contracted spasmodic and the relaxed flaccid. (2005: 29)

大筋收缩未能伸展而造成拘挛,小筋柔软乏力而致痿弱。文中大筋緛短指肌张力增高,腱反射亢进,整个肢体呈痉挛性。小筋弛长即肌肉萎缩、腱反射减弱的现象。可见,此处的"筋"既指肌腱也指肌肉。倪毛信用意译将"筋"译为 muscles and tendons,肌肉肌腱这一译法突出了筋的语境意义:湿热淤堵,气血不通,筋失其养,造成肌肉痉挛和腱反射异常。这不仅使译文更契合原文含义,还避免受众受"筋"的多重意义干扰而产生误解。而李照国用直译将"筋"译为 sinew,从翻译标准之信达雅和语言学规则来看,直译忠于中医学原著,且保留了源语形式。但在此语境中,直译并未凸显"筋"的深层含义,即肌肉肌腱功能的异变,对于缺乏源语文化背景或是中医文化背景知识的读者而言,他们也许仅能了解筋的表层含义,并不了解"筋"在语境中的特定意义。为维持"筋"的具体语境差异以及译文的可接受度,本文认为倪译本更为合适。

例(2):膝者筋之府,屈伸不能,行则偻附,筋将惫矣。(《素问·脉要精微论》)

倪译:The knees are the palace of the tendons. So if one cannot bend or straighten them properly or needs to overcompensate in order to move, this means that the tendons are about to degenerate. (2011: 69)

李译:The knees are the houses of the sinews. So the inflexibility of the sinews and walking with bent back or with a stick [indicate] functional decline of the sinews. (2005: 203)

人体双膝为筋脉汇聚之处,膝四周有强固的肌腱附着,"筋之府"即肌腱汇聚。与例(1)不同,在此处"筋"的译法中,倪毛信和李照国均采用直译的方式,根据《牛津高阶英汉双解词典》(第8版),tendon(霍恩比,2018:2228)和 sinew(霍恩比，2018：2004）两词释义并无明显区别，都为"a strong band of tissue in the body that joints a muscle to a bone"，此含义恰如其分地表达了源语的肌腱之义。笔者认为两位译者均未因迎合译入语读者的需要而忽略源语内涵，而是选词恰到好处，在一定程度上保留了中医文化的特点和史学价值。

其二：神经。

例（3）：刺筋上为故，刺分肉间，不可中骨也。(《素问·长刺节论》)

倪译：Begin by needling directly at the painful location on the tendon itself. Because the tendon connects muscle to bone, be careful not to injure the bones. (2011: 179)

李译：[It can be treated by] needling the sinew. [The needles should be] inserted through the muscular interstices. [Care should be taken] not to impair the bone. (2005: 607)

筋脉在分肉间，与骨相连，所以针从分肉间刺入。但应指出针刺部位位于筋膜包裹的两块肌肉间的血管神经，而非肌腱或者联络关节处。在例（2）中，tendon 和 sinew 指肌腱，而在这个语境中，他们被翻译为血管神经。从词典来看，tendon 和 sinew 的英英释义中没有表示"神经"的意义，再者，笔者认为，倪毛信译的"the tendon connects muscle to bone"和李照国译的"sinew through the muscular interstices"，均未对"筋"指神经这一含义进行较为清晰的解释，只是解释其分布在肌肉和骨头周围，但在具体概念上存在一定程度的模糊。钱振雄、周恩（2021：1008）通过对《黄帝内经·素问》中"神"的英译研究发现：李照国推崇音译加注释策略，运用此法，可以较好地保留中医传统文化的独特性，并对理解不同或相异概念进行阐释。所以笔者提议采用新词或者"音译＋注释"的方法来解释相异的概念会更为合适，以达到中医术语与英译相匹配。

其三：五体之一。

例（4）：肝者，罢极之本，魂之居也；其华在爪，其充在筋。(《素问·六节藏象论》)

倪译：The liver is the reservoir of stamina, storing the hun/intuition. It manifests in the nails, and functions in strengthening the tendons. (2011: 49)

李译：The liver is the root of Baji (exhaustion) and the house of Hun (a kind of soul). The liver demonstrates its Hua (splendor) on the nails, nourishing the Jin (sinews). (2005: 127)

爪为筋之余，肝血充盈，指甲颜色润泽，手脚灵活、有力。筋为五体之一，也是肝脏的主宰，全身筋膜依赖于肝脏精气灌溉濡养而成，故曰其充在筋。在倪译本中，筋仍然被直译为 tendon，保留了源语形式，而李照国采用了音译加注释：Jin（sinews）。筋作为文化负载词，其音译的方式可以降低英译失配带来的冲击，在一定程度上保留和彰显了源语文化，而且括号内的直译还便于外来读者对特定意义的了解。笔者认为虽然倪译言简意赅，但是李译考虑中西文化差异，更能拓展译文的可接受度与可读性。

例（5）：食气入胃，散精于肝，淫气于筋。（《素问·经脉别论》）

倪译：When food enters the stomach, it is digested and transformed. The heavier food essence is transported to the liver, nourishing the entire body's tendomuscular channels. (2011: 89)

李译：When food is taken into the stomach, Jing (nutrient substance) is transported to the liver to nourish the sinews. (2005: 289)

肝将五谷化生的精微之气滋养于筋。倪用意译翻译"筋"为 tendomuscular channels，tendomuscular 的意思是肌腱肌肉。在此语境中，倪强调 entire body's tendomuscular channels，意在突出筋在整体机能中的影响和作用，强调筋在"食气"入胃过程中的作用，注重目的语。而李采用直译的方法，并未强调局部和整体的联系，着重描述"食气"运作的过程，注重原文，保持原文译文统一性。笔者认为，结合《素问·经脉别论》的全段可知，此处论述血气布散于全身，采用意译更能表明筋是五体之一。

3.《内经》中"筋"的多字含义及英译

3.1 "筋"的多字概念

《内经》以"筋"词构成的多字词共有 46 个，使用的次数有 180 余次（邵慧婷等，2020：1431），所表达的含义也较为丰富，当"筋"组成多字概念时，我们将其归于不同的类别，以便于对大致内涵进行辨析。依据《内经论"筋"》一文，概括为四大类，即结构之筋，筋之功能特征，筋病之症，筋之疾病。（邵慧婷等，2021：26–28）下面将从这四个方面阐述"筋"多字概念的基本含义。

其一：结构之筋。

筋为五体之一，是《内经》人体结构的重要组成部分。筋位于肉和骨脉之间，常出现的结构之筋为筋骨和筋脉。此外还有婴筋、宗筋。婴筋即颈侧之筋，对应胸锁乳突肌的前缘部分，出自《灵枢经·寒热病》，"颈侧之动脉人迎，人迎，足阳明也，在婴筋之前"。宗筋，宗是三阴三阳的经筋，会合于前阴部位，又泛指前阴，可指众筋的总称，有时也可指男子生殖器。《素问·痿论》云："入房太甚，宗筋弛纵，发为筋痿，及为白淫。"此处"宗筋"指的就是男性生殖器。其余多为项筋、腘筋、腹筋、颊筋、颈筋、䏚筋等部位之筋。

其二：筋之功能特征。

筋性柔弱而喜热，寒则筋急，热则痛止。（邵慧婷等，2021：27）《素问·生气通天论》中的"阳气者，精则养神，柔则养筋"意指阳气充足，则人有精神，筋受到温煦则柔韧有力。

其三：筋病之症。

筋病的症状主要为筋急，缓筋，筋痛，筋挛。筋急，即筋脉劲急。《素问·痿论》云："筋膜干，筋膜干则筋急而挛，发为筋痿。"缓筋，指筋脉弛缓，不能随意运动，多因肝肾虚亏，或肝脏受风，或血热所致。筋挛，指肢体筋脉收缩抽急，不能舒展自如，多因外感寒湿，或血少津亏，经脉失于营养所致。

其四：筋之疾病。

筋病以肢体疼痛和功能失调为主要表现，其致病因素有外因和内因之分。外因有棍棒殴打，肌肉急剧收缩以及风寒湿邪入体等。内因指人体内部因素，即正气不足。（郝军，2013：70）人体身体素质、生理特点都与病因有着密切关系。

《内经》中多见的筋病为转筋、筋痿，以及疝筋、筋痹、筋溜[1]和筋瘘。转筋，即肢体筋脉牵掣拘挛，痛如扭转，出自《灵枢经·阴阳二十五人》。由气血衰少，风冷外袭或血分有热所致。《素问·本病论》中也有出现，"民病淋溲，目系转，转筋，喜怒，小便赤"。有筋痿，由肝热伤及阴血所致，筋脉挛急，痿弱不用，运动困难。《素问·痿论》"肝气热则胆泄口苦筋膜干，筋膜干则筋急而挛，发为筋痿"。疝筋，亦作"狐筋"，指肝病筋急而腹中拘急，由肾虚肝失滋养所致。筋痹，属于痹症，表现为疼痛和运动障碍。《素问·痹论》曰："风寒湿三气杂至，合而为痹也……以春遇此者为筋痹。"筋溜，是以筋脉色紫、盘曲突起如蚯蚓状、形成团块为主要表现的下肢静脉曲张。筋瘘，即鼠瘘，相当于颈部淋巴结结核，即中医所谓的瘰疬。

3.2 "筋"多字概念的英译分析

"筋"组成的多字概念意义丰富，不同译者在翻译同一文本时可能采取不同的翻译策略，但无论如何，译者在翻译时需结合其基本含义及语境，以翻译目的与目标读者等为依据来采取恰当的翻译策略。以下举例对比分析《内经》倪毛信和李照国译本中"筋"多字概念的翻译策略。

其一：结构之筋。

例（1）：前阴者，宗筋之所聚，太阴阳明之所合也。(《素问·厥论》)

倪译：The genitals are the meeting place for the spleen and stomach channels. (2011: 156)

李译：Qianyin (genitals) is the place where Zongjin (sinew connected with the genitals) gathers, Taiyin and Taiyang [Channels] meet. (2005: 530)

此句意是前阴为众筋所聚，也是足太阴脾经和足阳明胃经的汇合之处。（姚春鹏，2010：380）前阴，即生殖器官，宗筋在这里为诸多筋脉之总称。足太阴指足太阴脾经，足阳明指足阳明胃经，属于宗筋的一部分。倪译强调译语文化，并从译语读者的角度出发。倪在翻译前对原文本进行了详细分析，以目标文本为研究对象，着重分析对目标文本创作重要的原文，确定适合目标文本目的且与译文相关的原文本成

---

[1] 现多为筋瘤。

分,并加以调整,创作出了便于理解的译文。(邱海荣、杨欣,2018:1263)倪采取的翻译策略是以目标文本为依据,以译语读者为中心。故当译入语中缺乏与宗筋相关的文化负载词时,为避免意思混淆,以及词不达意,倪译省去了宗筋这部分的翻译,使全句译文简明扼要,通俗易懂。而李译强调源语文化,从原文作者角度出发,尽量保留原文特点。在这里使用直译加注技巧,在翻译前阴、宗筋、太阴等术语时选用"音译+文内注释"的方式。宗筋在音译后被释为连接生殖器的筋,"太阴"和"阳明"音译后被译作"经脉",如此译法的奇妙之处体现在它不仅保留了中医特色术语,原汁原味地传递文化内涵,还兼顾了海外读者的阅读需求。

例(2):四七筋骨坚,发长极,身体盛壮。(《素问·上古天真论》)

倪译:At twenty-eighty years the bones and tendons are well developed and the hair and secondary sex characteristics are complete. This is the height of female development. (2011: 17)

李译:At the twenty-eight, her musculature and bone become strong, her hair grows long enough, her body has reached the summit of development. (2005: 5)

此处的"筋"指可联络关节、肌肉,专司运动的组织,包括肌腱、筋膜和韧带。肌腱与韧带有一定的区别,但二者两端基本上都与骨头相连,起到牵引和稳定的作用。倪译本采用直译的方式,将筋骨译为 bones and tendons,贴近源语表达。tendon 的本义为筋,后引申为我们通常所说的肌腱,位于肌肉的两端。李译中的 musculature 意为肌肉组织,广义上亦属于筋的一部分,但显然"筋"的范围有所拓展。

其二:筋之功能特征。

例(3):是故谨和五味,骨正筋柔,气血以流,腠理以密,如是则骨气以精。谨道如法,长有天命。(《素问·生气通天论》)

倪译:Therefore, one should be mindful of what one consumes to insure proper growth, reproduction, and development of bones, tendons, ligaments, channels, and collaterals. This will help generate the smooth flow of qi and blood, enabling one to live to a ripe age. (2011: 25)

李译:So only when the Five-Flavors are well balanced can the bones be straightened, the sinews be softened, Qi and the blood flow smoothly, Couli (muscular interstices) be intensified and Guqi (Bone-Qi) be strengthened. Close abidance by such a way [of cultivating health] [will enable one to enjoy] a full natural span of life. (2005: 37)

五味归于五脏,有一定的走向。酸味入肝,肝主筋,故酸走筋;辛味入肺,肺主气,故辛走气;苦味入心,心主血,故苦走血;咸味入肾,肾主骨,故咸走骨;甘味入脾,脾主肌肉,故甘走肉。(陈朝晖,2005:37)因此强调饮食五味的调和,能使骨骼正直,筋脉柔和。此处的筋脉有筋骨脉络紧贴肌腱之意。倪译是对源语表达完整、精确的再现,使用了 tendon、ligaments、channels、and collaterals 四个词对"筋"

进行诠释。而李译则采用了直译手法，只翻译了 sinew，相对来说不及倪译具体形象，但也言简意赅。

其三：筋病之症。

例（4）：多食辛，则筋急而爪枯。(《素问·五藏生成》)

倪译：Overindulgence in pungent food can cause spasms, tremors, and poor nails. (2011: 51)

李译：Excessive taking of pungent [food] causes cramp of musculature and dry nails. (2005: 135)

筋急，筋脉拘挛，筋脉劲急。饮食过嗜，也是导致筋损伤的重要原因。多食辛辣食品，会造成筋缩急而爪甲枯干，因为辛属金、肝属木，辛味太过则会伤肝。《素问·宣明五气》提到肝主筋，意指人体筋的张弛收缩活动与肝有关。肝气受损，肝血不足，筋膜失养，引起肢体麻木、关节活动不灵或躯体屈伸不利。筋脉拘急，即筋急。倪的译文里使用了 spasms 和 tremors，肌肉痉挛和颤抖，为筋急发作时的主要表现，较为具体而形象，更便于理解。李译也采取了与倪译类似的方法，但在选词上，笔者认为倪译更胜一筹，cramp of musculature 的含义一目了然，却不及 spasms 和 tremors 含义确切，形象鲜明。

其四：筋之疾病。

筋病多为中医术语，在翻译时为易于理解，通常采取以其发病特征来代指的翻译策略。但不同译者在译文上会有不同的诠释。

例（5）：故《下经》曰：筋痿者，生于肝，使内也。(《素问·痿论》)

倪译：According to the *Xia Jing* [Classic of Medicine], this condition of paralysis of the ligament is caused by a liver disorder. (2011: 155)

李译：So [the canon in ancient times entitled] *Xiajing* said, Jinwei (Sinew-Flaccidity) originates from the liver and is induced by excessive sexual intercourse. (2005: 525)

筋痿多以四肢挛急、不能屈伸、渐痿渐弱为主症，中医认为筋痿的主要原因是五脏精气亏损、筋脉肌肉营养不足继而松弛，对关节的牵引和稳定作用减弱，导致肌肉无力，消瘦痿弱。例（5）意为筋痿发生于肝是房事过度的结果。倪译本在对原文逻辑进行细致分析的基础上，选取了与目标文本相适应的译语成分。使内即房事，房事过频均可引起肝功能失调，精气受损，根据此前提到的肝生筋、肝合筋、肝受损会导致筋的损伤。故倪译为避免混淆概念，省去使内的翻译，将原句的逻辑关系表述为筋痿由肝紊乱引起。此处将筋痿以其特征译为 paralysis of the ligament，韧带损伤麻痹，但其原意表达并不完整。而李译重视原文内容，在分析原文大意和逻辑后直译，采用音译加注释的方式对筋痿进行翻译，既保留了中医特色术语，又准确再现了原文结构以及筋痿与肝、使内的逻辑关系。

4. 结语

由上可知,《内经》中的"筋"字出现频率较高,且单字和多字式的内涵也大不相同,特定语境亦有区别。在翻译时,译者需综合考虑语境、源语文化背景、读者接受度等因素分析其含义,采用合适的英译策略,而非一概直译。伴随着中国文化"走出去"的战略推进以及中医热,《内经》的英译也掀起了一股热潮。其译本质量的高低直接关系着中医药文化在海外传播的效果,因此译者在翻译过程中应反复斟酌,在保留传统中医学文化内涵的前提下,在翻译中做到灵活变通,以促进中医文化的有效传播。

参考文献

[1] Ni M S. *The Yellow Emperor's Classic of Medicine: A New Translation of the Neijing Suwen with Commentary* [M]. Boston: Shambhala Publications, 2011.

[2] 陈朝晖.《黄帝内经》关于筋的理论及研究 [D]. 北京:中国中医科学院,2009.

[3] 郝军. 筋病理论探析 [J]. 中医正骨,2013,25(1):70–73.

[4] 霍恩比. 牛津高阶英汉双解词典. 北京:商务印书馆,2018.

[5] 李照国. 黄帝内经·素问(英汉对照)[M]. 西安:世界图书出版西安公司,2005.

[6] 秦玉革.《内经》经筋的实质是神经 [J]. 中国针灸,2006(2):147–150.

[7] 钱振雄,周恩.《黄帝内经·素问》中"神"的英译研究 [J]. 中国中西医结合杂志,2021,41(8):1004–1009.

[8] 邱海荣,姚欣."纪实性翻译"和"工具性翻译"视角下《黄帝内经》三个译本中的治则治法英译比较 [J]. 中国中西医结合杂志,2018,38(10):1263–1267.

[9] 邵慧婷,岳公雷,周岩,等.《内经》论"筋"[J]. 中医文献杂志,2021,39(1):25–28.

[10] 邵慧婷,岳公雷,高海晓,等.《黄帝内经》"筋"字的统计分析研究 [J]. 中国中医基础医学杂志,2020,26(10):1430–1432.

[11] 姚春鹏. 黄帝内经(上):素问 [M]. 北京:中华书局,2010.

从功能对等理论看中央文献重要术语日译：
以《中国关键词：治国理政篇》为例

李茵[1]　蔡艳艳[2]

摘　要：《中国关键词：治国理政篇》以习近平新时代中国特色社会主义思想的核心内容为主轴，收录了121个涉及政治、经济、外交等多个方面的中央文献重要术语，以中日对译的形式对这些重要术语进行解释说明。将书中关键词的中文原文和日语译文按照翻译方法进行归类总结后，发现主要使用的翻译方法大致可分为直译、意译和重组（词性转换）三大类。从功能对等理论的角度考虑，这些进行直译的术语在内容和形式上可以同时实现功能对等；进行意译的术语舍弃了部分形式的对等来追求内容上的对等，体现功能对等理论中"内容优先于形式"的观点；进行重组（词性转换）的术语舍弃了形式或结构的对等，来保证内容上实现功能对等。而不管采用哪种翻译方法，都是为了能准确传递原文信息，使译文读者在阅读译文时产生的反应，能与原文读者阅读原文时产生的反应相一致，从而体现功能对等理论的适用性。

关键词：功能对等；中央文献；重要术语；日译

1. 引言

　　近年来，中国在国际社会上发挥着越来越重要的作用。回顾中国的奋斗史，不难看出中国之所以能取得这些伟大发展成就，是因为制定的方针政策得到了有力的落实。这些方针政策的重要术语很好地总结了中国的发展经验，反映了中国国情与发展趋势，是进行对外宣传的重要内容。《中国关键词：治国理政篇》收录了121个新时代重要政策术语，对研究中央文献重要术语的日译有重要参考价值。

　　事实上，国内已有学者从功能对等理论等翻译理论出发，来研究中央文献重要术语的外译。但在现有研究中，将《中国关键词》作为研究对象的较少，且英译研究居多，日译研究少。本文将《中国关键词：治国理政篇》中收录的121个中央文献重要术语的中文例句和日语译文作为研究对象，基于功能对等理论，运用文本分析法将中文原文与日语译文进行对比，分析书中使用到的翻译方法及其体现的翻译

---

[1] 2018级日语专业学生；邮箱：389806383@qq.com。
[2] 副教授；硕士；主要研究方向为日本文学、日本文化。

理论，期望为从事政治翻译的译者们提供一种方法论的参考。

2. 中央文献重要术语和功能对等理论

2.1 中央文献重要术语

中央文献重要术语有自己的官方定义。中央编译局中央文献重要术语译文审定委员会（2015）将"重要术语"定义为"中央文献中出现的、具有重要意义并富有中国特色的概念和表述，既可以是单词和词组，也可以是其他表达方式，具有内涵明确、富有特色、适于传播等特点"。"中国关键词"多语平台（2014）将"中国关键词"定义为"当代中国发展理念、发展道路、内外政策、思想文化核心话语"。

《中国关键词：治国理政篇》编委会以习近平新时代中国特色社会主义思想为中心点，在政治、经济、外交等多个方面共选出 121 个关键词。它们很好地体现了当代中国政策、理念和思想文化的精神内涵，符合中央文献重要术语的定义，适合本文的研究。

2.2 功能对等理论

功能对等理论是美国的语言学家尤金·奈达提出的。奈达在 1940 年就开始从事《圣经》翻译工作，在工作过程中，奈达总结出了自己的翻译方法和理论，其中最核心的翻译理论就是功能对等理论。功能对等理论的定义和目标是："追求与源语意思最贴近的自然的等价"（Nida and Taber，1969：12）。为了实现这个目标，奈达提出了四步式翻译过程理论。即分析（仔细分析原文想传达的意思）、转移（将分析出来的意思从源语转换到目的语）、重组（根据目的语的语法规则组织译文）、检验（对照源文本检测目标文本）。它为译者提供了一种解读原文文本的策略。（姜麟淋，2020）

在这个理论看来，翻译中最重要的一环是"读者反应"，即译文接受者和信息之间的关系，应该与源语接受者和信息之间的关系在实质上相等。（Nida，1964：159）奈达也将这种"读者反应"作为是否能达成功能对等反应的判断基准。

在翻译理论中，"对等"的概念是非常重要的。（金香花，2015：242–243）"功能对等"并不意味着"完全对等"，也就是说翻译时不需要死扣文字或者语法的一一对应，而是要以"让译文的读者能明白原文想传递的意思"为重，必要时可以在尊重原文意思的基础上，适当地对原文的形式做出改变。也就是说，在功能对等理论的观点看来，内容的对等比形式的对等更重要，这样才能使译文接受者和信息之间的关系在实质上与源语接受者和信息之间的关系相等，从而达成功能对等。

众所周知，中文与日文因为历史文化上有交集的缘故，它们在某一些表达上可以同时做到形式与内容的对等，但二者终究是两种不同的语言，让它们在所有的内容和形式上同时实现完全对等几乎是不可能的。如果要遵循"内容的对等比形式的对等更重要"的翻译理论，那么译者应该舍弃一部分形式对等，选择能正确表达源语意思的语言形式，从而实现内容上的对等。若舍弃一部分形式对等后依然不能完整地表达源语的意思，则应该优先考虑保留源语的意思，并按照源语的意思来重组译文的形式，从而实现功能对等。总的来说，可以归纳为以下三点：

（1）内容与形式同时实现对等。

（2）内容与形式不能同时实现对等时，内容优先于形式，对部分形式做出改变。

（3）内容与形式不能同时实现对等时，内容优先于形式，需要根据原文意思，对译文进行重组。

本文将基于以上三点，分析《中国关键词：治国理政篇》中的日语译文。

3.《中国关键词：治国理政篇》中中央文献重要术语的日译方法分析

《中国关键词：治国理政篇》全书共收录121例中央文献重要术语，从翻译方法的角度来分析这些关键词的中文原文与日语译文，发现采用直译方法的有95例，采用意译方法的有24例，进行重组（词性转换）的有2例。即大致可分为以下三大类：

（1）直译型词汇。

（2）意译型词汇。

（3）重组（词性转换）型词汇。

又因为每个大类中的关键词较多，且关键词之间各有共同点和不同点，所以又按照每类关键词的形态和含义进一步细分为九小类。兹按照以上分类对《中国关键词：治国理政篇》中的术语日译策略和其中体现的翻译理论进行分析。

3.1 直译型词汇

从历史上不难看出，日语的产生和演变深受中文的影响，因此，中文与日语在某些表达上具有一致性。且因为政治文献涉及国家方针政策，所以在政治文献翻译中，我们掌握忠实的标准要比其他文类的翻译严格得多（程镇球，2003：18–22），因此大多数情况下都会采用直译的方法。此时，译文读者接收到的信息与原文读者接收到的大体一致，原文和译文的形式和内容同时实现了对等，体现了功能对等理论的应用。在《中国关键词：治国理政篇》的121例关键词中有95例使用了直译的方法，约占全体词汇的78.51%。使用直译方法翻译的词语主要有四类，下文拟分别做描述分析。

3.1.1 含有数字的政治术语

在中国的中央文献中，经常会出现用"数字＋政治术语"的形式来概括某项政策或理念的情况，这样既可以在表达上做到简洁明确，也方便读者记忆。

例（1）：四个自信
译文：四つの自信
例（2）：两个一百年奋斗目标
译文：「二つの百周年」の奮闘目標
例（3）：五位一体的总体布局
译文：「五位一体」の総体的な布石

在《中国关键词：治国理政篇》中，此类"数字+关键词"的词汇还有很多，因为篇幅的限制，这里只列举了其中3例。但通过这些例子不难看出，在遇到含有数字的政治用语时，常用的翻译方法是进行直译，这样除了能实现形式和内容上的对等外，还符合日语表达习惯。例如，东京都的小池都知事曾针对新冠疫情防控措施提出「三つの密（三密）」原则，即「換気の悪い密閉空間、多くの人が密集する場所、近距離での密接した会話」。且这个「三つの密」还入选了日本2020年度"新语·流行语"大奖的候选名单。由此可见，这种"数字+关键词"的组合在中日文语境中都是惯用语，译文读者也能很好地接受这种直译表达。

3.1.2 政治专有名词

专有名词的特点之一是，它所表示的事物往往是世上独一无二的，与普通名词相比，它缺乏对事物的概括能力，词语之间也不能进行任意的重新组合。因此在大多数情况下，顺译即可，或套用原汉字，或按音译字，不做很多人为的变动。（高宁等，2007：87）

例（4）：习近平新时代中国特色社会主义思想
译文：習近平「新時代の中国の特色ある社会主義」思想
例（5）：中国梦
译文：中国の夢
例（6）：社会主义核心价值体系
译文：社会主義の核心の価値体系
例（7）：亚洲基础设施投资银行
译文：アジアインフラ投資銀行
例（8）：丝路基金
译文：シルクロード基金
例（9）：全球伙伴关系
译文：グローバル・パートナーシップ

观察以上这些例子，可以看到例（4）至例（6）直接翻译成日语汉字词，而例（7）至例（9）则使用了外来语。这主要是因为日语中习惯使用外来语来表达某些专有名词，例如："跨太平洋伙伴关系协定"的日语译文是「環太平洋パートナーシッ

プ協定」、所以在翻译"伙伴关系"时、使用了「パートナーシップ」这个外来语，体现了译者尊重译文读者的表达习惯，重视读者反应。

3.1.3 基本型词汇

例（10）：中国特色社会主义进入新时代

译文：中国の特色ある社会主義は新時代に入った

例（11）：中国共产党人的初心和使命

译文：中国共産党員の初心と使命

例（12）：以人民为中心的发展思想

译文：人民を中心とする発展思想

以上三个例子中，原文没有特殊含义，通过直译可以使原文和译文实现形式和内容对等。因此在翻译此类用语时，首先应深入准确理解原文意思，确认其没有特殊意义后可以采用直译的方法。

3.1.4 含有隐喻的用语

《中国关键词：治国理政篇》中收录了许多与习近平新时代中国特色社会主义思想有关的词条，而习近平的话语特征之一是亲民性，集中体现在善讲故事、博引经典、巧借隐喻和广用俗语等方面（窦卫霖，2015：15–20），因此往往包含许多隐喻式表述。

例（13）：打铁必须自身硬

译文：鉄を打つには自身が強くなければならない

「鉄を打つには自身が強くなければならない」というのは中国共産党員が確固たる理想と信念を持つことをいう。（"打铁必须自身硬"，硬就硬在中国共产党人有着坚定的理想信念。）

例（14）：打虎、拍蝇、猎狐

译文：トラ退治、ハエ叩き、キツネ狩り

「トラ」とは上層部の腐敗官僚、「ハエ」とは末端の腐敗官僚の喩えであり、「キツネ」とは、外国に逃亡した、犯罪の嫌疑のある公務員および重要腐敗事件の関係者のことを指す。（"老虎"喻指位居高层的腐败官员，"苍蝇"指身处基层的腐败官员，"狐狸"则指一些涉嫌犯罪的外逃国家工作人员和重要腐败案件涉案人。）

例（15）：把权力关进制度的笼子里

译文：権力を制度のオリに閉じ込める

制度による権力の管理とは、権力を制度というオリに閉じ込めることである。（用制度管权，就是要把权力关进制度的笼子里。）

以上这些例子中使用的隐喻都是在日语中不常见到的，例如用老虎、苍蝇和狐狸来形容腐败官员等，日语中很少见到，因此可以说这是具有中国政治特色的修辞表达。对此的翻译方法是先直译，然后再附加上具体的解释。译文读者通过不断理

解和积累这些表达，最终能将这些隐喻表达的喻辞的语义记录在长期记忆中（佐山公一，2008：1–30），使译文读者在理解原文意思的同时，也能熟悉中文的隐喻表达。

3.2 意译型词汇

中文和日文同属于汉字文化圈，但两者的发展方向不同。中国经历了新文化运动，表达方式逐渐由古文向白话文转变；日本明治维新时期经历全盘西化，部分词语的含义也就产生了变化，即某些中日"同形词"的外延和内涵并不一定完全对应。（盛文渊，2019：98–99）所以，在翻译过程中碰到中日同形词时须仔细思考其含义是否对等，否则就会传递错误的信息。《中国关键词：治国理政篇》中的词汇在不能进行直译时，大多会舍弃形式，以原文的内容为依据，通过意译等方式尽可能准确地传达原文信息。此时原文和译文的形式不对等，但内容可以对等，能保证译文读者阅读译文时接收到的信息与原文读者接收到的一致。书中使用了意译方法的词汇也有四类：

3.2.1 同形异义词

例（16）：坚持党对一切工作的领导

译文：全活動に対する党の指導

在这个例子中，"一切工作"译为了「全活動」，虽然日语中也有「工作」这一同形词，但在例句中却不能按照字面意思来直译。翻阅中国共产党的党史资料，不难发现"坚持党对一切工作的领导"这一政策在抗日战争时期就提到过，它的目的就是要集中各方力量，高效率地进行社会建设。十九大召开之后，习近平"坚持党对一切工作的领导"思想以"党的全面领导"制度提出，强调党对各领域、各方面工作全过程的领导。（李存芝，2019）因此，例句中"工作"的意思更多是指为了更好地推进社会建设而实施的各项政治政策及活动。而日语的「工作」，依据第五版《新明解国语辞典》，主要有以下含义：

①簡単な器物や道具を作ること（を教育目的とする科目）。

②土木などの工事。

③ーする ある目的が達せられるように、あらかじめ必要な手を打っておくこと。

可见，这些含义都与作为源语的"工作"一词不相同，也就无法用它来翻译，这时候就需要根据源语的意思来重新选词。「活動」在第五版《新明解国语辞典》中的解释是：

①そのものの本来の働きとして、積極的な動きを見せる（行動をとる）こと。また、その動きや行動。

②目的（使命）に応じた積極的な行動や運動をすること。また、その行動や運動。

③学問・芸術などの分野で、社会的に幅広く評価される仕事を精力的にすること。また、それによる業績。

④主義・主張に基づいて、積極的に政治行動（社会運動）を行うこと。また、その政治行動や社会運動。

其中第四个义项与源语的含义大体相同，因此选用「活動」作为译词。

例（17a）：协调推进"四个全面"战略布局

译文：「四つの全面」の戦略的な布石をバランスよく推進する

例（17b）：区域协调发展战略

译文：地域間の調和発展戦略

这两个例子都涉及"协调"一词的翻译。根据第六版《广辞苑》的解释，日文中「協調」的意思为：

①利害の対立する者同士がおだやかに相互間の問題を解決しようとすること。

②性格や意見の異なった者同士が互いにゆずり合って調和をはかること。

③〔生〕生体を構成する諸部分が相互に調整を保った活動をすること。

但例（17a）和例（17b）的"协调"指"发展的关系和状态"，而不是"合作解决问题"，彼此含义不对等，因此不能直接使用同形词「協調」，而是要用意译。

例（17a）译为「バランスよく」，例（17b）译为「調和」，这种同一个词的不同翻译就很好地表现出意译方法的使用。虽然中文都是"协调"，但很明显在两个不同的句子中它有着不同的侧重点。

例（17a）的"四个全面"指"全面建成小康社会""全面深化改革""全面依法治国""全面从严治党"。王新生（2021）认为："四个全面"的战略布局更加注重发展和治理的整体性、系统性、协同性，从而确保发展方向、提高治理效能。也就是说，这里的"协调"强调的是"发展的平衡性"。因此，根据「三省堂スーパー大辞林」的解释，用表达「つりあい。均衡。かたよりがないこと」的外来语「バランス」作为译词比较合适。

例（17b）"区域协调发展战略"简单地说就是指中国西部、中部、东部地区发挥各自的优势和积极性，相互促进发展，来减缓区域发展差距拉大的趋势。也就是说，这里的"协调"强调的是地区间发展关系的和谐，而不是地区发展的划一性。因此，就不使用「バランス」，而是用「ものごとの間に釣り合いがとれていること。ものごととものごとが互いに和合していること。」的「調和」一词更加合适。

总结上述各例，如果出现同形异义词，不加思考直译可能会导致误译。应要理解原文的信息，不拘泥于形式，用意思对等的单词来翻译。

3.2.2 同形词阙如的词汇

例（18）：人民当家作主

译文：人民主体

日语没有"当家作主"这个词,因此,只能将它的意思翻译出来。"人民当家作主"的意思是:在人民民主专政的国家中,人民是国家的主人,享有社会一切资源和权利,参与社会管理工作,享有政治、经济、文化等权利。(马巧丽,2013)也就是说,中国人民是组成中国的主体,中国的法律政策体现最广大人民的共同意志。以这个释义为标准,查找词典,发现在日汉双解词典中,关于「主体」的释义有以下两个:

①他に対して、自分の意志をもってはたらきかけるもの。
②ものごとや組織の中心になるもの。

「人民主体」的译文能同时满足"人民是构成国家的主体"和"体现人民意志"这两层意思,符合对等原则,因此选择「人民主体」这一译文。

3.2.3 概括型词汇

例(19):亲清新型政商关系
译文:親切・清廉な新型政商関係
例(20):真实亲诚的理念
译文:「真実・実務・親密・誠実(真実親誠)」の理念
例(21):亲诚惠容的理念
译文:「親睦・誠実・互恵・包摂(親誠恵容)」の理念

例(19)~例(21)的"亲清""真实亲诚""亲诚惠容"都是概括性的说法。《中国关键词:治国理政篇》(2019:267)中提到,"亲清"的"亲"对领导干部而言是坦荡真诚地与民营企业交流,对民营企业家而言是积极与政府沟通,强调的是"亲切";"清"指政府和民营企业的关系要清白,企业自身要洁身自好,强调的是"清廉"。考虑到政治用语的简洁性,则概括成"亲"和"清"。但因为此类政治文献翻译的部分受众是对中国政策缺乏深入了解的外国人,如果直接翻译成"亲清新型政商关系"这种概括性表达,就会给读者造成困惑。因此,书中采取了意译的方法,将"亲清"等的具体含义完整地表达出来,让译文读者能读懂它的真正内涵,从而实现功能对等的目标。

3.2.4 修辞型词汇

例(22):蓝天保卫战
译文:青い空を守る戦い
例(23):绿水青山就是金山银山
译文:澄んだ水と緑の山は金山、銀山である

例(22)中将致力于改善空气质量的大气污染防治行动比喻成守护蓝天的战斗,本体是"大气污染防治行动",喻体是"蓝天保卫战"。例(23)中用水和山的形象来指代大自然,本体是"水和山",喻体是"金山、银山",同样的喻体,在语境中

发挥同样的语义、语法功能，传达等效的信息，是理想的"对等语"（李玥，2019：109–117）。这种保留修辞手法的翻译方法使语言表达更生动，也能向译文读者输出这种具有中国特色的表达方式。

3.3 重组（词性转换）型词汇

奈达提出四步式翻译过程，其中的"重组"要求译者按照目的语的规则重新组织译文。众所周知，中文和日文是两种不同的语言，两者在语法、表达上存在一定的差异，当这个差异较大时，不管是直译还是意译都会造成译文不通顺。因此为了使译文更加顺畅，更符合日语的表达方式，译者需要在理解中文原文意思的基础上，重新考虑译文的形式和结构组成，对译文进行重组。在《中国关键词：治国理政篇》中，译者通过词性转换的方法进行了重组。

例（24）：全面建成小康社会
译文：小康社会の全面的完成
例（25）：全面深化改革
译文：改革の全面的深化

观察例（24）、例（25），其句子结构是"副词＋动词＋名词"，若是按照这个结构直译，那译文则是「小康社会を全面的のに達成する」「改革を全面的のに深化させる」。译文虽然没有大问题，但当例句整体作为一个名词词组使用时，还按照这样的结构进行翻译就显得冗长啰唆。《中国关键词：治国理政篇》一书中将其转换成「小康社会の全面的完成」「改革の全面的深化」这样"名词＋名词"的形式，使日文表达更为简洁流畅。

因此，当政治文献中的短语整体作为名词使用时，其翻译方法不应是简单地直译后加「の」或「という」来使其名词化，而是要考虑到译文的简洁性和流畅性来对原文进行词性的转换重组。

4. 结语

本文以《中国关键词：治国理政篇》为研究对象，比照其中重要术语的中文原文和日语译文，基于奈达的功能对等理论，对所采用的翻译方法进行考察。并最终得到如下结论：

（1）《中国关键词：治国理政篇》中主要运用到的翻译方法是直译、意译和重组（词性转换）。

（2）在翻译中央文献重要术语时，遇到含有数字的政治术语、政治专有名词和无特殊意义的基本型词汇时可以采用直译；遇到有隐喻的词汇时，可先直译，随后附加解释。这些能够进行直译的术语在内容和形式上都同时实现了功能对等。

（3）遇到同形异义词、同形词阙如的词汇以及概括型和修辞型词汇时，要重视原文的文化背景和词语内涵，清楚原文要表达的意思后再进行意译。这些意译的术语舍弃了部分形式的对等来追求内容上的对等，体现"内容优先于形式"的原则。

（4）遇到作名词用的短语，要考虑到政治文献的简洁性和译文读者的阅读习惯，对译文进行重组。此时形式虽不对等，但内容上实现了功能对等，也体现了"内容优先于形式"的原则。

（5）不管采用哪种翻译方法，目的都是准确传递原文信息，追求译文读者在阅读译文时能产生与原文读者一样的反应，体现了功能对等理论的适用性。

参考文献

[1] Nida E, Taber C. *The Theory and Practice of Translation* [M]. Leiden: E. J. Brill, 1969.

[2] Nida E. *Toward a Science of Translation* [M]. Leiden: E. J. Brill, 1964.

[3] 金香花. 翻訳理論における等価概念：聖書翻訳との関連で [J]. 宗教研究，2015（88）：242–243.

[4] 佐山公一. 原語から直訳された新奇な隠喩文の即時的な理解 [J]. 商学討究，2008（59）：1–30.

[5] 程镇球. 政治文章的翻译要讲政治 [J]. 中国翻译，2003（3）：18–22.

[6] 窦卫霖. 习近平国际演讲亲民话语特征及其英译特色研究 [J]. 外语教学理论与实践，2015（4）：15–20.

[7] 高宁，黄珺亮，陈叶斐，等. 日汉翻译教程 [M]. 第13版. 上海：上海外语教育出版社，2007.

[8] 姜麟淋. 動的等価理論から見る日本語擬態語の中国語訳―講談社「日中辞典」を例に [D]. 天津：天津外国语大学，2020.

[9] 李玥. 外宣立场下的中央文献日语受众状况调查研究 [J]. 海外英语，2018（11）：120–122.

[10] 李玥. 从功能对等理论看十九大报告中熟语的日译 [J]. 日语学习与研究，2019（1）：109–117.

[11] 李运博. 关于邓小平理论的日语译文与译词研究 [J]. 日语学习与研究，2017（6）：118–125.

[12] 刘和平，王茜，文俊，等. 中央文献对外翻译协调机制初探：以中央文献重要术语的英、法、日语外译为例 [J]. 东方翻译，2017（4）：35–43.

[13] 李存芝. 习近平"坚持党对一切工作的领导"思想研究 [D]. 昆明：云南师范大学，2019.

[14] 马巧丽. 毛泽东人民当家作主思想及其当代启示研究 [D]. 湘潭：湖南科技大学，2013.

[15] 王新生. 把协调推进"四个全面"战略布局落到实处（党旗飘扬）[EB/OL].（2021–04–30）[2022–04–28]. https://baijiahao.baidu.com/s?id=1698325310137487483&wfr=spider&for=pc.

[16] 盛文渊. 中国政治术语的日译策略分析：以《中国关键词："一带一路"篇》为例 [J]. 现代交际，2019（24）：98–99.

[17] 中央编译局中央文献重要术语译文审定委员会. 发挥中央文献翻译在对外话语体系建设中

的重要作用 [EB/OL].（2015–04–27）[2022–04–28]. http://www.wenming.cn/ll_pd/zz/201504/t20150427_2579463.shtml.

[18] 中国关键词. 项目介绍 [EB/OL].（2014–11–13）[2022–04–28]. http://keywords.china.org.cn/2014-11/13/content_34036371.html.

[19] 中国外文出版发行事业局，当代中国与世界研究院，中国翻译研究院. 中国关键词：治国理政篇 [M]. 北京：新世界出版社，2019.

中国人民大学出版社外语出版分社读者信息反馈表

尊敬的读者：

　　感谢您购买和使用中国人民大学出版社外语出版分社的 ＿＿＿＿＿＿ 一书，我们希望通过这张小小的反馈卡来获得您更多的建议和意见，以改进我们的工作，加强我们双方的沟通和联系。我们期待着能为更多的读者提供更多的好书。

　　请您填妥下表后，寄回或传真回复我们，对您的支持我们不胜感激！

1. 您是从何种途径得知本书的：
　　□书店　　　□网上　　　□报纸杂志　　　□朋友推荐
2. 您为什么决定购买本书：
　　□工作需要　□学习参考　□对本书主题感兴趣　□随便翻翻
3. 您对本书内容的评价是：
　　□很好　　　□好　　　□一般　　　□差　　　□很差
4. 您在阅读本书的过程中有没有发现明显的专业及编校错误，如果有，它们是：
　　＿＿＿＿＿＿＿＿＿＿＿＿＿＿＿＿＿＿＿＿＿＿＿＿＿＿＿＿＿＿＿＿＿
　　＿＿＿＿＿＿＿＿＿＿＿＿＿＿＿＿＿＿＿＿＿＿＿＿＿＿＿＿＿＿＿＿＿
　　＿＿＿＿＿＿＿＿＿＿＿＿＿＿＿＿＿＿＿＿＿＿＿＿＿＿＿＿＿＿＿＿＿
5. 您对哪些专业的图书信息比较感兴趣：
　　＿＿＿＿＿＿＿＿＿＿＿＿＿＿＿＿＿＿＿＿＿＿＿＿＿＿＿＿＿＿＿＿＿
　　＿＿＿＿＿＿＿＿＿＿＿＿＿＿＿＿＿＿＿＿＿＿＿＿＿＿＿＿＿＿＿＿＿
　　＿＿＿＿＿＿＿＿＿＿＿＿＿＿＿＿＿＿＿＿＿＿＿＿＿＿＿＿＿＿＿＿＿
6. 如果方便，请提供您的个人信息，以便于我们和您联系（您的个人资料我们将严格保密）：
　　您供职的单位：＿＿＿＿＿＿＿＿＿＿＿＿＿＿＿＿＿＿＿＿＿＿＿＿＿＿
　　您教授的课程（教师填写）：＿＿＿＿＿＿＿＿＿＿＿＿＿＿＿＿＿＿＿＿
　　您的通信地址：＿＿＿＿＿＿＿＿＿＿＿＿＿＿＿＿＿＿＿＿＿＿＿＿＿＿
　　您的电子邮箱：＿＿＿＿＿＿＿＿＿＿＿＿＿＿＿＿＿＿＿＿＿＿＿＿＿＿

请联系我们：黄婷　程子殊　吴振良　王琼　鞠方安

电话：010-62512737，62513265，62515538，62515573，62515576

传真：010-62514961

E-mail：huangt@crup.com.cn　　chengzsh@crup.com.cn　　wuzl@crup.com.cn
　　　　crup_wy@163.com　　jufa@crup.com.cn

通信地址：北京市海淀区中关村大街甲 59 号文化大厦 15 层　　邮编：100872

中国人民大学出版社外语出版分社